CÓDIGO CATTLEYA

Yo soy el avatar, el eslabón perdido

Por

Marián de la Fuente

Código Cattleya: Yo soy el avatar, el eslabón perdido

ISBN 978-1-7370614-8-9

Diseño de portada: Barbara Brown

Editado por: Antonio Fernández Aguilar

Publicado Por

3 Griffin Hill Court
The Woodlands, TX. 77382
281-465-0119

Agradecimientos

A mis padres, mi gran ejemplo, y a quienes debo todo lo que soy...

A Tony, por ser mi mejor mitad y el arquitecto de un mundo perfecto...

A Luca, mi orgullo y amor infinito...

A Yarit, mi otra hermana del alma, por ser el puente a Cattleya y superar "el rio Hudson" ...

Muy especialmente a Andrea y a esos valientes hombres y mujeres del FBI en Southern Manhattan, Bob, Steven, Tim, Gigi... que durante años trabajaron para conseguir la captura del narcotraficante más poderoso del mundo y sin los cuales esta historia no sería posible.

A esos políticos corruptos que señalan públicamente con el dedo a los delincuentes cuando en privado les extienden la palma de su mano. Sin ellos y sin su ambición, este libro tampoco habría sido posible.

... Y a Dios y mis ángeles, siempre, por ser la fuerza y el motor de mi vida.

> ***"No sabes lo fuerte que eres... hasta que ser fuerte es la única opción que te queda."***
>
> ***Bob Marley***

Índice de Contenido

Agradecimientos ... iii
Prefacio ... 1
Introducción ... 7
Capítulo 1: Interceptada por el FBI ... 15
Capítulo 2: Un vuelo para recordar ... 29
Capítulo 3: Mi pasado en el Cartel y mi nueva realidad como informante ... 47
Capítulo 4: Narco de día, informante de noche ... 71
Capítulo 5: Ecuador, ponga orden en casa, Welcome to Canadá ... 87
Capítulo 6: Unas Navidades de infarto ... 133
Capítulo 7: La última vez que vi al Padrino, Ecuador en llamas ... 165
Capítulo 8: Desconfianza, la última vez que vi al Padrino ... 187
Capítulo 9: Canadá, reina de la coca *"Ya soy agente."* ... 201
Capítulo 10: Entrega oficial al FBI, Escondida en Nueva York ... 247
Capítulo 11: El juicio del siglo ... 279
Entrevista con el FBI ... 325
Epílogo ... 345
Sobre la Autora ... 349
Sobre Francisco "Pacho" Santos ... 353

Prefacio

¿Narcontinente?

Parafraseando a Karl Marx en el manifiesto comunista, "un fantasma recorre América Latina, el de la criminalidad."

No es nada nuevo pero lo que estamos viendo es una mezcla perversa que si no se corrige a tiempo puede convertir a los países en narco-estados y el continente en una gran región donde la criminalidad se pavonea, manda, decide, distribuye y elimina. Es decir tendríamos un nar-continente.

¿Excesivo pesimismo? ¿Exageración? Veamos país por país.

Hoy en México y aún más después de los hechos de la semana pasada en la que en cuatro estados mexicanos las mafias del narcotráfico mostraron su poderío y su capacidad, hay una inmensa crisis de seguridad y gobernabilidad. Por más que el gobierno de los abrazos y no balazos pretenda disminuir la gravedad de lo sucedido, hoy Mexico tiene una mafias que compiten con el Estado de poder a poder, controlan inmensas zonas del país donde distribuyen el poder (o dan su visto bueno) y con un aparato de seguridad corrompido, una justicia débil y un Presidente que no tiene voluntad de enfrentarlo solo podemos esperar que el narcotráfico crezca y se consolide.

En Guatemala y Honduras, lugar de tránsito y despacho de drogas el expresidente de este último país está extraditado a Estados Unidos. Guatemala tiene una crisis profunda de corrupción y unas mafias que crecen y hoy son más poderosas. Nicaragua es epicentro de lavado y un hueco negro donde la mafia opera con total impunidad. El Salvador tiene el mismo problema de Guatemala con unas maras poderosísimas y cuyo principal negocio es el narcotráfico. Costa Rica poco a poco cae en la misma dinámica y hoy es un espacio de llegada y tránsito y Panamá con una corrupción rampante que involucra a un expresidente y su familia, es además el epicentro de lavado en la región.

En Ecuador, dejaremos para el final Colombia y Venezuela, el atentado hace unos días en Guayaquil que obligó a un estado de excepción por parte del gobierno, es apenas uno más de los incidentes que hay por cuenta del narcotráfico y el microtráfico que se expanden como un cáncer. El índice de homicidios se duplicó en este otrora país tranquilo en apenas un año y su proximidad con las zonas de cultivo y producción de coca en Colombia y la presencia cada día mas agresiva de los carteles mexicanos solo pueden dejar más violencia, más terror y más crecimiento de una delincuencia que en Guayaquil mostró un poco del poder que ya detenta.

En Argentina, hoy otro centro de lavado, el microtráfico que alimenta el consumo a lo largo y ancho del país ya tiene unas bandas delincuenciales poderosas que se mueven a otros negocios. La inseguridad en Buenos Aires crece, se vuelve más violenta. La opacidad en la entrega de información de violencia no cambia la percepción de inseguridad pero con sus puertos hoy Argentina se convierte en centro de distribución de drogas. El homicidio sigue siendo bajo y la Justicia con la acusación a Cristina Kirchner reivindica su independencia. Tiene la tasa de policías más alta de la región pero los casos de corrupción han golpeado la credibilidad de la institución.

Brasil es el tercer país más consumidor del mundo, USA es el primero y la Unión Europea el segundo, y ese negocio ha creado dos poderosísimas bandas delincuenciales que ya se involucran en el tránsito internacional de drogas, manejan parte importante del microtráfico y hoy comienzan a controlar espacios importantes en las principales favelas de las grandes ciudades del país. Los homicidios se han reducido en parte por una manejo más sofisticado de las organizaciones criminales.

En Paraguay el vicepresidente renunció por acusaciones relacionadas con la corrupción y el principal fiscal de lucha contra las drogas fue asesinado en Colombia hace unos meses. Lugar de tránsito de drogas y de despacho, la influencia política de las organizaciones criminales es grande y la impunidad con que operan aún más. Bolivia es epicentro de cultivo y producción, Hezbolla está integrado a esta industria criminal y el gobierno es cómplice del negocio que opera como total impunidad en este país andino.

Queda Venezuela hoy el otro gran eje del narcotráfico con Colombia y Mexico. Los carteles de la droga operan con impunidad. Es más, están integrados a la institucionalidad militar, el llamado cartel de los soles. Hoy Maduro opera un narco-gobierno donde todo tipo de organización criminal, Farc, Eln, militares, carteles colombianos, carteles mexicanos, pranes y colectivos tienen vía libre para el negocio de la droga adentro y fuera de Venezuela. Las trazas de aviones que salen de Venezuela con droga hacia Centroamérica, las islas del caribe y Brasil son miles al mes. Los carteles colombianos poco a poco pasan la industria de la transformación de pasta a coca a Venezuela y no se debe descartar que en poco tiempo comience el cultivo. Hoy Venezuela es un centro de operaciones de negocios ilícitos con la coca como primer insumo pero el oro ilegal, la deforestación, el tráfico de especies, el tráfico de armas y el lavado son parte importante de la financiación de este estado criminal.

Y finalmente Colombia que sin duda es la joya de la corona en este negocio. Que tuvo un establecimiento político, militar, policial, judicial y periodístico que luchó y pagó gran costo, incluyendo el mío personal pues fui secuestrado por Pablo Escobar, para evitar ser un narco estado con gran éxito, ahora enfrenta un cambio que va llevar a Colombia a ser más parecido a Mexico que a cualquier otra cosa. El nuevo Presidente ha planteado perdón social para los narcos y un plan de paz total que se asemeja al de abrazos y no balazos de Lopez Obrador.

El Presidente Gustavo Petro desmanteló dos generaciones de generales de la Policía y el conocimiento y entrenamiento extenso que estos tuvieron durante más de treinta años en la lucha contra la criminalidad organizada desapareció de un día para otro. El efectivo control de estas organizaciones que Colombia tenía por cuenta de esta experiencia, de la cooperación con Estados Unidos, que está de salida no nos digamos mentiras, y el sacrificio humano diario de la institución policial más profesional del continente no va más.

No solo el mensaje del Presidente es lo que hicieron durante treinta años que evitó que Colombia fuera una narco-democracia no funcionó, sino también que ahora son responsables de lo que los criminales hagan. En los primeros quince días de gobierno Petro desmanteló el aparato de seguridad y pone a Colombia en el altísimo riesgo de volver a vivir aciagos tiempos de violencia que parecían superados.

No me cabe duda que en pocos años vamos a ver a esas poderosas organizaciones criminales retomar el poder que tuvieron y que el Presidente Uribe desmanteló con la extradición de los líderes y la ley de Justicia y paz que sometió estas organizaciones del narcotráfico. Si reviven el gran responsable hoy tiene nombre propio: Gustavo Petro.

Así las cosas el panorama en el continente no es el mejor. Y tiende a deteriorarse. La migración ilegal a Estados Unidos es hoy las más alta de la historia y lo que viene solo va a ser peor. Una Colombia en manos criminales, que es lo que se ve venir, va a hacer ver las caravanas de migrantes de Centroamérica como un juego de niños. Y con Colombia controlada por los narcos, como parece va ser la herencia de Petro, se va a consolidar ese eje de narcotráfico Mexico-Colombia-Venezuela.

Triste panorama que con Estados Unidos ausente de la región y Rusia y sus organizaciones criminales muy presentes solo se puede agravar. Lo peor del momento es que sin líderes regionales de renombre y populistas que engañan y se engañan ellos mismos, quien va a acabar perdiendo es la democracia y las libertades en la región ya de por si bien amenazadas. Como dice el gran personaje mexicano de la televisión el chapulin colorado la pregunta hoy y del futuro va a ser ¿y ahora quién podrá defendernos?

— Francisco "Pacho" Santos, Ex Vicepresidente de Colombia

Introducción

El 17 de abril del 2016 siempre será una página marcada con neón en mi propia historia. De forma inesperada, mi vida dio un vuelco cuando recibí la misteriosa llamada de una mujer que pondría en mis manos una de las historias más fascinantes de mi carrera. Uno de esos relatos de los que todo el mundo habla, de los que todo el mundo sabe y... de los que gran parte del mundo, también calla.

Algo me llevó a confiar en su voz, en su urgencia para concretar un encuentro. A los dos días, y para darle tiempo a organizar su viaje a una cafetería de las más concurridas de Miami, cerramos nuestra cita. Mis muchos años al frente de noticias manejando temas de delincuencia internacional, narcotráfico y terrorismo me dejaron como lección no meterme en la boca del lobo sin saber cuan afilados pueden ser sus colmillos... y esta misteriosa mujer, aun con piel de cordero, no era precisamente *Caperucita.*

La joven con quien me iba a encontrar era Cattleya. Una suerte de Orquídea colombiana, que vivió su propia metamorfosis dentro del entorno más íntimo del «Chapo» Guzmán como informante del FBI hasta llevarlos hasta su presa. La modelo que cruzó por casualidad su destino con Alex Cifuentes, brazo derecho de Guzmán y que, con el tiempo, mucha astucia y sed de poder, supo ganarse la confianza del narcotraficante número 1 del mundo. La «secretaria», emisaria, negociadora y reina del *Pink Cocaine* en Canadá... además de la informante del FBI que tras ser interceptada en un aeropuerto y durante casi dos años en cubierto, les daría las claves para lograr su captura.

El famoso «Avatar» y «el eslabón perdido» que, años más tarde y a partir de las declaraciones de Cifuentes en el juicio del Chapo, todos los medios se afanarían por conocer, mientras se especulaba con las gotas de información filtradas, por quienes decían conocerla.

Pasadas las once, llegué a nuestro punto de encuentro y ya me estaba esperando. Nos saludamos dándonos la mano y tengo que reconocer que me impactó su presencia. Rubia, alta, y envuelta en unos jeans que pronunciaban aún más su cuerpo escultural, Cattleya no pasaba desapercibida. Su voz, sin embargo, era suave, dulce, con ese acento aún marcado del paisa... Y su mirada, por momentos, una mezcla de fuego y sal tratando de hallar en mí, lo que yo misma iba buscando. Ella, confianza para contarme su increíble historia... y yo, pruebas que avalaran su impresionante relato.

Tras tomar un café, nos subimos en mi coche y nos dirigimos al aparcamiento de un condominio cercano, seguidas a poca distancia, por los dos hombres que la acompañaban. Estacioné frente al lago y sacó su computadora para mostrarme dos documentos oficiales absolutamente irrefutables. El primero, una carta del FBI y el otro, una carta de la Policía Montada de Canadá, ambas dirigidas al juez que en su día tuvo en sus manos su propia sentencia. De forma minuciosa, detallaban su trabajo como informante al lado de Alex Cifuentes y el entorno del Chapo, al que en su círculo más íntimo llamaban Padrino, describiendo muchas de las situaciones inverosímiles que le tocó vivir hasta lograr la detención de numerosos narcotraficantes y del hombre más buscado del mundo.

Quedé impactada, no podía pedir más para saber que decía la verdad. Estaba ante la mujer que, enfrentando increíbles situaciones de peligro, había conducido a las autoridades hasta las mismas entrañas del cartel de Sinaloa.

A medida que iba leyendo, sus ojos permanecían clavados en los míos. El silencio era tan sepulcral, que podía oír su respiración profunda entremezclada con los latidos de mi corazón, cada vez más fuertes. Cuando levanté la vista del papel, estaba llorando. No era para menos. Volver a recordar esos momentos helaba el alma.

Por instantes, sentí miedo de tener esa historia en mis manos. Sin embargo, algo me decía que debía ser contada. En un mundo de hipócritas donde a los narcos los hacen poderosos quienes quieren ser tan poderosos como ellos; donde la corrupción acomoda conciencias, y sella bocas y oídos; y un maletín de dinero puede comprar una elección o la libertad de un delincuente, ella definitivamente, merecía ser escuchada.

Saqué un pañuelo de papel para que se enjugara las lágrimas y me comprometí a escribir "una historia que retratara su historia." La suya... y la de ese comprometido grupo de hombres y mujeres del FBI que durante años, día y noche y sin descanso trabajaron acumulando información contra el Chapo y protegieron su vida como informante.

Sabía que no teníamos mucho tiempo. Ahora gozaba de una libertad «restringida» pero de un momento a otro podíamos dejar de vernos. A pesar de no estar aún en un programa de protección de testigos, contaba con la protección del FBI a la espera de ver sentado a Guzmán en el banquillo con una sentencia. El momento tras el que yo tendría luz verde para sacar este libro y que estas páginas escritas en el más estricto silencio pudieran llegar a tus manos.

Cattleya no podía ser más enfática: «Si el Chapo hablara, tendrían que levantar una cárcel al lado de la suya para albergar a todos los que, durante tantos años, han construido sus carreras, nombres e imperios a sus costillas. Yo he compartido mucho y sé demasiado»

En medio de una avalancha de emociones y preguntas, solo había algo que me rondaba la cabeza. ¿Por qué...? ¿Qué puede motivar a una mujer bonita e inteligente a arriesgar de esa forma su vida en el entorno del narcotraficante más peligroso del mundo...? Estaba convencida de que en el caso de Cattleya no era solo una cuestión de dinero, sino, ese poder que a veces deslumbra y que, como el roble frondoso, no deja crecer nada bajo su sombra. Ese *poder* que es una conspiración permanente que acaba devorando a quienes galopan sobre él.

Cattleya no era una «santa paloma», pero era tan solo «una pluma en ese nutrido gallinero donde hasta el granjero se inclina ante el gallo». Sus profundos ojos negros, ahora empañados por las lágrimas, no mentían. Había subido sola a la montaña rusa en la que había convertido su vida y sola, tuvo que aprender a agarrarse con fuerza para no caer al vacío. Solo bastaba con mirar su ropa y bolso de marca para entender que hubo tramos donde disfrutó plenamente del viaje. Sin embargo, las lágrimas en sus jeans eran la otra marca imborrable de los momentos de angustia y terror que como fantasmas le acompañaban cada noche.

Aclarándose la voz, y guardando su computadora, volvió a mirarme y, con un largo y profundo suspiro, me dijo:

—No soy una criminal, me equivoqué y he pagado con creces. Me preguntan cuántos años tengo y son treinta y dos, pero a veces siento que tengo 200 y que he vivido tantas vidas al mismo tiempo que me he olvidado de quien soy. Compartí casi cuatro años con Alex Cifuentes y el «Chapo» Guzmán, uno de los hombres más buscados del mundo, pero, me deslumbró no el dinero, sino ese *poder* que hacía que se inclinaran ante él, desde el presidente, hasta la Iglesia. Mi historia ahora ni siquiera sé si importa. Tal vez, solo tome sentido por esos padres que me adoptaron y quisieron darme todo, para devolverles tan poco o, por esos agentes que tanto miedo infundieron en mí cuando me interceptaron, pero a los que, hoy, debo seguir con vida. Esos hombres que, durante tantas noches y días, sin apenas descanso, dejaron de presenciar el nacimiento de sus hijos o compartir con su familia una Nochebuena. Ellos se convirtieron en mi familia. Cuando quise salir del cartel, Cifuentes solo me dio la opción de hacerlo «con las patas por delante» o en una bolsa de plástico. El FBI tenía interceptadas sus comunicaciones y cuando lo escucharon vieron la oportunidad de acercarse. Me salvaron y me dieron la oportunidad de corregir mi error, aunque pudiera suponer perder mi vida, o la de los míos. Ellos querían al Chapo y yo... solo quería mi libertad. Tuve que renacer, aprender a memorizar... a contar las calles dependiendo de la velocidad con la que pasaba los perímetros de seguridad con los ojos cubiertos hasta llegar al Padrino. Me enseñaron a mentir sin titubear para llegar a esos lugares que después describiría con la precisión de un agente. A mi edad, supe jugar el juego de la seducción con cartas marcadas. Fui reina de oros, de corazones, de copas... de bastos... Todo para ganarme la confianza del cartel e ir escalando peldaños. Incluso, puse mi propia agencia de modelos con las que conseguía la información más precisa de esos hombres de sacro nombre, honor y familia que, en sus ratos de asueto, buscaban el calor de una cama pagando *caricias*. Porque si algo le gustaba al Padrino, era saber qué opinaban de él y los chismes con los que después pasaba días comentando con sus hombres de confianza. Donde me ves, asustada y sin saber dónde me va a llevar todo esto...

«Fui sus ojos y sus oídos en las situaciones más inverosímiles. Negocié el precio de la Coca. Me convertí en la Secre efectiva que se aseguraba de cuadrar las cuentas después de cada transacción sin que se perdiera ningún «rollo» (envoltorio de $10.000). Busqué rutas alternativas y fui la emisaria del Patrón para mandar «razones» convertidas en maletines de dinero que me hicieron dudar de quienes eran los verdaderos delincuentes. Me metí muchas veces en la boca del lobo, en lugares recónditos, con personajes siniestros y fui asaltada sexualmente por el hombre al que después el Padrino castigaría por su osadía. Porque él, tenía una forma muy particular de querer. Si dudaba de ti podía mandarte matar sin pensarlo un segundo... pero tenerlo al lado, era también el escudo del intocable. Tocar a uno de los suyos suponía una «cruz en la espalda», la misma que puso sobre mí cuando ofreció un millón de dólares a los sicarios para que acabaran con mi vida. Fui serpiente y fui conejo y me di cuenta de que, arrepentirme, no era llorar, sino cambiar y aprovechar la oportunidad que el cielo me regalaba. Y lo hice... En esos casi dos años como informante del FBI, en coordinación con ellos, trabajé también como agente en cubierto de la policía Montada de Canadá. Viví una doble vida, de día como narcotraficante y de noche como informante y aún tengo pesadillas. Los Federales nunca me prometieron librarme de la cárcel, ¡pero me jugué la vida por no caer en ella! Esas cartas que has visto, son en papel, el resultado de mi trabajo encubierto. Lo que estás viendo en mí, frente a ti, es lo que queda después de entender que, para poder sobrevivir, a veces hay que apostar y empezar de nuevo. En el fondo, yo solo quería seguir viviendo. Volver a ser libre ... sentirme libre."

Después de estas palabras había quedado totalmente atrapada por Cattleya y ese mundo de luces y sombras que iba a descubrir a su lado. El verdadero mundo sobre el que se asienta ese mito del Chapo que nadie ha podido vencer y que, en este caso, pasaba a segundo plano.

Arranqué mi coche y nos dirigimos casi sin hablar a nuestro punto de encuentro. Se despidió y cuando se bajó, mientras me alejaba, supe que escribir esta historia sería la manera más profunda de conocer la vida de esta joven que podría ser la de otras muchas y reflexionar sobre esta sociedad hipócrita y corrupta donde todo es susceptible de ser comprado. En la que «los tentáculos» de la corrupción y la impunidad, atrapa instituciones públicas, cuerpos de seguridad, cárceles, gobiernos y hasta la propia iglesia.

En nuestros encuentros furtivos, a veces en Miami, Atlanta o Nueva York, nos envolvíamos en horas interminables de charlas, donde cada historia era más fascinante que la otra... como si fueran sacadas "de una pelíicula de espías .... .

A través de sus palabras pude percibir el aroma del café corriendo a su lado por las haciendas de Antioquía y las bodegas donde secaban los granos. Conocí en mi imaginación a esa familia que hoy se pregunta por qué no han vuelto a abrazarse, y a esos padres que, sin ser biológicos, lo son del alma y siempre han estado a su lado aún en las noches más oscuras.

Con cada historia, Cattleya logró transportarme a sus miedos y sus metas. Reviví la emoción de un amor imposible, el asco de una caricia robada, el miedo indescriptible que infundía la mirada del Chapo, el reto de cada escalón y operación coronada dentro del cartel y el terror de verse descubierta. Fueron muchos meses donde, transcribir y procesar esa avalancha de información, me llevó a menudo de la risa al llanto... del estupor a la más profunda indignación. Estaba convencida de que Cattleya lo tuvo todo, pero acabó pagando un alto precio para no tener nada. Cambió lo que más quería en la vida por lo que más deseaba en el momento. Y lo hizo, sin entender que los momentos pasan, pero la vida continúa. Su vida de ensueño solo resultó ser una pesadilla que la llevó a perder lo que más amaba.

Trabajamos en el silencio pactado y bajo estrictas medidas de seguridad. Hasta horas antes, no se concretaban nuestros encuentros, que tenían lugar en diferentes ciudades... y como norma, siempre desde distintos números de teléfono, Cattleya era la única que me podía llamar.

Hasta ese momento, ella era solo un fantasma. Sin embargo, durante el circo mediático en el que se convirtió el juicio del Chapo, con sus más cercanos colaboradores y amigos declarando en su contra para rebajar el peso de sus sentencias, algunas grabaciones de Andrea, "su verdadero nombre" asociado al alias de la Secre, la sacarían de la peor forma del anonimato. De forma inesperada y rompiendo todas las advertencias impuestas por el juez de no mostrar ninguna fotografía en el juicio, una fotografía, en la que aparecía casi irreconocible, se filtró a la prensa. Los medios comenzaron a indagar quién era realmente ese «eslabón perdido» y así se forjó el mito del «Avatar». Escondida, angustiada y sin poderse defender de las especulaciones que manchaban su nombre, su vida volvió a correr un serio peligro, pero supo esperar.

Como ella lo había soñado y de forma inesperada, el día en que se imponía sentencia al Chapo, quiso sentarse en el banquillo y ser la última en declarar. Fue solo una breve carta, pero la reivindicación de su propia existencia y la oportunidad de pedir perdón. Antes de desaparecer para siempre. Escuchando su nombre, de sus labios, por última vez, Andrea murió ese día como las Cattleyas en el invierno, para florecer como una nueva Orquídea, con otro nombre, en otro lugar...

Hoy, desde ese lugar de sombras y recuerdos donde quizá se encuentre, las paginas de este libro siempre la traerán a la memoria. Porque mas allá de haber inspirado mi imaginación para retratar parte de su historia ... su esfuerzo, compromiso y valentía para revertir sus errores jugándose hasta su propia vida, merecen ser también rescatados.

Capítulo 1

Interceptada por el FBI

"Tiene tres minutos para decidir qué quiere hacer con su vida".

—¿Andrea Vélez? FBI: Necesitamos que nos escuche con atención. Tiene exactamente tres minutos para decidir qué quiere hacer con el resto de su vida. Sabemos lo que ha estado haciendo estos últimos años al lado de Alex Cifuentes Villa y Joaquín Guzmán alias el «Chapo» Guzmán. No puede negar las evidencias. Llevamos tiempo siguiendo cada uno de sus movimientos e interviniendo sus comunicaciones. Tiene tres alternativas: seguir su viaje y esconderse con la seguridad de que la vamos a detener, pasar sus mejores años entre rejas en mi país, o nos acompaña y decide cooperar con nosotros. Usted decide. No tenemos mucho tiempo y este, corre en su contra.

Sentía que las piernas eran incapaces de seguir sosteniéndome por más tiempo y el corazón me iba a estallar. Apenas podía respirar. Ni siquiera me había percatado de la forma tan sutil con la que, en segundos, una pareja de la policía colombiana se había aproximado a mí cuando estaba a punto de entregar mi pasaporte y me habían llevado a una esquina de la sala de abordaje. Tampoco vi cómo habían acercado una silla blanca donde me sentaron, segundos antes de desfallecer. La escena la había visto en muchas películas, pero en esta ocasión superaba la ficción, y lo peor, era que me estaba sucediendo a mí. Volteé los ojos para saber si alguien miraba, y curiosamente, el aeropuerto del Dorado seguía su frenético tránsito sin prestar ninguna atención a lo que me acababa de ocurrir.

—¿Se siente bien? Beba un poco de agua. Soy el agente Steven Marston. Como le decía, no tenemos mucho tiempo. Necesitamos que decida si quiere seguir su camino sabiendo que, en la mejor de las suertes, acabara sus días en la cárcel, o envuelta en una bolsa de plástico, o nos acompaña y se da una oportunidad a usted misma de trabajar por su libertad y su vida.

—Yo... yo... ¡Yo no quiero ir a la cárcel! Por favor, siento que me voy a desmayar.

Las fotos hablaban por sí mismas. Habían puesto frente a mis ojos el resumen de mis últimos años al lado de Alex, el brazo derecho del Padrino y el narcotraficante más buscado del mundo: el «Chapo» Guzmán. No tenía elección. Estaba marcada, acorralada y si había una oportunidad, debía luchar por mi libertad. Ese 19 de septiembre del 2012, a las 9:27 pm, mi vida cambiaría para siempre.

—Díganme lo que tengo que hacer. No quiero ir a la cárcel, por favor, ¡lo que sea menos acabar mis días en una prisión!

—Acompáñenos. No podemos estar aquí por más tiempo. Todos corremos peligro.

Aún no sé cómo pude sacar fuerzas para hablar y mover los pies a la velocidad y con la destreza que debía acompañar una operación tan rápida, limpia y perfectamente organizada. En segundos, me dirigieron a una puerta lateral de acceso privado, que conducía a un pasillo completamente desnudo y blanco, por el que, inmediatamente, accedíamos a una salida del aeropuerto, donde nos esperaban varias camionetas negras con los vidrios tintados. Con la misma pericia con la que me pusieron en pie, sin fuerzas para caminar, me introdujeron en la parte trasera del segundo vehículo. A mi derecha estaba Steven, que hasta ese momento no me había dirigido la palabra, y a mi izquierda Bob Potash. Ni siquiera se había puesto en movimiento la improvisada caravana cuando Bob me hizo el mejor y más preciso resumen de lo que habían sido mis dos últimos años trabajando para el cartel de Sinaloa y al lado del Chapo y Cifuentes. Tenían detalles íntimos de mis conversaciones con Alex y sabían dónde y lo que llevaba a cada uno de los últimos países que había visitado. Tenían las transcripciones de mis mensajes, llamadas y una colorida colección de fotografías robadas en múltiples escenarios que apretaban aún más mi corazón y secaban mi garganta.

—Déjame decirte algo. Yo soy mucho más dulce y paciente, pero con Steve te va a tocar ser más juiciosa y andarte con cuidado cuando lleguemos al hotel. No quiero escuchar mentiras ni podemos perder tiempo. Míralo así, esta placa es el regalo del cielo que estabas esperando. Nosotros somos tu oportunidad de vivir en libertad antes de que las cosas se pongan peor para ti, si es que no te matan antes... Si eres lista, tómala, no la desaproveches.

Sus enormes ojos azules estaban clavados en los míos. Ni siquiera podía procesar todo lo que Bob me estaba diciendo. Hablaba calmado, con un tono de voz cordial y una dicción perfecta que me permitía entender todo lo que me estaba diciendo en inglés, aun sin ser mi lengua. Stephen miraba por la ventana del auto y por momentos, también se volteaba a mirarme con la incredulidad de tener por fin a la presa que les conduciría directamente hasta el Chapo. Estaba claro que, para el FBI, yo no era simplemente la «paloma mensajera», la Ami, o la Secre. Era una criminal y una narcotraficante del cartel de Sinaloa.

Recorrimos aproximadamente diez minutos que me parecieron horas, cuando llegamos al Grand Hyatt, un imponente edificio de cristal donde se reflejaba parte del cielo y las luces del Dorado. Las tres camionetas negras se estacionaron frente a la entrada, y como si de una delegación de empresarios se tratara, atravesamos un *lobby* totalmente modernista que me hacía pensar aún más que estaba viviendo un sueño donde todos me miraban como una extraterrestre. La gorra que llevaba y la altura de los agentes que me acompañaban, me impidió ver en que piso paramos. Solo recuerdo un pasillo vacío enmoquetado donde se escuchaban voces y se veía aún más gente en una de las puertas del fondo. Según nos aproximamos, entraron junto a nosotros en la habitación; un cuarto grande con un inmenso ventanal tapado por unas cortinas marrones que dejaban entrever el anochecer entre las montañas. En una de las camas, había carpetas con documentos y varias personas sentadas y otras tantas en las sillas, también de piel marrón, que habían acomodado para presenciar el circo. Porque así me sentía en ese momento, como un tigre enjaulado al que quieren hacer saltar por un aro de fuego ante la atenta mirada de los espectadores. Sentada sobre el pie de la otra cama, tuve que quitarme el abrigo y quedarme en camiseta porque sentía que me faltaba el aire. El personal de la Embajada que trabajaba en narcóticos estaba al completo, entre ellos, sobresalía una mujer muy bella, alta, delgada, con un hermoso pelo castaño que le llegaba a los hombros. La conexión fue inmediata cuando entre tantas miradas, ella desde la puerta, me dedicó la primera sonrisa. Sus rasgos latinos y sus enormes ojos rasgados, por encima de juzgarme, parecían complacidos de tenerme sentada frente a ella. Y no era para menos. Gigi era la agente federal que más tiempo había estado persiguiendo al Chapo, más de veintitrés años, en un auténtico periplo por la frontera de Nogales, Colombia y Washington. De alguna forma, yo representaba para muchos de ellos el cierre de un capítulo en el que habían invertido gran parte de sus vidas y el comienzo de una realidad donde por fin tenían a alguien que los llevaría en tan solo unas horas al cerco de su presa.

Había tanta gente, que Gigi y Chris, los otros dos agentes, se quedaron de pie en la puerta y Steve y Bob tomaron dos sillas para sentarse frente a los pies de la cama donde yo estaba sentada. Mi corazón dio un vuelco cuando vi entrar en la habitación una mujer y un hombre de la policía colombiana.

—Por favor, no dejen que entren. Ellos no tienen que estar presentes en lo que tenemos que hablar. Créanme, yo sé lo que les digo, nadie sabe realmente para quien trabajan y a quienes le van a vender todo lo que escuchen. Por favor, ellos no, háganme caso.

Steve volteó la cabeza y se acercó más a mí para decirme al oído:

—No te asustes, aquí nadie va a contar nada de lo que pase aquí esta noche. A mí también me hubiera gustado mantener esta reunión de otra manera, pero hay procedimientos legales y gente que tiene que estar presente si decides colaborar con nosotros y ellos forman parte de este proceso.

Por instantes no podía recordar si era de día o de noche, las cortinas semiabiertas estaban completamente herméticas. Entre fotos y papeles, por instantes, yo misma parecía uno de esos espectadores cuando comentaban entre ellos y, en otras, sentía que me evadía cuando me hablaban. Demasiadas preguntas a las que no tenía respuesta. De repente, el cúmulo de voces se tornó silencio y todos regresamos a la realidad. Una de mis varias BlackBerry que sostenía uno de los agentes comenzó a recibir mensajes.

—Debe ser Alex, había quedado en contactar cuando estuviera en la sala de embarque a punto de embarcar. Debe de estar como loco. ¿Qué hago?

—No conteste ahora, esta nerviosa. Espere para decirle que tuvo un contratiempo y viajará a primera hora de la mañana. Busque con calma la excusa.

La llamada sirvió para dar por terminada la reunión por esa noche. Uno a uno, fueron saliendo de la habitación llevándose sus carpetas y documentos, dejando solo las sillas que habían conformado los palcos de este improvisado *vodevil.*

—Trata de descansar, necesitamos retomar esto en solo unas horas y dejarlo armado antes de que salga tu vuelo— me dijo Bob con la misma crudeza. —Volveremos a las 7:00 am. No hagas ninguna tontería, por tu propia seguridad nadie puede saber nada. Habla con Cifuentes y convéncele de que todo está bien y estás regresando a primera hora mañana.

A solas con mi realidad

Cuando finalmente salieron rompí a llorar amargamente. En ese momento solo podía pensar que le iba a decir Alex. Los aeropuertos eran zonas «calientes» y peligrosas para los «asociados» del cartel y tanto Alex como el Chapo vivían con mucho nerviosismo cada vez que había que hacer «tránsito». Para colmo de males, yo venía de Ecuador de hacer un encargo al Padrino, como todos llamábamos al Chapo en el entorno del cartel, y como no había vuelo directo de Guayaquil a Ciudad de México, decidí hacer la escala en Bogotá para saludar a varios amigos y entre ellos a Felipe, el hombre del que había estado perdidamente enamorada y que, ahora, convertido en amigo, me insistió en que me quedara esa noche a su lado. Tanto fue su empeño, que había llamado a Alex para pedirle permiso porque sabía que la fiesta se iba a prolongar hasta altas horas de la madrugada y Alex, complaciente, me había dado el visto bueno. Una noche y con la excusa de «rumbear» con mis amigas pasaba, pero, desaparecer por tantas horas sin más, me ponía al borde del precipicio.

Me apresuré a abrir mi teléfono y leer los mensajes de Alex. Las blackberries de «la oficina» estaban que reventaban.

—¿Cómo está amiga? ¿Y qué fue que anda otra vez perdida? Acá esperándola desde hace dos días y pues ya nerviosos, mija. Repórtese en cuanto pueda.

—Ami, repórtese a la oficina en cuanto vea este mensaje. ¿Qué paso?... ¿Sigue de rumba?

—¿Oiga usted si es cojuda, no ve mis mensajes o qué? Repórtese urgente a la oficina.

El corazón se me salía por la garganta. Los mensajes de Alex iban subiendo de voltaje como, imagino su preocupación por saber dónde estaba. Respiré hondo, bebí un sorbo de agua y marqué el código de acceso de la oficina que me comunicaría con Alex.

A los pocos segundos, una voz adormilada contestó desde el otro lado.

—¿Sigue usted viva? ¿Se puede saber dónde carajo estaba metida?

—Alex, perdona, tuve un contratiempo en el aeropuerto y no pude contactar con la oficina, ni avisarte. Cuando estaba a punto de entrar en la sala de pasaportes comenzó a darme vueltas todo y me dio una lipotimia. Tuve que devolverme a casa de una amiga porque era imposible poder abordar un vuelo así.

—Y, ¿qué se metió o qué hizo pa' estar así que ni pudo llamar? ¿Así de grande fue el «guayabo» que llevaba?

—Pues salí a cenar y tomar unos «tragos» ayer noche como le dije, pero lo que pasa es que, antes, fui a la clínica a ver a la hija de la doctora y pues me puso una quelación, uno de esos cocteles que usted ya conoce que me dejaron completamente tirada, sudando y vomitando. Pensé que para la hora de irme estaría mejor, pero me dio una bajada de tensión que casi me manda a emergencias.

—Y, ¿quién le manda a usted inventar así teniéndose que subir a un avión con lo que eso implica? ¿Dónde tiene usted el cerebro mija? ¿Ya no se acuerda cuándo la doctora le puso el coctel en la montaña que estuvo zombi dos días? ¿Y encima «chupando...»? ¿Es que prefiere volver a poner una pata en el infierno por verse bonita? Yo no sé qué les pasa a ustedes las viejas con todos esos inventos, pero en el reparto de cerebros, a usted ayer no le tocó ninguno.

—Bueno, no solo a las viejas, Alex, si hago un poco de memoria usted fue el que insistió en conocer y presentar a la doctora al Padrino cuando yo regresé divina de uno de mis viajes a Bogotá. Es más, ¿usted mismo no fue el que se sometió a su mesoterapia y tratamientos?

—No sea chismosa y déjese de cuentos volteándome la tortilla porque ese guayabo es porque se pasó de «tragos» y de *party* seguro.

Aún no sé de dónde pude sacar la templanza para enfrentar la situación con tanto aplomo al extremo de bromear con uno de los secretos mejor guardados y más repetidos por el «Padrino» que no perdía nunca la oportunidad de lanzárselo a la cara a Alex muerto de la risa. Un secreto que le había valido el apodo de Cucurrito, con el que él «Mayo» Zambada, otro de los poderosos líderes del cartel, le llamaba en el círculo más íntimo.

—Bueno, pues descanse y, amiga, mañana nos cuenta cómo le fue con los delegados en Guayaquil. El Padrino está deseoso de saber si todo fue como se esperaba. Se me cuida y no más contratiempos, ¿me escucha? No más fiestas ni mariconadas. Pilas y me avisa cuando ya esté metida en ese pinche avión.

—Así será, Alex. Buenas noches, que descanses.

Colgué y me dejé caer sobre la cama. No podía pensar. Estaba aterrada, sola, pensando si Alex se habría terminado de comer el cuento. Tenía que cerrar mi compromiso de cooperar con el FBI a cambio de mi libertad, sin tener siquiera un abogado y en tan solo cuestión de horas, debía regresar ante Alex y el Padrino como su «paloma mensajera», pero, convertida en ave de rapiña al servicio de los federales.

Gracias a Dios, al menos una parte de lo que le había dicho a Alex era cierta. En la mañana había pasado por el spa de la hija de la doctora y ella podría corroborar mi historia. Si de alguien se fiaba el Padrino, era de la doctora y en su defecto, de Esther, su hija, que estaba a cargo del spa que el Chapo le había comprado a su madre en uno de los mejores barrios de la ciudad, donde se codeaba la flor y nata de las *socialites* bogotanas a cambio de que esta se convirtiera en su sombra por sus múltiples escondites de México. Siempre se especulaba con los viajes del Chapo para hacerse tratamientos estéticos, pero nada más lejos de la realidad. Por avatares del destino, en una ocasión, yo me sometí a una de las famosas mesoterapias de la doctora o liposucción sin cirugía, como las llamaba y, al regresar al D.F. Alex quedó tan impresionado que me pidió invitarla a Cancún. La doctora no puso reparo y a los veinte días de estar aplicándole tratamientos, los resultados eran tan impresionantes, que el propio Padrino pidió que le hiciera lo mismo. Durante meses, la doctora le acompañaba donde estuviera, atendiendo además a los trabajadores que caían enfermos o a la propia mamá del señor. Aunque no tenía el título de medicina, en una época había sido secuestrada por la guerrilla de las FARC y había curado hasta lepra con sus tratamientos no convencionales que le ganaron su libertad. La doctora logró crear un enorme vínculo de confianza y dependencia del Padrino que se selló el día en que, trasladándose a uno de sus escondites cerca de las Tunas, la avioneta en la que viajaban se estrelló y ambos lograron salir ilesos.

Tenía que actuar, tomar una decisión, ser fuerte. Yo misma me había conducido a ese túnel que ahora parecía no tener salida. No era la más bonita, pero había aprendido a conjugar mis neuronas con mis dotes de seducción, convirtiéndome en una aparente «presa fácil e ingenua, capaz de atrapar entre mis redes» a los más «duros» narcos, políticos, militares o empresarios. Me jactaba de ganar siempre el juego del cazador cazado, pero ahora me daba cuenta del precio que tendría que pagar por cada aparente victoria. Me enjugué las lágrimas y traté de cerrar los ojos. Lo primero que vino a mi cabeza fue la imagen de mis padres, ya mayores, pero siempre estandarte de valores y principios que yo había quebrado por poder. Porque, mi ambición no solo estaba motivada por dinero. Ahora entendía que lo que yo siempre necesitaba para sentirme plena, se llama poder y por él, no tenía límite.

De repente, volvieron hasta mí, las imágenes de niña corriendo entre los cafetales y el olor a café de donde lo almacenaba el tío Miguel. Me sentí reconfortada los ojos de amor de mi padre y el abrazo cálido de mi madre, cuando me dijeron que Dios les hizo el mayor regalo poniendo en sus manos lo que el vientre les había negado, una hermosa bebé a la que su madre biológica había abandonado al momento de nacer. Hasta hoy, no me había dado cuenta del valor de esas palabras. Todo lo que mis padres, de clase media en Medellín, habían hecho para que desde niña tuviera una vida acomodada, mandándome a estudiar a uno de los mejores colegios de monjas de la ciudad donde pudiera rodearme de «gente bien» adinerada y de principios.

Pobres padres. Como muchos, también cayeron en la trampa pensando que mandarme a convivir con gente de dinero, me alejaría de los peligros que acechaban a otras jovencitas de mi clase, sin saber que, muchas de mis compañeras, eran hijas, hermanas o novias de narcos. En una sociedad donde no se hace diferencia entre el empresario y el narcotraficante, el político y el criminal, se hace realmente difícil saber dónde reside la línea entre el bien y el mal. Yo lo desconocí por un tiempo, pero cuando fui consciente de que elegía el lado equivocado siguió seduciéndome el *poder*. Si ahora solo pudiera abrazar a mi madre y decirle lo orgullosa que estaba de ella y lo mucho que la amaba. Siempre elegante, dispuesta, con una sonrisa en la boca, fue la mitad perfecta de un hombre perfecto y la mejor madre que el destino me pudo buscar. ¡Qué ironía! En la vida, hasta ese momento, solo había pensado en mí y jamás les había dado valor, pero hoy los necesitaba más que nunca a mi lado.

Abrí los ojos y miré la hora. En un verde intenso, el despertador de la mesa de noche marcaba las 1:40 am. Sin duda iba a ser una noche interminable. Había pasado poco más de una hora desde que el FBI había salido de mi cuarto y faltaban pocas para que volvieran a tocarme la puerta. Necesitaba tratar de dormir.

Siempre me gustaron los malos

Quise concentrar mis pensamientos en lo mejor que me había pasado en mucho tiempo y reviví mi encuentro con Mauricio. Su olor tan masculino, sus enormes manos tostadas por el sol, su pelo negro. El Negro, como lo llamaban, había sido uno de mis grandes amores, si no el más grande. Recordé con nostalgia el momento en que Rochi nos presentó a mi regreso de Cancún, después de un malentendido con Alex. En este último encuentro, hacía tan solo unas horas, parecía que el tiempo no hubiera transcurrido. Siempre tan bien vestido, con ropa de marca y esos zapatos Ferragamo edición exclusiva con una sirena bordada.

Nos vimos en la terraza de uno de sus hoteles y reconozco que me fue difícil concentrar la conversación recordando cada momento vivido a su lado. Mauricio, como casi todos los hombres con los que había estado, era otro exnarco, pero de los «duros». Había vivido en Japón y cumplido cinco años de cárcel en España, pero con una identidad suplantada que impidió que supieran de quién se trataba. Era demasiado inteligente. Su lema siempre había sido no hacer negocios con EE. UU. y eso lo convertía en uno de los pocos narcos que «la movían duro» en Europa. Le encantaba la fiesta y las mujeres bellas. Estaba casado y tenía una amante cuando me conoció y me convirtió también en su amante. No fue difícil, porque era mayor que yo y le envolvía esa labia y seguridad que enamora, además de ese poder que hizo que me volviera loca por él. El flechazo se consumó en sexo a las pocas horas de conocernos, y a los pocos días, me pidió que me quedara en uno de sus departamentos y me hizo su asistente para recibir y atender a todos los personajes VIP de España y Francia que le visitaban con regularidad para hacer negocios. A su lado, viví el cielo y el infierno, la miel de sus labios y la sal del desamor. Fue mi maestro en el sexo y podría decir que todo lo que aprendí lo hice bajo sus sábanas.

Por instantes me trasladé a ese maravilloso apartamento que puso para mí en plena calle 96. Recordé ese cuadro que coronaba el salón en el que aparecía con dos mujeres y a Jenga, el cachorro de Lobito que me devolvía a mi niñez corriendo entre cafetales. Por un momento me estremecí recordando su aroma, la pericia de sus dedos y el calor de su cuerpo sobre el mío en la mansión de Santa Ana, a la que familiarmente llamábamos la «casa del ritmo». Por ella pasaban desde famosos cantantes, raperos, hasta prominentes políticos y empresarios nacionales y extranjeros. Las fiestas y orgías se repetían con cada negocio y cuando subían demasiado de tono, Mauricio, en tono protector, me pedía que me retirara al departamento. ¿Por qué tuve que enamorarme? Hubiera sido más fácil seguir jugando al juego de la seducción que tanto le gustaba. Por él era capaz de hacer cualquier cosa. Mi primera cirugía, que pagó en el mejor cirujano de la ciudad, y mi primera vez entre los brazos de otras mujeres, mientras él se deleitaba mirándome para tomarme después con más fuerza mientras golpeaba mi trasero.

El encuentro de ayer había vuelto a hacerme sentir mariposas en el estómago, pero hoy era otra mi realidad. Lo que ocurriría en solo unas horas cambiaría mi vida para siempre. Agotada por el llanto, traté de cerrar los ojos y orar como nunca lo había hecho. Si lo que estaba pasando era lo que Dios había dispuesto para mí, estaba claro que necesitaba su ayuda. El camino fácil al dinero y al poder tenían un precio y ahora me tocaba pagarlo. Los federales habían montado esta operación con total precisión y esmero y yo les había dejado desanimados y sin «presa» al decidir quedarme una noche más al lado de Mauricio. Ahora que por fin me tenían, no me iban a soltar tan fácil. La hormiguita del cartel era ahora el elefante blanco que les conduciría directamente hasta el Chapo. La *party girl* era su única posibilidad y tenían que arriesgarse.

—Ring. Ring

El sonido del teléfono dio un vuelco a mi corazón. Me había quedado dormida y el timbre me hizo despertar abruptamente

—Miss Vélez, are you awake? Estamos en la recepción. Necesitamos subir.

Bob intentaba hablar en español, pero no era su fuerte. Apenas pude cepillarme los dientes y refrescarme los ojos hinchados de llorar cuando tocaron mi puerta.

—Buenos días, Andrea, ¿pudo descansar? No tenemos mucho tiempo, ya todo está listo para que salga en el primer vuelo al D.F. Será a las 11:00 am. ¿Pudo comunicarse con Alejandro?

—Sí, estaba demasiado ansioso, preocupado. Tenía miedo de que no me hubiera creído, pero creo que finalmente se quedó tranquilo.

—Tienes un ticket electrónico a tu nombre. Arreglamos con la compañía aérea que el mismo que tú compraste pudieran sustituirlo por este. Es importante que crean que, al sentirte mal en el aeropuerto, lo cambiaron para hoy. No podemos dejar ningún rastro. Cuando llegues al aeropuerto dirígete directamente a la puerta de embarque, nosotros vamos a estar allí, pero no debes acercarte, hacernos señas, o tratar de hablar con nosotros. Cuando llegues al D.F. ve inmediatamente a comprar una BlackBerry y envíanos un mensaje a este pin. Memorízalo o ponlo en una clave que recuerdes; es importante que te deshagas de este papel.

Tomé el papel en mis manos donde habían anotado una dirección de correo electrónico y un pin para acceder a la cuenta donde debía mandar el primer mensaje, acompañado de al menos otros cuatro números de los agentes con los que, a partir de ese momento, estaría en comunicación permanente.

—Recuerda todo lo que hablamos anoche, actúa con total normalidad. Mantente en contacto y todo saldrá bien. Aunque no lo creas, ahora tienes Ángeles de la guarda. No vamos a dejar que te suceda nada. Toma, aquí tienes el dinero para comprar la BlackBerry. Guarda el recibo.

—No, muchas gracias, yo puedo comprarla.

Por un instante sentí que toda la sangre del cuerpo se me subía a la cara. Nadie del cartel manejaba tarjetas de crédito y yo tenía en mi bolso varios «rollos» o fajos de billetes de veinte dólares.

—Bueno, Andrea, buena suerte. Tomaste la decisión correcta, el tiempo te dará la razón.

Cerraron la puerta y de nuevo me tendí aturdida sobre la cama. ¿Estaría haciendo lo correcto? Solo Dios sabía cuántas veces en los últimos meses había querido alejarme del cartel, pero siempre por A o por B acababa regresando. Sin embargo, la última discusión con Alex al respecto no me dejaba ninguna puerta abierta. Al menos, si quería cruzarla con vida.

—Como que así que usted y yo podemos seguir siendo amigos... ¡Qué bonito! Así que usted ahora se manda sola o qué. Deje ya la gritadera y sí... si se quiere ir váyase, pero eso sí mija, se me va con los pies por delante y en una bolsa de plástico.

Quizá esta oportunidad era la respuesta a mis oraciones o tal vez, el FBI después de interceptar la amenaza en una de mis Blackberries había decidido que este era el mejor momento para pararme. Ahora, ellos eran la llave de mi libertad y mi única posibilidad de salir con vida del cartel.

Capítulo 2

Un vuelo para recordar

—Buena suerte, Andrea.

El aeropuerto estaba tan concurrido como el día anterior. Parecía estar viviendo una especie de *déjà vu* con todo lo acontecido hacía tan solo unas horas. El tiempo se había parado en el Dorado, pero, definitivamente, yo no era la misma. Me dirigí al mostrador para tomar mi billete y en el camino a inmigración para sellar mi pasaporte, mis ojos se dirigieron a una enorme mesa de madera que mostraba el último libro de *Joel Osteen: Yo declaro.* Intuí que Dios me estaba mandando un mensaje personal y me apresuré a comprarlo. Lo aferré contra mi pecho y así llegué hasta el punto de control de pasaportes. Al entregarlo, como era de esperar tras lo ocurrido el día anterior, estaba marcado y me pidieron que esperara. De nuevo, sentí que me desvanecía. Eran demasiadas emociones seguidas y el miedo se apoderó de mí.

—Oficial, ¿hay algún problema?

Antes de que pudieran contestar, ya uno de los agentes del FBI, como salido de la nada, se había acercado a uno de los policías para que me dejaran pasar. Se acercó donde me encontraba y le susurró algo al oído.

—No, señorita. Puede seguir. Que tenga buen viaje.

Miré de reojo y vi a Bob, a Steve y a los otros agentes de lejos. Por primera vez sentí que no estaba sola. De entre los pasajeros, uno clavó sus ojos del azul de su camisa, en los míos. Bien parecido, alto, me miraba con curiosidad a la vez que, en un momento, buscó la mirada de uno de los agentes. Se trataba de Erik McGuire, en aquel momento era el agente especial del FBI que acababa de concluir con éxito el decomiso de cinco toneladas de cocaína y quien, por avatares del destino, años después terminaría manejando todo este caso.

A punto de abordar el avión, sonó una de mis Blackberries. Era Alex.

—Ami, ¿todo bien? ¿No ha tenido más contratiempos? ¿Está ya en el aeropuerto?

—Sí, Alex. Todo bien. Pude descansar y me siento mucho mejor. Estoy a punto de abordar. En cuanto llegue a casa me comunico. Nos vemos pronto.

Ya en el avión, miré por la ventana y respiré profundo. Abrí mi libro de *Osteen* y en las primeras líneas, como si se tratara de un mensaje divino, sentí que Dios se había empeñado esa mañana en reconfirmar que estaba más presente que nunca en mi vida:

> *«Yo declaro: Que estoy agradecido por quién Dios es en mi vida y por lo que ha hecho. No me tomaré a la ligera las personas, las oportunidades y el favor con los que Dios me ha bendecido. Miraré lo correcto y no lo que no está bien. Le agradeceré por lo que tengo y no me quejaré de lo que me falte. Veré cada día como un regalo de Dios. Mi corazón rebozará de alabanza y gratitud por toda su bondad, porque su tiempo es perfecto».*

Para ser honesta, yo no era el perfecto ejemplo de una mujer religiosa. Hasta ese momento me guiaba mi propio credo y comulgaba el «cáliz del cartel». Siempre había querido ser más y llegar a la cima sin importarme cómo, ni de la mano de quién. Por propia voluntad me había metido en la boca del lobo y cuando confirmé quienes eran los jefes de la manada, lejos de huir, afilé mis colmillos a su lado.

Recosté mi cabeza contra la ventanilla del avión mientras perdía mi mirada entre las nubes. Parecían de algodón y me daban paz.

Todo parecía tan calmado que era fácil imaginar que nada había pasado. Sin embargo, solo era la calma que antecede a la tormenta. Tres asientos por delante del mío viajaban Steve y Bob, y algunos más atrás, también estaba Gigi. Habían insistido tanto en no mantener ningún tipo de contacto, que hasta me aterraba que pudieran cruzarse nuestras miradas. Llamé a la azafata y pedí un vodka. Necesitaba evadirme por unos instantes de lo que estaba pasando. Llevaba casi dos días sin comer y no sentía hambre. Solo quería descansar, cerrar los ojos y tratar de poner en orden mi mente. Tenía cuatro horas hasta llegar a México y... cuatro horas para recordar.

Así conocí a Alex Cifuentes, el principio del fin

Habían pasado poco más de dos años desde que crucé mi destino con Alex Cifuentes y me parecía una eternidad. En aquel momento, acababa de regresar de pasar unos meses en EE. UU. y una amiga me había insistido en que me fuera a México a compartir casa con ella y a vender los Mágic Jacks con los que yo juraba, me iba a hacer millonaria. Sin embargo, los diez mil dólares ahorrados y mis dispositivos telefónicos, lejos de abrirme camino, solo sirvieron para pagar la ambición de esta mujer que vio el cielo abierto cuando encontró a alguien que pagara sus gastos y una casa en Toluca, a una distancia considerable del D.F. Rochie, evidentemente me había engañado. Morena, alta y tosca, de unos cuarenta y pico años, había trabajado para el cartel de los Beltrán Leyva y por alguna «diferencia» con alguno de los miembros, prefería vivir apartada. Toluca, no era precisamente, el barrio residencial del D.F. que me había descrito. Sin coche, abrumada por las horas que perdía en cada desplazamiento y con esos ahorros cada vez más mermados, llamé a una de mis mejores amigas, que desde hacía un par de años había comenzado a abrirse camino como actriz y estaba muy bien conectada con prominentes figuras mexicanas.

—Paulette, no sé qué voy a hacer, lo de Rochie no está funcionando. Estamos en Navidad y ni siquiera sé para cuanto más me van a dar mis ahorros si no logro vender estos Mágic Jacks o encontrar algo que hacer. Necesito dinero para sobrevivir aquí.

—Amiga, ¿por qué no me llamó antes? Yo le tengo la persona perfecta que le va a comprar todos sus dispositivos y le va a resolver. Es un novio mío que quiere casarse. Ya sabe, tiene negocios, me regaló un jet privado... Pues, lo del jet como que me asustó un poco, pero es generoso y sé que si le hablo le va a resolver. Se llama Alex Cifuentes, ¿se acuerda? ¿El «man» que en el monte me dio el anillo para casarnos? Él le va a llamar.

—¿Estás segura Paulette? ¿Me va a llamar? Mira que de verdad lo necesito.

—Despreocúpate, yo sé de lo que hablo. Él se los va a comprar todos. Él es un tipo muy generoso y le gustan las mujeres bellas. Él le va a resolver, aunque quizá tengas que viajar a Cancún.

Paulette, podía no ser alumna *Cum Laude,* pero tenía *honoris causa* en el máster de la vida. Ligada al mundo de la belleza y la actuación, era hermosa y calculadora. Tenía una mezcla perfecta de dulzura e ingenuidad, con un poder de seducción y frivolidad que manejaba a su antojo y sin ningún remordimiento. Conocía su juego y sus reglas. Le gustaba el dinero, y en su escala de valores, la palabra amor siempre quedaba relegada ante un abultado bolsillo. Los hombres más poderosos querían tenerla a su lado y ella, si veía interés, no oponía resistencia. Es cierto que en algún momento me había contado de Cifuentes, del fin de semana que pasó en el monte con su amiga y un amigo de Alex, que después me enteraría de que era nada menos que el Chapo, del anillo y del avión, pero sin mayor entusiasmo.

Quién me iba a decir que ahora era yo, quién esperaba esa llamada, totalmente emocionada.

—Andrea, ¿cómo estás? Te habla Alex, el prometido de Paulette, ella me habló de ti y me pidió que te llamara. Quiero conocerte.

Estoy viajando, pero quiero que vengas y nos encontremos en mi casa de Cancún. Dime a qué número de cuenta te envío dinero para el pasaje y tus gastos. Faltan un par de semanas para Navidad, ¿crees que puedes venir en un par de días?

—Claro que sí, Alex. Yo no tengo una cuenta bancaria en México, pero voy a pedir a mi amiga su número para que me deposites en ella. En cuanto tenga el dinero compro el pasaje y me voy para allá. Nos vemos en tu casa. Un gusto haber hablado contigo. Te llamo para confirmar. *Ciao...*

Colgué y algo me dijo que esa llamada sería el comienzo de una relación que nadie, ni los agentes que interceptaban nuestras conversaciones, ni yo misma, podríamos llegar a etiquetar con el paso del tiempo. Un amor más allá de la pasión que me llevaría a su cama, pero que pudo costarme ir a la tumba. Una relación de dependencia enfermiza que le impedía soltar la cuerda que nos unía, pero que no le hizo titubear un segundo cuando ofreció un millón de dólares por mi cabeza.

Al día siguiente pude sacar los diez mil dólares en efectivo de la cuenta de Rochie donde los habían depositado y comprar mi pasaje. Cifuentes parecía feliz con mi llamada confirmando el viaje. Hice algunas compras de última hora y a la mañana temprano, el 3 de diciembre del 2008, volé para Cancún. Cuando llegué me habían dado instrucciones de que estarían esperándome, pero fue una sorpresa encontrarme a una de las empleadas de la casa con un cartel en la mano.

—¿Cómo está señorita? ¿Tuvo buen viaje? Bienvenida a Cancún. El Patrón mandó por usted para llevarla a la casa. ¿Tiene hambre? Ya verá que en Cancún además de hermosas playas tenemos una comida de primera y el Patrón es un gran anfitrión.

María era Yucateca, gordita, con una simpatía en la cara que invitaba a estar cerca. Sin embargo, no era del círculo íntimo de Alex como otros pocos miembros del servicio que sabían quién era de verdad Alejandro Cifuentes. Para María, don Alejandro era solo el

Patrón y un prominente hombre de negocios que pasaba más de la mitad de su tiempo en «viajes de negocios».

La casa era un hermoso *penthouse* donde dominaba el blanco por dentro y por fuera. Estaba situado en una de las mejores zonas turísticas de Cancún y la vista al mar desde los dos pisos era impresionante. Me llamó poderosamente la atención la decoración minimalista y elegante de la sala, quedando enamorada de la moderna cocina en la que una de las paredes era un inmenso ventanal sobre el océano.

—Acompáñeme, el señor le va a llamar porque aún no ha podido regresar de su viaje, pero me ha pedido que se ponga cómoda y me diga que se le antoja para comer. Mire esta va a ser su habitación, no dude en llamarme para cualquier cosa que necesite. Yo voy a alistar el almuerzo en cuanto me diga que quiere comer.

—Gracias, María, cualquier cosa que prepare estará bien, aunque como estamos en la playa me encantaría comer algún plato de marisco.

Acomodé mi maleta y abrí las cortinas para descubrir una de las vistas más hermosas que recuerdo. Esa habitación de invitados era contigua a la de Alex y estaba literalmente casi metida en el agua. El baño en tonos blancos y azules tenía todos los detalles de una suite de hotel.

—Señorita Andrea, el Patrón quiere hablar con usted. No puede comunicarse a su celular, por favor responda la llamada en este teléfono cuando suene.

A los pocos minutos, comenzó a timbrar el teléfono y tendida sobre mi cama, atendí de inmediato.

—Andrea, ¿cómo estás? ¿Qué tal el viaje? ¿Te están atendiendo bien? Mira, he tenido un contratiempo y no podré viajar hoy a Cancún como me hubiera gustado. Pero he dado órdenes a María y al resto del servicio para que te atiendan y consientan mientras llego. No tengo buena señal celular donde estoy y por eso mejor hablemos desde ese teléfono que te ha proporcionado María. Me dicen que te gusta el marisco. Bueno, hoy vas a comer el mejor. Por favor, siéntete en tu casa mientras llego. Un abrazo...

Colgué y cuando quise devolver el teléfono a María, me indicó que el señor había dado órdenes de que lo tuviera conmigo en todo momento. Me extrañó, pero después entendería que formaba parte del entramado sistema de comunicación de los jefes del cartel de Sinaloa, que se comunicaban por teléfonos satelitales y «espejos» o números intermediarios, designados por «oficinas».

Cuando me llamaron para comer, la mesa estaba llena de manjares de mar. Dos langostas sobresalían de una enorme bandeja llena de camarones, conchas y cangrejos, en un mantel blanco y dorado lleno de salsas, arroz, ensalada, jugos y una cestita con toda clase de panes.

—María, esto es una delicia. ¡Muchas gracias!

—De nada, señorita. El Patrón ha dado orden de consentirla. Además, si no está doña N, raramente se cocina en la casa. Siempre se pide comida a los restaurantes favoritos del señor.

—¿Y quién es doña N, María? ¿Es familia de Alex?

—Pues casi sí, —dijo con su característico acento yucateco—. Es la persona encargada del servicio en las casas del señor, pero es de la entera confianza del Patrón.

Pasé el resto del día esperando una llamada de Alex que se pospuso hasta casi la tarde siguiente.

—Andrea, como lo siento amiga, he tenido varios inconvenientes que no he podido solucionar aún y desgraciadamente sigo viajando. Aún no sé cuándo me será posible regresar a Cancún, pero no quiero que te vayas. Por favor, quédate en la casa y espera que llegue en un par de días. He dado orden a María para que te dé dinero todos los días de la caja chica; lo que necesites, para que vayas de compras y me decores la casa por Navidad.

—Pero Alex, ¿estás seguro? ¿Cuándo vas a volver? ¿Cómo así que te decore la casa por Navidad?

—Bueno mija, me parece buena idea para que esté entretenida mientras llego y a mí me encantaría llegar a casa y saber que la

Navidad ha entrado conmigo en mi hogar, jajaja... Compre lo que le guste. ¡Ahhh! Y no se olvide de ponerme un trenecito de esos eléctricos, con muchos vagones y una estación y casitas encendidas en las montañas con nieve... y gente esperando... Dele, ya María está al tanto. Lo que necesite. Se me cuida. Hablamos mañana.

La llamada no había podido ser más surrealista. Mi estadía allí tampoco. Sin embargo, no tenía un lugar mejor a donde ir, ¡ni siquiera un sitio donde pasar las Navidades! Con él o sin él, me sentía como una reina y no iba a desaprovechar la oportunidad de demostrarle mis grandes dotes de decoradora y más, si el dinero no era impedimento.

María me entrego otros 5.000 dólares para comenzar a hacer las compras. Ritual que se repetía con cada llamada de Alex y por los seis días que tuve que esperar su regreso. Alejandro tenía una manía que pocos conocen. Se aburría por el tiempo que tenía que pasar sin salir encerrado en alguna de sus casas y se dedicaba a decorar. De la suite del W copio su suite, de la del Ritz en París copio su baño y hasta el diseño con el que debían hacer sus toallas. Solo había un problema, a quien encargaba tales reformas. La última vez que había estado en el monte con el Padrino, le había pedido al bueno de Herminio, (su hombre de confianza) que comenzara a remodelar. Todo había salido a la perfección hasta que encendieron las luces y estas cambiaban de color en unos focos, que para nada eran los elegidos para la carísima obra. A Herminio pudo costarle la cabeza y a mí un ataque de risa cuando Alex, semanas después, me contara el incidente.

—Hacer la sede de gobierno, no me hubiera costado más caro mija. Pero después de la millonada... estos «puteros» de la cuadrilla de obreros, que seguro se meten «coco» o «banano» (la coca tiene sabor a coco o banana) y se van de «putas...». Pues tremenda inspiración para estos pendejos. No imagina lo que estos «malparidos» han hecho con mi techo. No les quedó un solo color más que meterle. Hasta en las luces un «colorinche», mija. Un día más que me hubiera retrasado y me meten una bola de cristales y un tubo.

Cumplí con mi cometido y decoré la casa con varios árboles de diferentes diseños en los que predominaba uno blanco con búhos de hermosas plumas blancas que costaban un ojo de la cara. Poinsettias, carísimas guirnaldas naturales, bolas rojas y doradas y el tren eléctrico más hermoso que pude volver a ver. Había pasado casi una semana cuando se abrió la puerta del dúplex y apareció un hombre de pelo canoso y mediana estatura cargando varios bultos y acto seguido otro, más alto y fuerte. Eran Herminio y Cóndor, dos de los trabajadores de confianza. Cóndor se retiró, pero Herminio entró, se presentó y se fue hacia la cocina. Al instante entró Alex con su característica gorra negra, jeans y camiseta azul. Reconozco que no era como lo había imaginado, era más bajito, menos corpulento, pero tenía una labia y un magnetismo, que sin ser guapo, lo hacía especial.

—Por fin, Andrea, ¿cómo me le ha ido? Oiga, pero esto sí es una belleza... usted y la decoración de mi casa. Mire estos búhos... y este tren... No, usted sí tiene buen ojo y gusto y además Paulette no mintió porque también es muy bonita.

No sabía que decir, él, en pocos minutos había dicho todo. Solo alcancé a preguntarle por su viaje y agradecerle la hospitalidad y la confianza. Acto seguido me dijo que se iba a bañar y nos veíamos en treinta minutos para la cena mientras comenzaba a dar órdenes.

—Herminio, venga pa'ca mijo y me hace un favor. Va llamando a doña N que venga de Guadalajara que la necesito aquí para ya. Mande recado también que estamos en el nido sin contratiempo.

Alex, obviamente, no estaba en un viaje de negocios. Estaba acompañando al Padrino en una de las casas del monte. Quería regresar a Cancún cuando hablamos, pero sus contactos en el «humo» (gobierno del D.F.) les habían alertado de que tenían un cerco sobre ellos y no era seguro salir de Sinaloa. Alex Cifuentes, no era solo el brazo derecho del «Chapo» Guzmán. Con el tiempo entendí, que el que yo pensé era mexicano por su perfecta dicción, era colombiano y «la prenda» viva, que el Chapo tenía por parte de los Cifuentes, que aseguraba cada transacción de coca donde él adelantaba el dinero. Alex era su sombra y con el tiempo se había convertido en su verdadero hombre de confianza. Era refinado, culto, hablaba cuatro idiomas, era listo y conocía el negocio del narcotráfico como su hermano y otros miembros de la familia Cifuentes. El Chapo se sentía cómodo a su lado y le hacía reír, pero en el fondo también era una especie de secuestrado o garante.

—Andrea, venga a la cocina, estoy abriendo una botella de Champagne para celebrar que por fin nos vemos, aunque yo solo tome un sorbito porque no puedo beber nada de alcohol por mi pancreatitis. Me mata cada vez que tomo y hace tiempo decidí no hacerlo más. Pero es un gusto que estés aquí y sé, que este será el comienzo de una bonita amistad.

Alex olía riquísimo a Creek. Tenía la cara brillante, recién hidratada tras el baño y en ropa deportiva, (como solía estar vestido en la casa) se veía más juvenil.

—Mire esta caída del sol y dígame que no es un milagro. *Cheers* amiga, por la vida...

—*Cheers*, Alejandro... por la vida, por la amistad y por el gusto de haberte finalmente conocido.

—No me llames Alejandro, muñeca, mi nombre es Alex, me hace sentir mayor y yo sigo siendo un niño encerrado en este cuerpo de hombre. ¡Ajajay! Ven, vamos a sentarnos a cenar. Pedí que nos trajeran ese marisco que tanto te gusta mientras me hablas de ti, de donde eres, que haces, que has hecho...

Alex tenía un talento innato para «sopear». Era mejor interrogador que el FBI. Lo hacía con total sutileza y entre risas y brindis (yo con Champagne y él con agua gasificada y mucho limón), me había sacado media existencia. Sin embargo, yo estaba ansiosa por venderle mis Mágic Jacks.

—Mira Alex, yo estoy vendiendo estos dispositivos de teléfono que con un número de EE. UU. te pueden comunicar donde tú quieras. Son muy efectivos y hay muy pocos en México según creo... quizá te pueden interesar...

Me miraba a los ojos y observaba mi manera de comer. Después me comentaría que esa era otra forma que tenía de conocer a una persona. La forma en que tomaba los cubiertos y cortaba los alimentos, si se limpiaba los labios antes de beber o si era apresurada o desmedida, eran síntomas de su nivel social, de su codicia o sus presunciones. Apenas hizo un esfuerzo por ver uno de mis dispositivos cuando me sorprendió diciendo:

—Mira mi colombianita, yo también soy colombiano. De Medellín, como tú... y voy a comprarte todos tus dispositivos, pero con una sola condición, que te olvides de esos «cacharros» y te quedes aquí conmigo, decorando, y haciéndome compras... Necesito una secretaria. ¿Qué me dices? Yo te pago y listo.

Por poco me atraganto con la langosta. En instantes había pasado a tener un hogar de ensueño, dinero para gastar, un jefe que además brindaba por nuestra amistad y un trabajo que ya me entusiasmaba. Sin duda, no podía empezar con mejor pie el año que estaba a punto de comenzar. O al menos, eso era lo que creía...

—Alex, acepto... Además, con gusto te ayudo a preparar la boda con Paulette... porque ya están próximos a casarse, ¿no?

Nunca contestó mi pregunta. Noté un gesto de disgusto en la cara de Alex que me hizo presagiar lo que ocurriría al día siguiente. Paulette, que desde que recibió el inmenso brillante de compromiso, solo llamaba cuando necesitaba algo, se había enamorado del piloto de Fórmula 1 del momento y rompía el compromiso con Alex. Ni siquiera tuvo la cortesía de avisarlo. Varias fotos con su nueva pareja en algunas revistas de chismes confirmaron la crónica de la muerte de una boda de sobra anunciada.

Alex nunca mostró duelo por la pérdida. Como hombre, estaba molesto por lo que consideró una tomadura de pelo, pero a su vez, él tampoco era un hombre confinado al matrimonio. Le gustaban las mujeres y la fiesta y más en esa especie de reclusión al lado del

Padrino, donde pasaban semanas encerrados en el monte o escondidos en los Cabos y las Tunas.

Esa noche nos fuimos a dormir casi a las 4:00 am, como haríamos gran parte de los más de 4 años que pasamos juntos. Trasnochar viendo películas o hablando de los contactos que Paulette le había dicho que yo tenía en Hollywood, (que se reducían a un par de actores y un director latino) y levantarnos tarde porque Alex tomaba Rivotril para dormir y nunca despertaba antes de las 11:00 am.

En aquellos días, el cartel de Sinaloa estaba en una guerra con el cartel de los Z y Cancún era un escenario peligroso. Apenas salíamos por seguridad y eso nos permitió conocernos más a fondo.

Toc... Toc...

—Señorita Andrea, soy María, disculpe, ¿aún duerme?

Me desperecé y vi que era casi el mediodía. El Champagne y el cansancio me habían hecho dormir como un lirón entre almohadas. María dejó una bandeja con un jugo recién exprimido y abrió las cortinas.

—Doña N ya llegó de Guadalajara y está cocinando para ustedes. El señor está en la ducha y me pidió le avisara, que cuando se aliste se reúna con él en la cocina. ¿Necesita algo más?

Me levanté apurada y me recogí el cabello en una cola, me puse unos leggings, una camiseta ceñida negra y unas zapatillas de deporte. Bajé las escaleras y en el salón estaba sentado Herminio con un montón de recibos y papeles. Me dio los buenos días mientras me miraba de reojo. Había un olor exquisito, mezcla del perfume de Alex y las delicias que doña N estaba cocinando.

—¡Buenos días bella durmiente! ¿Cómo amanece o, debo decir atardece? Jajaja... jajaja. Acá le traje una sorpresita. Mi tesoro mejor guardado, doña Nedina. La única mujer que sabe cómo hacerme caer rendido a sus pies... y no ha perdido su encanto en tantos años conmigo.

Doña N me saludó muy cariñosa. Era la mujer de confianza de Alex desde hacía más de veinte años. Primero, había trabajado para su hermano, que en una de sus excentricidades y durante su estadía en la suite principal del hotel La Quinta de Guadalajara, había pedido que le presentaran a la cocinera y terminó llevándose a doña N al servicio de la familia. Para ello, no había dudado en doblarle el sueldo de cocinera a doña Nedina, comprarle una casa y hasta ponerle ayudantes en la cocina.

—Cuando almorcemos nos vamos a ir al spa de unos amigos canadienses. Necesito relajarme. Herminio, prepara «la paloma» y avisa que nos esperen.

La paloma era una «trocca» gigantesca y blanca, blindada. En la casa de Cancún también había un Jetta blindado azul. Nos movíamos solo con Herminio y a veces con Cóndor porque Alex no iba armado. El spa de los canadienses, también en pleno centro turístico, era como su segunda casa. Nos atendieron como por tres horas y agasajaron con toda clase de indulgencias para el cuerpo.

Amor y traición en Cancún

Cuando salimos ya había caído la noche y comenzaba a refrescar. Doña N tenía preparado un pescado a la sal, una crema de langosta casera y un imponente pastel de frutas que parecía sacado de las páginas de una revista culinaria. Durante la cena, la conversación fue subiendo de tono entre risas y brindis. Esta vez probó un poco de vino mientras mi copa se llenaba y se vaciaba con el pasar de las horas. Aún no sé qué propició que acabara entre sus brazos. Me tomó de la mano, me besó en el cuello, en los labios... Su mano comenzó a resbalarse por mi ropa y me desabotonó la blusa. Me dejé llevar y puse sus dedos entre mis labios para llevarlos entre mis piernas. En el juego de la seducción era una maestra y estaba dispuesta a sacar mi mejor carta. Poco a poco fui dejando caer mi ropa, y desnuda me fui hasta su cama. Me recosté sobre los suaves almohadones y muy lentamente abrí las piernas. Sentí que su mirada se incendiaba cuando llevé uno de mis dedos a mi boca y comencé a jugar con mi lengua. Mojado, fui resbalándolo por mi garganta, mi pecho y mi ombligo hasta llegar a hundirlo entre mi pelvis. Se tendió a mi lado y me apretó entre sus brazos. Hicimos el amor, pero sin la pasión con la que otros me habían tomado. Para mí, en ese momento, solo era un hombre más. Un peldaño. No tenía nadie mejor con quien estar, ni un lugar mejor donde ir. Era cortés, educado, sofisticado y generoso. ¿Amor? No lo sé. A estas alturas, ni siquiera sé lo que significa exactamente esa palabra.

Al día siguiente amanecimos felices. Me abrazó y él mismo fue a buscar un jugo, cuando le oí hablar por teléfono en un volumen más alto de lo habitual.

—Sí, señor. Todo está bien. Yo me encargo de pedir razones. El Capi está pendiente del embarque. Igual señor. Que la pase bonito. Trato de comunicarme con usted en la noche para felicitarle a mi señora. Así será, Dios mediante. Se me cuida, ¿oyó?

Era Joaquín Guzmán Loera, el «Chapo» Guzmán. Esa fue la primera vez que le escuché conversando con él. Sabía que había algún misterio por el secretismo de las conversaciones, el tono de voz, por la mala señal satelital y las horas que Alex pasaba en el Messenger de la computadora. No quise preguntar ni saber más. Rochie me había estado llamando para saber cómo me había ido y pedirme si podía venir a Cancún porque no quería pasar sola la Nochebuena. Aún no sé por qué seguía creyendo en ella. Cuando se lo pregunté a Alex me dijo que no, pero, tal fue mi insistencia, que aceptó que viniera solo a pasar un par de días y cenar esa noche con nosotros. ¡Que grave error! El cándido y dulce gazapo acabó convirtiéndose en un ave de rapiña. Llegó el mismo día de Nochebuena y a las pocas horas ya estaba disponiendo como sentarnos a la mesa. Doña N se dio cuenta de inmediato y la puso en su sitio.

—Disculpe señorita, aquí quien dispone como sentarse a la mesa soy yo por órdenes del señor. Acá va la Srta. Andrea al lado del señor, a su izquierda estoy yo, a mi lado Herminio y usted se sienta enfrente.

Así pasamos la primera Nochebuena, entre risas y cuentos... y así recuerdo el ambiente familiar antes de que Rochie comenzara a envenenar a Alex para tomar mi puesto. Lo primero que hizo, fue tratar de demostrar que ella era mejor que yo comprando porque era local y conocía a su gente, y después de desbancarme en un par de días, se atrevió a traer a Alex a una de las «señoritas» del momento. Salí una tarde a hacer unos mandados y cuando llegué, me encontré a la Miss, sentada en la terraza con Alex y Rochie tomando Champagne. «La visita» acabó en los dos días acordados y la «señorita» salió de la casa con varios lujosos regalos y una abultada cartera.

Alex no era mi marido como para exigir nada. Ni siquiera teníamos una relación. Rochie había logrado su objetivo de ocupar mi puesto e iba a hacer todo lo posible por alejarme de Alex, porque, a pesar de las curvas de la «señorita», Alex me buscaba para que estuviera a su lado. Así fue como su segundo paso fue planear la llegada de Bettina, una exnovia de Alex con la que después terminaría casándose.

Bettina era rubia, despampanante... bipolar. Llegó de Montreal en ropa deportiva que marcaba su cuerpo escultural y se presentó como una vieja amiga de Alex. En realidad, los unía algo más que una vieja «amistad». Bettina era en realidad la persona que conseguía clientes a Alex y movía su coca en barcos cargados de turistas que hacían la ruta Cancún-Canadá. En su estado natural era hasta simpática, pero en cuanto tocaba un gramo de coca su bipolaridad la convertía en un ser paranoico y agresivo. La noche de fin de año en uno de los clubs del momento y arropada por Rochie, lo que prometía ser una noche maravillosa, se convirtió en una pesadilla cuando comenzó a increparme que Alex me había sacado de un streep-club. Lo que parecía una broma se tornó violento y el propio Alex tuvo que salir en mi defensa.

—Bettina, deje la huevada mija. La estamos pasando bien y usted está arruinando todo con sus estupideces. ¡Córtela ya con Andrea y disfrute, o váyase a descansar a la casa! No le pare bola a esa loca, Andrea. Seguro se encontró con algún viejo conocido en el baño que le pasó un poco de eso que tanto le gusta, y bueno, eso es el resultado de su «buen olfato...». La cocaína le raya el disco. Pero no le haga caso.

—Alex, a mí esa loca me respeta. A mí me vale cinco el trabajo, pero esta «Barbie» trastornada no va a venir a ofenderme y faltarme al respeto delante de nadie. Que se devuelva al loquero de dónde vino y me hace el favor y allá manda también a la bruja de Rochie... Estoy mamada Alex.

Al día siguiente todo había cambiado. La relación siguió siendo cortés, pero Rochie estaba en mi puesto y Bettina seguía siendo para Alex «un mal necesario». Ese día llego Víctor Julio del D.F. Un hombre mayor, menudito, con bigote y pelo blanco que era el contador del cartel y Alex decidió ascenderme de asistente personal a contadora para llevar la caja chica, y en el fondo, apartarse de mí mandándome de nuevo al D.F. Durante esas semanas en Cancún ya había tenido la confianza de decirme que conocía al «Chapo» Guzmán y que quería venderle la idea de hacer una película sobre su vida. Él fue realmente el de la idea. Y aunque al Padrino al principio no le entusiasmaba llevar su vida a la gran pantalla, la película en Hollywood se convirtió en su obsesión y en algún modo, su perdición.

Incluso, ya le había hablado de mí al Padrino asegurándole que yo tenía contactos en Hollywood para hacerla posible. Esa fue otra de las razones por las que Alex decidía mandarme al D.F. a conocer a Javier, el profesor de universidad que estaba escribiendo las verdaderas memorias del Chapo, y que después querrían convertir en el guion cinematográfico. No exactamente con Kate del Castillo o Sean Penn como todos pensaban, sino con Tom Cruise y George Clooney o Angelina Jolie que eran los actores favoritos del Padrino y a los que más adelante me mandarían a tratar de localizar. Sin ninguna duda, aseguraba que él iba a ser el más «chingón» y su película, a diferencia de la de su compadre «el señor de los Cielos» se iba a hacer en Hollywood.

Con la Rochie en Cancún tomando el mando y yo sola de nuevo en el D.F. sin auto, el mundo volvía a caérseme encima. Gracias a Dios, no había transcurrido más de una semana de mi «exilio», cuando una amiga me convenció de que vivir allí sola y en esas condiciones, era una auténtica locura. Con enorme solidaridad, apareció una mañana con su chofer y me ayudo a empacar mis pocas cosas para llevarme al apartamento de uno de sus mejores amigos, otro narco que había sido capturado y le había dejado las llaves. Sola, triste, y sin apenas contacto con Alex, sentí que este capítulo se cerraba en mi vida y había que mover ficha para salir adelante. Quizá debería volver a casa, abrazar a mis padres, estudiar o vivir nuevas emociones en Colombia. Allí tenía buenos amigos y estaba bien conectada con otros narcos y personas de poder. Si Alex ya no existía, lo mejor era volver a Colombia. Regresar a mi hogar.

Capítulo 3

Mi pasado en el Cartel y mi nueva realidad como informante

Una Blackberry más a mi lista

El vuelo de Bogotá a México se me hizo una eternidad. Solo habían pasado unas horas desde que me despedí de los agentes del FBI y ya estaba en el D.F. convertida en informante. Todo parecía haberse quedado dormido en el tiempo, pero yo nunca sería la misma. Tenía que asumir mi nuevo destino. Respiré hondo y me apresuré a salir del avión para marcar a Alex.

—Alex, acabo de aterrizar, todo está bien. Aún me duele un poco la cabeza, pero voy para el apartamento y después pasaré por la agencia. Cuando esté en casa le marco con calma para que informemos al Padrino del encargo que fui a hacer a Ecuador.

—Dele mija, ya nos tenía preocupados. Yo le marco después.

Salí del aeropuerto y antes de llegar a la casa pasé por la tienda de teléfonos de la esquina. No sé cómo nunca sospecharon nada, habitualmente solía comprarles hasta tres y cuatro blackberries al mes que cambiábamos según se iban «quemando». Yo nunca cargaba menos de seis y ahora, debía añadir el más importante a mi lista. El que me conectaría día y noche con el FBI en Manhattan.

Compré otra BlackBerry, acceso el pin que me habían dado y envié mi primer mensaje:

—Todo bien. Ya llegué a mi departamento. Este es mi número.

Ninguna respuesta del otro lado y a los pocos minutos:

—Okay, actúa con normalidad, nos mantenemos en contacto.

Ahora sabía que las comunicaciones del Chapo estaban interceptadas, pero también conocía la desconfianza del Padrino. En solo cuestión de horas, cualquier sospecha de un «pinchazo», desintegraba el complejo sistema de comunicación entre blackberries, poniendo nuevamente en jaque a las agencias estadounidenses. Por eso, era tan importante mantenerme dentro del entorno más cercano del Chapo. Todas las comunicaciones estaban trianguladas, apagaban y prendían, agregaban números y borraban. El sistema que había creado Christian Rodríguez para Alex era el juguete del Padrino. Su mayor entretenimiento en el monte era saber qué se decía de él. Yo misma había presenciado cómo espiaba a sus colaboradores, a su esposa y amantes. Solo tenía que llamarlos y colgar. Cuando la llamada finalizaba, el micrófono quedaba activo para escuchar todas las conversaciones siguientes hasta que se cansaba, cortaba y repetía. Los teléfonos satélites fallaban con las lluvias, por lo que Christian había creado la forma de conectar las blackberries a servidores fantasmas en Holanda, Canadá e Israel para hacer y recibir llamadas sin poder ser localizadas. Solo nosotros conocíamos las extensiones y a quien pertenecían lo que llamábamos «oficinas».

No había pasado ni una hora y sonó la oficina siete. Era la del Chapo que manejaban dos de sus hombres de confianza, Bravo y Cóndor. Yo tenía a veces más de quince blackberries e iPhones que trataba de diferenciar poniendo *stickers* de animales detrás. La de Alex era un zorro y la del Padrino un lobo grande con estrellas azules.

El Padrino quería saber cómo había ido la reunión de Ecuador, (antes de ser interceptada por el FBI) donde me habían enviado a supervisar un encuentro entre el capitán ecuatoriano Telmo Castro, alias el Capi, Steven que manejaba las operaciones del cartel en Canadá y miembros de la familia Rizzotto. Ecuador era una gran base para las operaciones del cartel y más adelante sería también el lugar donde pasaría gran parte de mi tiempo ya convertida en informante.

—Amiga, ya hablé con Alex y espero se sienta mejor. Nos tenía preocupados. ¿Cómo fue la reunión? Quiero el informe. Además, tenemos que vernos y adelantar con la película.

—Si señor, todo fue bien. Así será. Yo cuadro con Alex para ir a «19...».

—Estoy al pendiente. Se me cuida.

Colgué y me quedé pensando en el tono de los mensajes. Confundida, solo me quedaba arreglar mi viaje a Culiacán, que en clave recibía el nombre de «19» o «terre» para informar en detalle lo que había pasado en Ecuador. Quizá estaba paranoica, pero sabía que ni al Chapo, ni a Alex les gustaba que saliera de México porque el tránsito era peligroso. Además, hacía solo dos meses que Alex me había llamado totalmente exaltado dándome órdenes de tirar todos los celulares y cortar todas las comunicaciones, porque habían descubierto que Cristian, el informático encargado de las comunicaciones, era informante. Un golpe duro para el cartel que nos obligó a «ahogar» todos los iPhones y blackberries y estar sin comunicación por más de una semana.

Cristian, como ahora me pasaba a mí, había sido interceptado por el FBI y había aceptado colaborar con las autoridades. Eso explicaba que los agentes tuvieran tanta información y parte de los mensajes y comunicaciones que yo mantenía en el cartel.

Cristian y yo siempre habíamos tenido buena relación y no hacía demasiado, habíamos hablado, cuando un amigo suyo me entregó un iPhone encriptado que Alex me había pedido llevarle a Venezuela a su hermano que también se había visto obligado a salir de Colombia y había decidido casarse y asentarse clandestinamente en el país.

Pero, quizá, no era el caso ni el momento de paranoias. El Padrino quería que le contara todos los pormenores de la reunión de

Ecuador con Steven, que manejaba los negocios del cartel en Canadá; el excapitán del ejército ecuatoriano Telmo Castro, encargado del cartel en Ecuador y miembro de la familia Rizzoto. Él necesitaba tener «ojos» y «oídos» en cualquier reunión o transacción en la que no podía estar presente. Con el tiempo, me había convertido en una de los suyos. Desde hacía tiempo dudaba que las cosas se estuvieran manejando «de ley» e intuía que el Capi no era todo lo honesto que presumía. Por eso, me había pasado los últimos meses viajando entre Culiacán, Mazatlán y Ecuador, preparando lo que meses más tarde sería mi centro de operaciones, negociando con los guerrilleros el precio de la coca, supervisando los envíos y las bajadas de radar para que las avionetas pudieran aterrizar y despegar en las pistas clandestinas. El Padrino sospechaba que el Capi había matado a Raúl, uno de sus muchachos y se había quedado con «la merca» y el dinero. No tenía las pruebas, pero conmigo, esperaba encontrarlas. Por eso ansiaba los detalles de esa reunión en Guayaquil que volvería a llevarme a Culiacán, que era el lugar donde también estaba Alex y con quien habitualmente me reunía con el Padrino. Tardé más de dos años en que me permitieran acompañarlos porque ese era el territorio donde, el Chapo solía pasar la mayor parte de su tiempo y donde se movía como pez en el agua. Era impenetrable y un santuario donde no entraban mujeres desde que se casó con su última esposa. Anteriormente, habían pasado por sus casas reinas de belleza y actrices colombianas como la que me presentó a Alex, quien, acompañada de otra modelo, pasó un fin de semana en el monte disfrutando cama y cuatriciclos. Yo soñaba con que me llevaran, pero siempre, por desconfianza o protección, Alex me dejaba en tierra. Ahora, el Padrino me esperaba allí para repasar la agenda como había hecho en otras cuatro ocasiones, pero aún recuerdo la emoción de la primera vez en que Alex me llamó para abrirme la puerta.

Ocurrió el 11 de marzo del 2011. Ese día recibí por primera vez la noticia de que Alex me permitiría reunirme con él en Culiacán.

Hacía unos días, su nombre y el de algunos miembros de su familia, habían aparecido en la famosa lista OFAC, en la que, señalados de mantener negocios ilícitos con el narcotráfico, quedaban completamente excluidos de poder hacer ninguna transacción o negocio con los EE. UU. Estábamos en el D.F. pero, preocupado por el impacto que la noticia pudiera tener en México, me pidió que lo llevara a Valle del Bravo, donde uno de los trabajadores, Herminio, lo recogería al día siguiente para llevarlo a Culiacán.

No aguantó mucho tiempo solo. En aquellos días, aprovechando su tiempo aislado, estaba recibiendo terapia celular, como el Padrino, y necesitaba que le llevaran más producto. Moverse hasta allí solo estaba permitido a ciertas personas y en ocasiones muy especiales, pero como las vacunas son inyectables y llevan una cadena de frío, fue la ocasión perfecta para que yo misma las llevara. Una ayudante de la doctora me entregó perfectamente empacados los medicamentos. Compré todos los dulces colombianos que tanto les gustaban, y casi sin darme cuenta, me estaban recogiendo en el aeropuerto Herminio y Chito, dos mexicanos de Guadalajara, padre e hijo, que siempre estuvieron allí desde que el Chapo, a pesar de ser de las Tunas, había crecido como narco en Guadalajara.

—¿Cómo ha sido su viaje Señorita? Ya el Patrón le está esperando y también está en camino doña N. Esto le va a gustar, tiene rincones muy bellos y ya nos han dicho que la saquemos a pasear.

Llegamos a una de las mejores colonias de la ciudad, a una casa de dos pisos. Alex me estaba esperando pletórico. A los pocos minutos y después de enseñarme la casa y entregarle los regalos que había traído para él, sonó el teléfono.

—Si Señor, llegó la visita. Todo bien. No se preocupe, así será. Le mostraremos todos esos lugares para que se lleve la mejor impresión o decida que quiere quedarse a vivir aquí conmigo, jajajajaja...

Era el Chapo. Quería saber si todo estaba bajo control y había dado instrucciones para que me llevaran a conocer Bahía Guato, la montaña, Los Mochis, (que es la playa) y, por supuesto, la Tuna, donde él había nacido y donde todo el mundo trabaja para él porque en Culiacán, manda el cartel y el Chapo. Alex salía poco, pero me llevaron a conocer el «territorio impenetrable». El lugar donde se sentían verdaderamente seguros y donde hasta la policía los cuidaba. Tenían todo el control. Cualquiera que no fuera del lugar levantaba sospechas, «le ponían el ojo» e inmediatamente la gente de seguridad del Padrino era informada. Las autoridades sobrevolaban el área, pero difícilmente podía realizarse por tierra un operativo sin llegar a ser descubiertos.

Por cuestiones de seguridad, en esa primera ocasión no se dio el encuentro, pero se rompió el hielo para que pudiera regresar a «19» y hasta descubrir el túnel bajo la bañera que posteriormente llevaría a las autoridades a ubicar el lugar que por años llevaban buscando.

Pasaron cinco días mágicos en los que mis esperanzas de conocer al Padrino se desvanecieron y tuve que regresar al D.F. a continuar con el proyecto del libro y la película y a seguir escalando peldaños dentro del cartel. Cada vez estaba más metida y me gustaba acariciar el poder. Además, Alex y yo nos habíamos vuelto inseparables y eso le daba seguridad al Padrino. La Secre de Panchito, cómo familiarmente llamaba a Alex, «resolvía» y era de confianza porque estaba a su lado. Aunque ni siquiera el FBI entendiera nunca la manera, porque desde que regresó a buscarme y a pesar de otros amoríos de ambos, nunca pudimos pasar mucho tiempo sin vernos y hablar a diario. Una relación enfermiza que nadie pudo nunca encasillar, ni siquiera yo, y que en un momento llego a suponer una «cruz en mi espalda» y un millón de dólares por mi vida.

¿Por qué regresé con Cifuentes? Viaje sin retorno

Cada vez que regresaba al D.F. siempre me hacía la misma pregunta: ¿Por qué no me quedé en Bogotá cuando Alex me alejó de su lado después de haber pasado esas primeras Navidades en Cancún? ¿Qué me atrajo para regresar y vivir esta vida de sobresaltos? ¿Por qué me sentía tan profundamente atraída por estos personajes que por mucho tiempo fueron los protagonistas de mi propia historia? Quizá Alex fue un mago cuando me convenció para regresar, o simplemente yo necesito sentirme tocada por ese poder que infundían y qué a mí tanto me atraía. Recordando aquel momento, en el que reapareció en mi vida para convencerme a regresar, soy consciente de que inicié un viaje sin retorno.

Mi vida se había convertido en una montaña rusa desde que Alex descubriera que Rochie le había mentido y robado y Josefina estaba más loca de lo que pensaba. Solo y sintiéndose un secuestrado con todos los privilegios al lado del Padrino, se había dado cuenta de que me necesitaba a su lado. Habían pasado sólo dos meses y medio en Bogotá desde mi abrupta salida de Cancún, cuando mi amiga Paula me pidió que le acompañara a México para la presentación de su línea de trajes de baño. Estando en el restaurante Puerto Madero, uno de los camareros se acercó con una notita de papel. La abrí y solo aparecía una clave con la frase: *«acceso el pin en tu teléfono»*. Lo hice y a los tres minutos...

—Hola, amiga, está muy linda con ese buzo naranja y esas botas entre esa gente tan importante... pero ninguno de sus amigos parece tan dispuesto como yo a que pase una tarde divina. Salga y diríjase al Mercedes negro que está estacionado en la entrada. No tarde. Está hermosa...

—¿Quién es? A mí no me gustan estos jueguitos, te voy a bloquear si no me dices quién eres...

—¿Quién más te dice «mis ojos» o Ami... vamos Andrea, ¿cómo estás?

—*¿Alex?*

El corazón me dio un vuelco. Por supuesto, solo Alex podía escribirme un texto así. Él era el único que me llamaba «mis ojos». Había salido de su zona de seguridad para venir a buscarme y hasta había pagado «la complicidad» de un amigo en Bogotá que sabía dónde estaba porque, instantes antes, me había llamado y me había pedido que le mandara una foto del grupo. Reconozco que al principio me costó creerlo. El mismo hombre que me había amado y abandonado unos meses antes, reaparecía en escena cuando yo comenzaba a reorganizar mi vida en Colombia. El chofer salió para abrir mi puerta y ahí estaba él con una hermosa camisa azul que resaltaba aún más su bronceado y su característico perfume. En la mano, una rosa.

—Hola, definitivamente estás mejor en persona. ¿Cómo te fue tanto tiempo sin mí? ¿Me extrañaste?

—No, Alex, comencé a estudiar de nuevo y tengo proyectos. Ya estaba olvidándome de usted... ¿Qué le hace volver a buscarme? ¿No será que es usted quién me ha echado de menos?

—Puede ser. ¿Dónde te estás quedando?

—En la Condesa, estamos en el departamento de un amigo. Por favor, llévame allí.

—No «mis ojos...». Vamos a dar una vuelta. Tú y yo tenemos mucho que hablar y vamos a tener mucho tiempo por delante.

No podía resistirme. A pesar de lo ocurrido había algo en Alex que me hacía sentirme segura, ni siquiera sé a estas alturas si alguna vez fue amor. Fuimos a un hotel cercano y descorchamos una botella de Champagne, a pesar de que Alex no bebía asiduamente por problemas de salud. A su manera me pidió perdón por haber dudado de mí y haber caído en la trampa de Rochie, que al final, acabó largándose una tarde llevándose consigo el impresionante botín que guardaba en un baúl de seguridad en uno de los cuartos del apartamento de Cancún. El propio Alex lo había abierto en una ocasión en mi presencia y había quedado obnubilada viendo lo que contenía en su interior: joyas, lingotes de oro, euros, dólares canadienses... Parecía la cueva de Alí Babá, solo que en esta ocasión no hicieron falta los cuarenta ladrones, porque la misma Rochie, se había encargado de vaciarlo. Lo disfrutó por un tiempo y el karma hizo que meses después fuera detenida por la DEA.

—Ami, vamos a mi departamento. No quiero que se vaya.

—No, Alex, tengo que regresar a casa de mi amigo.

—No se haga… Vamos, inventemos que se enfermó. Que se encontró con otra amiga… lo que quiera, pero no se vaya esta noche.

—Pero Alex, no tengo nada conmigo, excepto mi bolso; ni mi maquillaje, mi ropa, ni siquiera cepillo de dientes.

—Deje todo eso allá, no le hace falta. Yo le doy plata mañana para que se compre todo lo que quiera y mandamos que vayan por sus cosas. Hablando de plata, ¿cuánto dinero ocupa para quedarse? Amiga, deje eso de los trajes de baño y vamos a hacer una agencia de modelos, eso siempre le ha gustado y usted conoce de ese mundo.

Alex sabía sin duda lo que tenía que hacer para convencerme. Siempre tuvimos química más allá del romance. El amor más enfermizo que pudimos vivir. Una relación imposible de encajar en una sola palabra.

Acepté quedarme y desde ese momento me convertí en su sombra, su asistente, su amiga, a ratos… su amor y su confidente. Teníamos varios apartamentos, pero al final del día solíamos pasarla juntos. Los dos éramos de Medellín y los dos veníamos de una sociedad donde convivíamos con narcotraficantes. Cada uno, a su manera, teníamos muchos contactos comunes y a los dos nos gustaba abrazar el poder. Era la encargada de hacerle sus compras, ir a eventos y en la primavera del 2011, tras regresar de ese primer viaje a Culiacán, quedé además asignada como, la Secre del D.F.

Durante meses, al lado de Alex, atendí y conocí todo tipo de gente. Poco a poco volví a recuperar su confianza y no dudaba en involucrarme cada vez más en su vida. A pesar de que teníamos varios departamentos, siempre acabábamos juntos viendo películas o conversando. Compaginaba mi tiempo como «secre» del cartel, encargada de recibir y enviar dinero, con las compras para el Padrino y Alex que por cuestiones obvias no podían realizar ellos mismos. Ropa de marca, sábanas de hilo, perfumes y hasta calzoncillos y por supuesto, los dulces colombianos que tanto les gustaban. Mi comunicación con el Chapo era constante, pero aún no habíamos logrado conocernos en persona. Cada vez estaba más metida en el narco y no puedo decir que sentía ningún arrepentimiento. Ni siquiera me temblaba la voz cuando hablaba con mis padres a quienes nunca les dije abiertamente para quien trabajaba, pero quienes, por mi forma de vida, intuían que algo sucio rondaba por ella.

Narco, agencia de modelos y asistente campaña política de Peña Nieto

Una noche, después de cenar, Alex soltó una de esas locas ideas que solían acompañar su existencia. Me habló con mucho entusiasmo de la posibilidad de abrir una agencia de modelos que me pareció brillante. Desde muy joven siempre había estado vinculada al mundo de la moda y los reinados de belleza y me movía en ese negocio como pez en el agua. Además, conocía perfectamente los otros negocios «paralelos» que ese mundo arroja y quienes desde años lo manejaron desde Bogotá presentando mujeres a prominentes políticos, empresarios y narcotraficantes a cambio de suculentas cantidades de dinero que cobraban como comisión, por el pago de esas chicas. Reinas de la belleza, modelos, presentadoras y actrices, a quienes no les importaba recibir 10.000 dólares por un fin de semana al lado de estos personajes, además de joyas, carísimos autos y departamentos. Esas mujeres a las que no les importaba subir de escalafón social ahogando amores en abultadas carteras. Yo misma conocía el brillo y las sombras. No me iba a ser difícil encontrar modelos latinas y Alex estaba tan aburrido en su encierro, que de inmediato se declaró parte del «comité de selección».

—Amiga, ya tengo la oficina donde establecer la agencia... la mejor de Interlomas. Vamos a empezar a contratar a las modelos. Vamos a meternos a Facebook. Usted tiene unas amiguitas muy lindas y hay otras «mamacitas» a las que quizá les interese.

Alex se había vuelto un experto en Facebook e Instagram. Aunque no tenía una cuenta, manejaba las mías y se había hecho un experto enviando invitaciones y haciendo promesas. Era el rey del «puterío» y no escatimaba horas tratando de contactar con mujeres bonitas. Tampoco escatimó en llenar de botellas de Champagne del más caro, el refrigerador de la oficina, y comprar el mobiliario más exquisito. Teníamos la estructura, pero necesitábamos comenzar a rodarla. Decidimos llamarla «Runway Models» y que fuera yo quien se encargara de la misma junto a tres socios que se encargarían de aportar el dinero. Uno de los socios era primo de un gobernador con amplias conexiones en la política; otro, un famoso corredor de autos y el tercero, un reconocido publicista con múltiples contactos. Desgraciadamente y a pesar de estar todo listo para hacer los castings, «Runway Models» nunca pudo abrir sus puertas. El primo del político cayó preso en Cancún, y faltando la firma para el acta constitutiva, la apertura quedó congelada de forma indefinida.

Meses después, y con la idea aún en la cabeza, convencí a mi amigo procedente de una de las familias más adineradas de México a convertirse en mi socio y a menos de dos meses logramos abrir «Treding Models» en Polanco. Uno de los mejores lugares para establecer un negocio de estas características. La agencia de la que todo el mundo ha especulado y que como otras muchas en México y cualquier parte del mundo, se dedicaba a suplir modelos a marcas y eventos sociales. Estaba legalmente constituida y pagábamos impuestos al SAT. Logramos tener algunas de las mujeres más bonitas; ucranianas, rusas, brasileñas, colombianas y mexicanas, asistían a almuerzos remunerados, cenas de negocios o fiestas en discotecas y algunas vivían en dos departamentos que teníamos designados para ellas. El compromiso era asistir a esos eventos y si después alguna quería ir más allá de lo que se les pagaba, tenían toda la libertad de hacerlo, pero bajo su responsabilidad. Cobrábamos el 20 por ciento de las modelos y el 20 por ciento de la marca que nos contrataba.

Para mí era una vitrina perfecta, porque asistir a esos almuerzos o cenas con los hombres más prominentes de la política y del mundo empresarial mexicano, nos permitía conocer de primera mano información que de inmediato era suministrada al Padrino. Si algo le gustaba al «señor», era saber que opinaban de él sin estar presente. Esos hombres, que en muchos casos eran casados, ejemplares padres de familia y asiduos visitantes de la Casa de Dios, olvidaban su credo y soltaban fácilmente la lengua apostándole al juego de la seducción.

Los empresarios nos pagaban muy bien, pero nunca recibí un solo peso del cartel. Mi socio corrió con la mayor parte de los gastos. Había un almuerzo todos los miércoles donde las chicas asistían a comer con ellos de 3 a 7 pm. Yo manejaba «la caja chica» del cartel donde a diario llegaba a tener desde 50.000 hasta medio millón de dólares. Por ir a un almuerzo en público en un restaurante, yo llegaba a pagar a cada una de mis modelos 300 dólares. Eran, sin duda, de las mejores pagadas del Distrito Federal, pero si yo manejaba una caja chica donde a diario quedaban entre 50.000 y medio millón de dólares, ¿Cómo no iba a usar 1.000 para llevarme tres «viejas» hermosas y conseguir información de primera mano? Era solo un almuerzo, pero en el seno del mismo, siempre había información muy valiosa y el Chapo solía ser a menudo tema de conversación o ellas mismas lo propiciaban. Se reía a carcajadas con algunas de las cosas que decían de él y otras veces, descubría que había quienes le rendían pleitesía cuando lo tenían de frente, pero eran sus peores detractores a su espalda.

—¡Ahhhh, ese cabrón si se chingó...! A ver si tiene las «huevas» de decírmelo a la jeta...

En alguna ocasión hasta me había pedido que le mandara saludos a alguien después de descubrir que había hecho un buen comentario sobre su persona.

—Ahhhh, pues ese sí es amigo ahijada... Pa' que vea... Llévele saludos.

Era surrealista, descabellado, aparecer de la nada y decirle que el Padrino le agradecía el comentario. Tan irreal que cualquier guion cinematográfico no podría acercarse nunca a mi realidad. Los almuerzos de los miércoles con las chicas comenzaron a ser una rutina y una fuente viva de información que iba y venía. Entre los políticos y empresarios asiduos, también solía estar un general al frente de la Secretaría de la Defensa Nacional de México que mantenía una cierta atracción conmigo y una enorme antipatía hacía el Padrino. Durante meses, el general había ganado confianza y yo sabía que le gustaba. En todas las fiestas y reuniones privadas donde les presentaba a mis modelos, él siempre terminaba compartiendo conmigo. Su apariencia era la de un hombre impecable e implacable pero capaz de sucumbir a una caricia. Al menos, eso era lo que pensaba. Un día, Alex, antes de nuestra habitual comida, me llamó para hacerme un ofrecimiento de parte del Padrino:

—Andrea, estuvimos pensando que hay que mandarle un mensajito al «cachuchón» ese pa'que se deje de chingaderas y pase por el aro. Yo sé que cualquiera de las viejas podría intentarlo, pero este es un encarguito pa'que usted con lo «cabrona» que es, lo borde.

—Alex, ¿y cuál es el mensajito que el padrino quiere que le pase al general? Usted sabe que si hay una persona sobre la faz de la tierra que quiera ver entre rejas al señor, es este «cachuchón».

—Por eso mismo, mija. Mire este «man» no va a ser distinto a los otros cachuchos que ya están en la nómina. El Padrino quiere que le ofrezca 10 millones de dólares pa'que deje de joderlo y no siga buscándolo y hostigándolo más.

—Alex, yo te he contado lo que dice, pero no como lo dice. Está convencido de que lo mejor que podría pasarle a este pinche país es que gente como el Chapo estuvieran fuera de circulación. Mire, no lo sé... Déjeme ver cómo le hago, ¿está bien? Yo le cuento...

—Ta'bien muñeca. Usted hágale y ponga empeño y todo lo que tenga que poner y el Padrino le va a entregar por el favorcito un millón de dólares pa' usted. No está mal, ¿eh mamita? Dele y échele ganas...

Nuestro almuerzo de ese día fue tan ameno y divertido como era habitual. Sin embargo, necesitaba quedarme a solas con el general para hacerle el ofrecimiento del Padrino y eso me preocupaba. Repasé una y otra vez lo que le iba a decir y cómo se lo iba a decir. Era difícil encontrar las palabras adecuadas para no salir yo seriamente perjudicada si el general pensaba que estaba siendo víctima de un intento de soborno. Pero lo era y no había cómo camuflar la realidad. Le pedí si podíamos tomar algo a solas y por supuesto el general aceptó. Casi acabando la reunión, nos despedimos y nos fuimos juntos a mi departamento. Descorché una de las botellas de Champagne que Alex había comprado y nos sentamos a conversar. A medida que consumíamos cada copa, (que yo le llenaba a la menor oportunidad) sus ojos eran fuego mientras jugaba a seducirlo. La forma en que me sentaba a su lado, me reía inclinando la cabeza hacia atrás, jugaba con un mechón de mi pelo acariciándome el pecho, o «inocentemente» me llevaba el dedo a la boca... Todo estaba estudiado para hacerlo caer.

A pesar de no ser un hombre joven, el general se conservaba. La conversación se tornó en un juego donde pensé que aceptaría mi ofrecimiento. Sin embargo, su odio por el Padrino fue muy superior a mis intentos. Nunca llegamos a más, porque según me disponía a tirarle la bomba, detonó en mi propia cara.

—Perdón, señora, usted se confunde. No sé de qué diablos me está hablando y voy a hacer que nunca existió esta conversación. ¿Por quién me toma? ¿De dónde ha salido semejante majadería?

—Disculpe general, no mate a la mensajera. Estaba obligada a tratar de pasarle un mensaje. Pero si no quiere que termine de contarle... Yo... bueno... ¡Nunca fue idea mía! De alguna forma supieron que usted frecuentaba los almuerzos con mis chicas y bueno... me pidieron a través de otra persona que le hablara de parte del Padrino, pero tiene razón, mejor cambiemos el tema.

—Mire, señora o señorita, como le he dicho, y por su bien voy a pensar que nunca trató de decirme nada. Y agradezca que solo estaba comenzando a contarme. Así que me hace el chingado favor de decirle al pendejo del amigo que le dijo que me dijera y al mismísimo «Chapo» Guzmán, que yo no estoy en venta. Ni me vendo por un jueguito, ni por un pinche ofrecimiento con el que pretenden comprarme... ¡No vuelva jamás! Ni usted, ni sus amiguitos a confundirse conmigo o les puede ir rematadamente mal.

Estaba tan enojado que parecía que el alcohol se le había evaporado de la sangre. Tomó sus cosas y salió por la puerta dando un portazo que tiró uno de los cuadros de la entrada. Después de tanta corrupción, era la primera vez que «no me arrancaban la mano» como decía el Padrino. Incluso el FBI, para el que ya trabajaba y quienes tenían intervenidas mis comunicaciones, acostumbrados a la corrupción y a los sobornos, les sorprendió la noticia. Tanto como a Alex, que aseguró que esta decisión no iba a agradarle al Padrino. Si supiera que nunca fui capaz de darle el mensaje completo...Lo que jamás supuse en ese momento, es que ese fuera el detonante para que, antes de ser detenido, el Chapo pensara que era una mentirosa y ordenara mi asesinato. Pero para llegar a ese momento aún me quedaban muchos episodios por vivir y... por sufrir.

Siempre me había interesado la política, a pesar de comenzar a estudiar psicología, muchos de mis amigos siempre me decían que hubiera sido una canciller encomiable de Colombia. Claro, de no haberme dedicado de lleno al narcotráfico. A ese respecto, una mañana, uno de mis amigos me llamó temprano a la agencia para invitarme a un almuerzo que sabía podía interesarme. Un importante asesor político había quedado con él en un afamado restaurante y me preguntó si quería acompañarlo. Por supuesto que me interesaba conocerlo. Fui al salón para hacerme la manicura y elegí un elegante vestido rosado que acentuaba mis curvas, pero de forma discreta. Cuando nos conocimos, hicimos «click» de inmediato. Yo conocía perfectamente el D.F. y me movía con mis contactos como pez en el agua, por lo que podía ayudar en la campaña de Peña Nieto. Cómo era habitual entre la gente que trabajaba indirectamente con este consultor, nunca me ofrecieron un contrato, pero comencé a prestar mis servicios como asistente con la gente que se había desplazado hasta México para apoyar en la campaña. Me pagaban muy bien, más de 10.000 dólares mensuales. Era un complemento a lo que ganaba con la agencia y lo más importante, me permitía ampliar mi lista de contactos, tener información de primera mano y estar cerca del equipo del entonces candidato a la presidencia.

En aquel momento yo ya estaba siendo vigilada y grabada por el FBI y muchos de los eventos que ocurrieron durante esa época, formaron parte de los documentos que después serían parte del material para el juicio. Fue una baza que no podía dejar escapar. Si antes el Padrino pensaba que podía tener posibilidades dentro de su organización, trabajar cerca de una campaña política a la presidencia de México, alimentaba aún mucho más su interés. Todos sus «contactos» y asalariados cercanos al anterior gobierno del presidente Felipe Calderón estaban por sucumbir, y se necesitaban establecer nuevos contactos con el nuevo gobierno de Peña Nieto. Era un doble juego porque hasta ese momento nadie de la campaña sabía que yo tenía ninguna conexión con el cartel, pero estar cerca de esos círculos de poder me hacía ganar muchos puntos con Alex y el Padrino.

Era una de las mejores épocas del cartel. Durante esa época, «los gusanos» llenos de fajos de veinte dólares entraban y salían frenéticamente de la oficina. En una ocasión, pude reconocer una de ellas. Me habían traído varias de color verde totalmente repletas de dinero y me tocaba contarlo y anotarlo en la contabilidad. Una de ellas, tenía el cierre roto y fue la misma que yo pude reconocer en la oficina de un asistente mexicano que también trabajaba para la campaña.

Me sentía ahogada con las exigencias de la política y las de Alex. Me codeaba con la flor y nata de la sociedad mexicana. La mayoría desconocía que era del círculo íntimo del Chapo, aunque cada vez iba «quemándome» un poco más con sus encargos, porque yo era la que tenía que poner la cara. Con la salida de un presidente y la llegada de un nuevo gabinete, el cartel necesitaba establecer nuevos contactos y mantener el control. «Las razones o mensajes» del Padrino solían ser muy bien recibidos y le permitían estar al tanto de cualquier operación o movimiento en su contra desde el «humo».

Aún recuerdo cómo me temblaban las manos el día que yo misma tuve que conducir una ambulancia custodiada por un policía con la parte de atrás completamente repleta de dinero, o el día que recibí el encargo del Padrino de llevar una de esas razones a uno de los altos representantes de la Iglesia en el D.F.

—Hola, ahijada ¿cómo ha estado? Me dice Alex que muy ocupada con la campaña y haciendo muy buenas relaciones. Eso está bien, mija. Uno debe tener amigos hasta en el infierno. Por cierto, que no precisamente de infierno le quería hablar, sino, más bien, del cielo. Porque necesito que me haga un encarguito muy importante. Quiero que lleve un regalito, una buena «lana» a mi nuevo amigo «el curita» que nos va a abrir las nuevas puertas.

—Padrino, perdón que le pregunte, pero ese «curita», ¿es la misma persona que me mencionó Alex en la mañana? Señor, él es una de las cabezas de una de las instituciones más respetadas y queridas en este país. Yo... yo no sé si él va a aceptar, así como así su regalo... Discúlpeme, pero no sé si sea prudente que yo me presente sin que me conozcan y le lleve así sin más su regalo.

—¡Ayyyy, ahijada! Pero ¿cómo que le va a quedar a usted «grande» mi encargo? Si usted es buena haciendo esto. Usted es una «chingona...» usted solo se lo tiene que poner de frente. Va con uno de mis muchachos... le da de mi parte el millón y le dice que necesitamos que nos haga la cita en los Pinos. Ya verá que, si usted le lleva mi encargo, el «curita, le va a arrancar la mano».

Y así fue. Se hicieron las diligencias. Yo ordené el dinero en un maletín pequeño y gracias a mi insistencia de que poner mi cara podría «quemarme», el encargo lo negoció directamente alguien cercano al Padrino, con aparente y enorme complacencia del representante de Dios en la tierra.

Así transcurrió mi vida durante muchos meses antes de ser interceptada por el FBI y regresar como informante. La gerencia de la agencia rodaba sola con mi asistente, y yo dividía mi tiempo entre los encargos de Alex y el Padrino, como «secre» del cartel, y mi trabajo para la campaña. Fueron meses duros por las exigencias, pero gratificantes porque poco a poco iba escalando peldaños con el Padrino.

Los Cabos, mi primera visita al Padrino, Hola, Sra. Clinton

—Hola, Ami, ¿cómo ha estado? Escuche atentamente, el señor quiere conocerla. Empaque sus cosas y agarre el primer vuelo que encuentre... Se me «vuela» para Los Cabos ¡YA...! Y recuerde, tenemos que hablar de la película y de esa nueva fórmula. El Padrino está muy «embullado» y quiere conocerla en persona para que le cuente todo. Pero no se apure, yo estaré ahí, y ahí vamos hablando. Avíseme cuando esté abordando para disponer que vayan a buscarla.

—Está bien Alex, así lo haré. Nos vemos mañana. Que descanses.

Colgué entusiasmada y aturdida. Ese «ya» de Alex, a las 11:00 pm, ya suponía un problema. Como norma para quienes operábamos en el cartel, las compras siempre las realizábamos en cash y no teníamos permitido usar tarjetas de crédito, por lo que comprar un ticket de avión a esa hora iba a ser muy complicado. Finalmente, y tras varias llamadas, gracias a una amiga, conseguí el boleto para abordar el primer vuelo a San José de los Cabos. La emoción de conocer a uno de los hombres más buscados del mundo era mayor que el riesgo que podía suponerme. Permitirme llegar hasta él, significaba haber roto la barrera de la desconfianza y adentrarme en ese círculo cercano, al que tan pocas personas teníamos acceso.

En el aeropuerto, por coincidencias o señales, todos los quioscos de prensa mostraban la revista *Newsweek* que esa semana mostraba en portada la foto del Padrino. Una de sus favoritas. Antes de abordar el avión, compre un par de ejemplares.

—Alex, ya estoy embarcando. Si Dios quiere, nos vemos al rato.

—Listo, muñeca. Una sola cosa. Cuando llegue, tome un taxi en el aeropuerto y le dice que le traiga a esta dirección. No se sorprenda, es un viaje de más o menos una hora desde el aeropuerto. Acá, le estaremos esperando, y tranquila, me avisa cuando ya está montada en el taxi de camino. Que tenga buen viaje, mija.

Siempre imaginé que llegar al Padrino sería tan complejo como lo que habitualmente vemos en las películas y que el lugar donde me recibiría sería una mansión rodeada de guardaespaldas y gente de seguridad. Nada más lejos de la realidad. La dirección donde me dejaba el taxi era un edificio de apartamentos, eso sí, con unas vistas hermosas al océano, pero un lugar compartido por muchas otras familias. En el ascensor, mi corazón latía con la misma velocidad con la que ya quería conocer al famoso, «Chapo» Guzmán. Doña N, fue la encargada de abrirme la puerta y encaminarme a un enorme salón blanco con un inmenso ventanal sobre el agua. Al pasar por la enorme cocina, vi sentados a cuatro de sus hombres de confianza. En el sillón estaba sentado Alex, que se levantó enseguida para saludarme, y un hombre de mediana estatura con una camisa negra, cinturón de Ferragamo, jeans y una gorra, que también se levantó para darme la bienvenida.

Por un instante dudé que fuera Joaquín Guzmán. Bajo la gorra, el pelo era mucho más claro y largo que la imagen que tenía registrada y además sus ojos eran verdes muy claros. Me miró de arriba abajo, me estrechó la mano y con una sonrisa me dijo:

—Bueno, amiga, ¡por fin nos conocemos en persona! Es aún más bonita de lo que me habían dicho y eso que mi compadre no ha escatimado en elogios... Joaquín Guzmán, mucho gusto saludarla, ¿estuvo bien el viaje?

—Sí. Gracias, señor. El gusto es mío.

Aún tenía que frotarme los ojos ante la incredulidad de estar hablando con el Chapo cuando Alex intervino:

—¿Qué le mira como si fuera un marciano? Jajajajaja... Es él. Un poquito más gringo, pero la persona que tanto insistió que le presentara.

Todos lanzaron una carcajada que en el caso del Chapo se prolongó en un ataque de risa...

—Deje que le cuente para que no se me confunda... Soy yo, un poquito más rubio y «agringado» ¿por qué? Pues, para andar por aquí uno tiene que ser como un camaleón mija. ¿Sabía que esta mañana nos saludamos con Hillary? Tanta seguridad, tanto gringo «enchapado» y en el hotel nos saludamos intercambiando sonrisas, y hasta casi nos damos la mano... Sí, mija, la Hillary sonriéndole a este servidor, jajajajaja...

El Padrino estaba pletórico y no paraba de repetirlo. Realmente costaba mucho trabajo reconocerlo sin su habitual bigote, cabello oscuro y profundos ojos negros. En esos días se estaba celebrando la Cumbre del G20 en Los Cabos y los perímetros de seguridad alrededor de los hoteles que albergaban las distintas delegaciones estaban tomados por la policía mexicana, el ejército y miembros de inteligencia y seguridad americanos y extranjeros. Por eso no habían mandado a nadie a buscarme al aeropuerto. Un taxi con una mujer joven pasaba perfectamente desapercibido, pero mandar a su habitual gente de seguridad podía ser un suicidio.

El Padrino llevaba una peluca castaño claro y lentes de contacto porque le gustaba ver de primera mano todo lo que estaba pasando. Esa mañana y como habitualmente hacía, se había acercado a desayunar a uno de sus lugares favoritos en Punta Ballena, y fue ahí, en uno de los largos corredores exteriores del Resort Esperanza, donde por coincidencia o ironías del destino se cruzó con Hillary Clinton.

Ella, vestida de verde y rodeada de varios agentes de seguridad, entraba en el hotel cuando el Chapo salía. El Padrino no pudo evitar mirarla a los ojos y saludarla con la mano sonriendo, a lo que la entonces secretaria de Estado contestaría con un «good morning» y una amplia sonrisa.

Esta anécdota, desconocida públicamente hasta ahora, era el tema favorito de conversación del Padrino en su círculo más íntimo.

—Yo... y que el más buscado, mija, y el más «chingón» al que le sonrió la Hillary.

Esa primera vez que vi al Chapo, supe inmediatamente que le caí bien. Era de esas personas que te clavan la mirada, quizá en un intento de adentrarse a conocer qué se esconde realmente en el interior de cada uno. Era intimidante, pero tras las risas de la anécdota, abrí mi bolsa y saqué las revistas y unos dulces colombianos que Alex me había indicado eran sus favoritos e inmediatamente sentí que le agradaba. Me agradeció el arequipe y los bocadillos y su cara volvió a reflejar una enorme excitación cuando se vio en la portada de *Newsweek.*

—Gracias, ahijada, pero díganme. ¿Qué no «estoy de buen ver» en esta presentación en Puente Grande? Sí que me veo bonito, ¿no...?

Todos rompimos a reír. Cuesta trabajo entender que, en medio de su realidad, pudiera ser tan presumido. Le gustaba que hablaran de él. Se jactaba de cada una de sus hazañas, y sobre todo, le gustaba cuidarse para verse «bien», razón por la cual había querido mantener a su lado a la doctora. Alex interrumpió las risas, y después de halagar todo lo que hacía a su lado en el D.F. y mi potencial para seguir ascendiendo peldaños en el cartel, con su peculiar estilo quiso darme la palabra:

—Bueno Mija, no le he dicho lo linda que está en ese vestidito amarillo de Versace y esas plataformas que le hacen ver un tallo. Pero a lo que vinimos. Compadre, aquí la Secre tiene cosas importantes que contarle.

Nos sentamos a la mesa que doña N había preparado y mientras servían una impresionante fuente de mariscos, el Chapo insistió en que me sentara a su derecha frente a su sobrino y al lado de Alex.

Aún me parecía mentira estar con alguien que aparentaba ser tan querido y afable, siendo el narcotraficante más buscado del mundo.

—Mire Señor... como supongo Alex le habrá contado, hemos avanzado en el libro. Me he reunido varias veces con Javier y ya hay varias entrevistas a gente de su entorno que se han terminado y transcrito. Aquí le traigo un borrador para que lo lea y nos dé su opinión para seguir avanzando.

El Padrino pareció contrariado. Alex le había dicho que le traía el libro y él había pensado que le traíamos el libro impreso y con carátula. Adelantándome a lo que pudiera decir, le aseguré que escribir su historia con un profesor de cine de la universidad llevaba tiempo porque su visión era que el libro pudiera servir de base para su película... Al escuchar esa palabra, volvieron a iluminarse sus ojos.

—Sí, ahijada, hay que darle a la película. No sé en qué momento puedan agarrarme y no quiero que me sigan chingando, escribiendo de mí sin ni siquiera conocerme. «Me choca» saber que hay tantos «pinches chapólogos» que ni siquiera me han visto nunca la «jeta». Yo quiero que se sepa de verdad mi historia. La del niño de la Tuna que se hace el narco más «chingón» del planeta. He tenido más aventuras, amores y traiciones que muchos que «se la dan de chingones» y tengo agarrados «por las huevas» a medio país. Yo quiero algo grande. Recuerde que el dinero compra todo o casi todo...

El Padrino tenía razón. En esta sociedad hipócrita, donde muchos lo condenaban en público, pero se arrodillan en privado abriendo sus bolsillos, era fácil entender por qué pensaba que todo se podía comprar. Yo misma había sido durante meses «su paloma mensajera» enviando y recibiendo «razones» de altos miembros del gobierno, policía y miembros del ejército que acababan estando a su servicio. Hasta el servicio de inmigración llegó en un momento a estar a sus órdenes. En muchas ocasiones, la gente que sabía mi relación con el cartel solía preguntarme, cuál era la diferencia entre el Padrino y Pablo Escobar. Siempre respondía lo mismo: Si Pablo llegó a comprar el Congreso en Colombia, el Chapo había comprado el país. Personalmente, yo manejaba la caja chica del D.F. y sabía el dinero que entraba todas las semanas y las maletas que salían para pagar esa «nómina». Muy pocos saben que el Chapo admiraba a Pablo y que incluso, en una ocasión, se reunió con él en Cartagena, Colombia, invitado por un empresario barranquillero.

—Amiga, cuéntele al Padrino que a través de sus conexiones puede conseguirnos la fórmula del «mono».

—Si señor, usted sabe que yo tengo buenos amigos en Colombia que por siempre han estado también ligados a este negocio y alguno de ellos está en el D.F. y a través suyo, creo le puedo conseguir una muestra del «mono».

Le conté que, en efecto, por mi vida codeándome con narcos desde que salí del reinado de belleza, tenía acceso a quienes lo producían y había conseguido quién pudiera darme la fórmula. Si en Tepito podían venderte un tigre, o una AK47, ¿por qué no conseguir una muestra del mono? No era secreto que mucha gente sabía que trabajaba para el Chapo y me respetaban. Además, quien manejaba ese conflictivo barrio del D.F. era uno de mis amigos y por 500 dólares pudo conseguirme la muestra meses más tarde.

El Padrino estaba feliz y vio en mí un potencial que en ese momento no tenía ninguna de las personas, que a mi nivel, trabajaban a su lado. Era mujer, atractiva, hablaba inglés y por la agencia de modelos y mi trabajo en la campaña política, podía conseguirle información muy valiosa y representarle mejor que cualquiera de sus trabajadores de Culiacán, que en ocasiones, habían sido enviados a Canadá o China sin lograr entablar una conversación o cerrar un trato. Había podido además constatar durante meses que era buena negociante cada vez que me mandaban a Ecuador a negociar una bajada de radares para que aterrizaran las avionetas de coca, o a negociar la financiación del patrocinio de varias reinas de belleza y candidatas al Miss Universo. Pocos saben que participar en esos certámenes conlleva, no solo los gastos de inscripción, sino vestuario, operaciones de cirugía plástica, dentistas y viajes que en muchas ocasiones no pueden ser costeados, ni por ellas, ni por sus representantes. La falta de recursos hace que algunos de ellos recurran a que esos auspicios pasen a ser financiados por el cartel.

La reunión discurrió muy amena y pasada la 1:30 am, y de madrugada, como ocurriría en cada uno de nuestros encuentros posteriores, dispuso todo para marcharse a otra de sus casas.

—Bueno, pues yo ya me retiro, pero amiga, véngase conmigo y seguimos si quiere la plática. Después la traen de vuelta mis muchachos.

La cara de Alex se transformó. Lo que yo había interpretado como una amable invitación, hizo que a Alex se le despertaran los celos.

—No compadre, Andrea se queda porque tiene que salir muy temprano para el D.F. mañana y tiene que estar bien pilas. Despídanse hasta la próxima, que ya van a ser las 2 de la madrugada y pronto canta el gallo.

El Padrino salió de la casa solo con su sobrino y sus hombres de confianza. Alex seguía sorpresivamente celoso y visiblemente molesto por la invitación. En nuestra loca relación no había exclusividades, pero cualquier posibilidad de acercamiento a otro nivel con el Padrino podía significar sacarlo de la foto. Era demasiado inteligente.

—Bueno Mija, creo que lo mejor es que se vaya ya pa' un hotel y mañana se vaya directamente al aeropuerto. Ya dispongo para que Herminio la lleve. Déjeme un mensaje cuando vaya a abordar y otro cuando toque tierra en el D.F. Si no contesto, ya sabe que es porque estoy durmiendo. Esta pastillita no perdona y ya me he tomado el Rivotril hace más de media hora.

Alex nunca me había tratado con tanta indiferencia. Me mandaba a un hotel en lugar de pasar esa noche conmigo después de tantas semanas sin vernos. La insinuación del Padrino y mi disposición a aceptarla le había llegado al alma. . . pero no me importaba. Sabía que mi posición en el cartel estaba en ascenso. Tan en ascenso como mi propia ambición.

Capítulo 4

Narco de día, informante de noche

Un muerto en mi portal

Había pasado solo una semana desde que el FBI me interceptara en el aeropuerto del Dorado. Seguía con mi trabajo en la agencia de modelos y como asistente de la campaña, y ahora, además, tenía la responsabilidad de informar a diario al FBI de todos los movimientos de Cifuentes, el Padrino y el cartel.

Había logrado calmar mis nervios cada vez que sonaba su BlackBerry y veía algún mensaje de Steve o de Bob, pero mi nivel de paranoia estaba en su punto más álgido. No sé si por arrepentimiento o por evitar pasar muchos de mis días en la cárcel, estaba convencida de que haría lo que fuera por luchar por mi libertad.

Una tarde, mientras vaciaba el contenido de algunas blackberries para enviárselas al FBI, recibí la triste noticia de la muerte de Timbiriche. Un muchacho joven, de mi edad, que yo misma había presentado a Alex para que se hiciera cargo de la oficina de Bogotá y con el que quise hacer un negocio, nunca consumado, de envío de maletas de coca a California. Tenía magia, un «charm» especial y todos los contactos para que Alex, después de conocerlo, decidiera ponerlo al frente de los negocios del cartel. Me impactó tanto la llamada que tuve que sentarme y ponerme un vodka para poder procesarlo. Aturdida, me comuniqué con varios amigos comunes, que como yo, ya habían recibido la noticia y entre ellos a Piolo, otro amigo que trabajaba con uno de los narcos «bien duros» de Honduras y que acababa de llegar de Panamá.

—Piolo, ¿ya supiste? Mataron a Timbiriche hermano. Realmente, ¿a dónde nos va a llevar esta vida? Cualquier día nos pasa lo mismo. Y, sobre todo, a usted que no para «mijo...» Cualquier día también le van a meter a usted tres tiros...

—Bueno, mija, pero no se me ponga tan dramática. Deje que me cambio de ropa y paso un rato por allá y brindamos por la vida... «Pa' alejar la calaca».

Mi amiga Penny acababa de llegar. Había estado trabajando en un casting y en cuanto terminó quiso unirse al grupo para comentar lo ocurrido. Nos abrazamos, abrió una botella de proceso y pedimos una bandeja de sushi para no tener que salir a cenar fuera de la casa. Al rato llegó Piolo, mi amiga Saula y todos nos sentamos en el salón del piso de debajo de mi dúplex.

—¡Por Timbiriche... dondequiera que estés...! ¡Y por esta «pinche» vida que no sabemos a dónde nos va a llevar...! Sobre todo, a usted con tanto mover «el culo» por Colombia, Guatemala, Honduras...

—Ayyyyy, ya empezó María Partera... ¡Qué «jartera» mija...! Y dale con la cantaleta. Beba un par de copitas más, a ver si «cambia el disco».

Cenamos, brindamos y nos despedimos de Piolo. Subí con Penny al piso de arriba y mientras le mostraba un hermoso vestido que acababa de adquirir en Bogotá, escuchamos tres estruendos que nos helaron la sangre. No cabía la menor duda, eran disparos. A los pocos minutos, oímos abrirse la puerta y los gritos de mí otra amiga Saula.

—¡Mataron a Piolo! ¡Mataron a Piolo! Yo, él... él bajó y escuché lo que parecían disparos y bajé, ¡y ahí estaba él... tirado, en la escalera de la salida del portal, en un charco de sangre! ¡Dios mío! ¡¿Qué hacemos?! ¡Hay que llamar a la policía!

—No, si los vecinos lo han escuchado ya habrán llamado a la policía. Bajemos a ver, quizá aún está con vida... pero, ¿quién ha podido hacer algo así? ¡Esto es una pesadilla!

Bajamos completamente aterradas y para nuestra sorpresa Piolo había desaparecido. Quedaban los rastros de sangre que indicaban que el cuerpo había sido arrastrado hasta el borde de la acera, donde lo habían introducido en el baúl de un auto en cuestión de minutos.

Saula estaba petrificada. Ella alcanzó a ver el cuerpo baleado desde el rellano de la escalera y ahora estaba en un estado de shock, donde no paraba de temblar. Subimos a mi departamento, cerramos la puerta con seguros, y mientras Penny atendía a Saula, yo subí a toda velocidad al piso de arriba para informar a Manhattan de lo que acababa de ocurrir. ¿Habrían querido mandarme un mensaje? ¿Me habrían descubierto? ¿Esos tiros eran para mí o era una simple coincidencia?

No alcanzaba a marcar los teléfonos. Mi cabeza estaba procesando tantas ideas que me impedía mover los dedos. Eran las 3:00 am y nadie del FBI me contestaba. Llamé al celular de Bob, al de Steve... por fin, Gigi me atendió el teléfono.

Estaba tan nerviosa que le pedí a Penny que hablara con ella en speaker mientras yo empacaba.

—¡Dile, dile que nos van a matar!

Yo gritaba mientras la pobre Gigi, que hasta hacía unos minutos dormía plácidamente, terminaba de espabilarse sin entender aún qué pasaba, ni quién era esa Penny que hablaba por Andrea en el teléfono.

—Andrea, por favor, necesito que te calmes. Deja de empacar unos segundos y cuéntame exactamente qué ha pasado. No te va a ocurrir nada. Todo va a estar bien. Déjame hacer un par de llamadas. Tranquila. Ya estamos en control. Sus palabras lograron tranquilizarnos. Si algo aprendí de mi relación con el FBI es que el compromiso de cuidarme era cierto. A diferencia de otras agencias más interesadas en cumplir con sus objetivos, ellos siempre fueron mis ángeles guardianes poniendo mi seguridad por encima de cualquier cosa.

Saula había logrado calmarse un poco y abrazada a Jenny, se sentaron en el enorme sillón blanco de Louis Vuitton que Alex me había regalado. Moría por llamarlo y contarle, pero, era prudente esperar. A los pocos minutos y con dos maletas listas para salir, el teléfono rompió el silencio de la madrugada.

—Andrea, soy Gigi. Ya Bob y Steve están dirigiéndose a la oficina. No hay ningún indicio de que esto tuviera nada que ver contigo a pesar de las terribles coincidencias. Hemos chequeado y no ha habido ningún quiebre en las comunicaciones, ni se han borrado «las oficinas». Todo indica que en el cartel hay tranquilidad absoluta.

—¡Sí, pero había estado en mi casa! ¡Lo estaban esperando...! ¡Lo mataron en mi portal y desaparecieron el cuerpo...! ¡Ni siquiera ha venido la policía!

—Andrea, necesito que te calmes. Entiendo tu preocupación, pero, por lo que hemos podido averiguar hasta este momento, no tenemos idea de quién lo ha hecho, más no parece ser nada en tu contra. De todos modos, para tu tranquilidad, es mejor que salgas ahora de tu casa y te vayas unos días a un hotel. ¿Me escuchaste?

—Gigi, yo no tengo tarjeta de crédito para hacer la reserva ahora o entregarla cuando llegue a la recepción, yo solo tengo cash.

—Tranquila, déjame conseguirte desde aquí el hotel. Te llamo ahora...

Con una celeridad increíble, a los pocos minutos Gigi me llamó para indicarme que había conseguido una reserva en el Four Seasons y que no me preocupara, que ellos corrían con todos los gastos. Les dije a las chicas si querían acompañarme, pero prefirieron quedarse en la casa incapaces de volver a pasar por el portal dónde hacía menos de una hora habían matado a Piolo. El coche que me enviaba el FBI tocó mi portero automático y Gigi me indicó por mensaje que ya tenía el coche en la puerta. Tomé el ascensor con mis dos maletas y respiré hondo cuando tuve que atravesar por el rastro de sangre que aún brillaba en la oscuridad.

Era noche cerrada. De esas noches negras donde las farolas se convierten en cómplices silentes del pecado. El chófer me ayudo a colocar mis bolsas en el baúl y cuando vi por la ventana del auto dejar atrás el edificio y la calle, para adentrarme en una de las enormes avenidas que me conducirían al hotel, sentí que estaba segura.

En el hotel, estaba todo dispuesto sin ninguna contrariedad. Era una habitación amplia con suelo de mármol que daba al hermoso jardín interno del hotel. Encendí las luces de mi habitación, coloqué el seguro en la puerta y saqué para cargar los más de diez celulares que me acompañaban antes de mandar un mensaje a Gigi y decirle que ya estaba en la habitación totalmente instalada.

Llamé a Saula y a Penny para saber cómo seguían y me tiré en la cama para tratar de pensar cuál debía ser mi próximo paso. Aunque el FBI descartaba inicialmente que el ataque fuera contra mí, aún no tenían la seguridad de lo que había pasado.

Dormir con esa adrenalina era imposible. Eran más de las 5:00 am y se perfilaba el alba. Llamar a Alex hubiera sido misión imposible a esas horas porque se acostaba tarde y siempre tomaba una pastilla para dormir que solía dejarlo tirado hasta bien entrada la mañana. Me di una ducha caliente, coloqué alguna ropa en el armario y puse los canales de noticias para ver si alguno hacía referencia a lo ocurrido en mi casa. Absolutamente ninguno comentó el incidente. Agotada por el cansancio, puse mi cabeza en la almohada y me quedé dormida hasta que alguien tocó mi puerta

—Servicio de habitaciones.

Miré el reloj de la mesa de noche y eran pasadas las 10:00 am. Sentía que había dormido una eternidad y tan solo habían transcurrido poco más de tres horas. Miré los mensajes de todas las blackberries y todo seguía dentro de lo normal. La campaña había terminado y Peña Nieto había sido elegido presidente, por lo que mi nivel de stress había decrecido considerablemente y no había entradas, ni salidas significativas de dinero ese día, ni encargos especiales de Alex o el Padrino.

Por cierto, tenía que llamar a Alex para contarle. Él nunca daba importancia a cosas como esta, pero, en esta ocasión, me había ocurrido a mí... a «sus ojos...» y eso debía importarle. Tomé su BlackBerry, le marqué y no contestó mi llamada. Cuando me disponía a volver a hacerlo, él se adelantó.

—Buenos días, amiga, no podía contestarla porque estaba en el baño... y que, ¿cómo me le fue con sus amiguitas?

—Alex, escuche... mataron a mi amigo Piolo anoche, en el portal de mi casa cuando salía de mi departamento. ¡Le dispararon y después desaparecieron el cuerpo, pero dejaron una estela de sangre y yo...!

—Epa... Epa... Epa... despacio mija que se va a atragantar. Pero ahora sí que está usted bien caliente... ¿no le gustan a usted los voltios? Pues ahí tiene voltaje pa' que se electrocute con muerto y todo mija... Jajajajajaja... Además, si lo pasaron a mejor vida, por algo sería ¿no? Jajajaja. Vaya si está usted caliente, le va a tocar echarse un cubo de hielo pa' ver si se enfría. Jajajaja.

Alex no paraba de reírse. La situación era tan irreal y grotesca que tuve que releer las transcripciones de la conversación en poder del FBI para entender que era cierto.

—Mija, ya le estoy contando por mensaje al Padrino y le manda decir que «el man» debía tener algún enredo pa' que lo «bajaran» así... Ayyyyy amiga, qué calentura, jajajaja... que pereza... pero *next*... cámbiese de casa y véngase a cualquiera de mis otros departamentos... espabile, no quería voltios. Pues ahí tiene voltaje jajajaja.

Piolo apareció al día siguiente calcinado en una cuneta. Los medios de comunicación nunca dijeron su nombre, pero nos dimos cuenta por el auto. Nadie reclamó su cuerpo para evitar un problema mayor, pero supimos qué estaba haciendo «doblete» trabajando para otro cartel además del nuestro, y además, habían descubierto que trabajaba desde hacía meses para la DEA. Nunca supimos con certeza cuál de los dos carteles apretó el gatillo, pero mi presagio de esa noche escribió su epitafio.

Asustada, necesitaba estar segura de que mi vida no corría peligro y decidí visitar a otro amigo que tenía una oficina «gota a gota» en Mérida. Un negocio de préstamo de dinero muy lucrativo que le había hecho ascender socialmente como la espuma. Mi amigo era divino, pero tenía un problema, su esposa. Mientras él salía diligentemente a trabajar, la «Bella Durmiente» se levantaba a las dos de la tarde para volverse a acostar a las tres. La casa la tenía hecha un verdadero desastre a pesar del servicio y las pocas horas que se mantenía despierta, era preferible verla dormida. Mientras tanto, el FBI me contactaba tres y hasta cuatro veces al día. Aunque estaban preocupados por mi seguridad, también era cierto que, estaba perdiendo grandes oportunidades de conseguir información al lado de Alex y el Chapo. Me pedían que regresara. Me necesitaban en el D.F. Me querían de nuevo operativa en el cartel y necesitaban que viajara a la mayor brevedad a Canadá para reunirnos con mi abogado y la fiscalía y comenzar legalmente mi proceso. Después de varios intentos con otros abogados criminalistas y especialistas en casos como el mío, por fin había podido encontrar al letrado que me representara. No era el mejor, pero estaba bien recomendado y era lo que podía pagar. Tenía que resolver ese asunto antes de ver a mis papás, darles la noticia y pasar mi última Navidad en familia. Por fin entendía el peso de mis acciones, pero había algo en mí que siempre me empujaba a querer más, ser más, demostrar que podía... Quizá por eso, en el fondo, no me aterraba jugar con el diablo mientras bailaba en el infierno. Me atraía el poder y sentirme poderosa. Para el FBI solo era una narcotraficante, una delincuente y tenían razón. Nadie me empujó a adentrarme en las tinieblas más que mi propia ambición. Esa ambición que aún ahora no me permite abrazar el arrepentimiento más allá de la lucha por mi libertad. Estaba claro que, escondida en Mérida, no podía quedarme por más tiempo.

Colombia no era segura y aunque volver al D.F. me había parecido impensable, era el momento de regresar.

Si hasta ahora y a mi edad, mi vida había sido vertiginosa, la aventura en la que había decidido embarcarme y que comenzaba en este momento, sería la montaña rusa con más subidas y bajadas de mi existencia. Estaba viva, libre y aún tenía una oportunidad. Pero ganarla... Eso iba a llevarme a vivir episodios que con creces superarían cualquier ficción.

O sueltas a mi hijo... ¡O te reviento el país...!

La muerte de Piolo me afectó por semanas, pero había que regresar a la realidad. Estar apartada de Alex y el Chapo no me ayudaba para nada si quería ganarme la libertad. Milagrosamente, fue interceptarme el FBI y el Padrino comenzó a «enamorarse» de mí. Se había roto la desconfianza con mi primera visita a los Cabos y desde su primer mensaje a la mañana siguiente de habernos conocido, supe que mi carrera en el cartel iría en ascenso como su interés hacia quien, hasta ese momento, solo era la Secre de Panchito. Había visto en mí el potencial para conseguir lo que quería, al precio que fuera y la perfecta aliada para estar en todos esos lugares donde ninguno de ellos podía hacer acto de presencia. Bob y Steve me escribían varias veces al día y cada vez que sonaba esa BlackBerry mi mundo se desmoronaba pensando solamente en la cárcel. No había nada que no pudiera hacer con tal de no pasar gran parte de mi vida en una celda de los EE. UU. Mi vida en el D.F. transcurría entre la caja chica del cartel, la agencia de modelos y la campaña política; recados del Padrino y de Alex, y chismes que escuchábamos en los círculos de poder, donde todos los días el Chapo era un tema de conversación y que tanto les gustaban. Además, Alex seguía usándome para entretener a sus invitados, llevarlos a almorzar o cenar, y de «rumba» si se daba el caso, con algunas de mis modelos. Sería innumerable la lista de gente famosa que de alguna forma u otra tenía conexión con Alex y el Padrino. Políticos de la más alta jerarquía, empresarios, altos mandos de las fuerzas de seguridad y gente ligada al mundo del espectáculo. La famosa «casa del ritmo» que tenía mi amigo narcotraficante en Bogotá para entretener a sus visitas cuando venían a hacer negocios en México, se producía en alguno de los departamentos de Alex.

Una mañana, mientras estaba haciendo unas diligencias en la calle, recibí una llamada de Alex para que fuera al aeropuerto a recoger a dos invitados. Con las prisas, yo me fui directa al aeropuerto del D.F. y, tras esperar casi por una hora, volví a llamar a Alex para decirle que no había podido ver a sus invitados.

—Alex, ¿en qué terminal están? ¿En la uno o en la dos? No veo ningún vuelo a esta hora procedente de Santo Domingo.

—¿Y quién le ha dicho usted que se fuera pa' ese aeropuerto? Es en el aeropuerto, pero de aviones privados de Toluca... si es que usted con «el acelere...» ni pregunta. Siempre con las prisas.

—Alex, pues mande a alguno de sus trabajadores a buscarlos porque con el tráfico que hay ya no llego.

—Pues hágale para acá que yo pensé que le iba a gustar la sorpresa y la sorpresa me la estoy llevando yo.

Cuando llegué al departamento de Alex, doña N estaba sirviendo un refrigerio y en la sala se encontraba un productor musical dominicano que hacía negocios con Alex y un famoso reguetonero que, honestamente, yo no conocía, pero que, aparentemente, comenzaba a convertirse en uno de los grandes del género. Un personaje que posteriormente vería ocupando los titulares de algunas noticias por meterse en líos con la justicia.

Pero eso fue un simple episodio de los muchos que me tocó vivir, a veces, en primera persona y otras, a través de los ojos de mis modelos o de la doctora, que durante tanto tiempo fue también la sombra de Alex y el Padrino. Cuando nos veíamos y compartíamos horas en alguno de los escondites, conversábamos mucho. Lo cierto es que el cartel, como otros carteles, se acercaba a músicos y actrices para contratarlos a cantar y alegrar ocasiones especiales como el cumpleaños del Padrino, sus matrimonios o el aniversario de su escapada de Puente Grande. Los narcocorridos le encantaban y se sentía muy dichoso cada vez que un artista le componía uno a él, a alguno de sus hombres, (como al Güero Palma...) o a sus hijos, (como el que le compusieron a Iván).

Quizá uno de los episodios más increíbles a los que tuve acceso durante mi tiempo en el D.F. trabajando con el cartel, fue la «supuesta» detención de uno de los hijos del Padrino mientras estaban en Sinaloa y de la que nadie, salvo el entorno más cercano del padrino, supimos cómo había ocurrido en realidad.

Yo estaba en el D.F. cuando Alex, que le encantaba «tirarme» las noticias por BlackBerry como si fuera periodista, me puso el siguiente mensaje:

—Amiga, alto voltaje. Prepárese porque ahora esto si se puso cabrón. Agarraron al hijo del Padrino. Ahora le llamo pa' contarle más, pero es para que sepa que yo sé lo dije primero, antes de que salga en las noticias.

La doctora estaba en una de las casas de Culiacán con el Padrino cuando alguien del «humo» llamó para advertirle de que uno de sus hijos acababa de ser detenido y lo estaban transportando hasta allí para entregárselo a las autoridades. Aparentemente y según nos contó después, la doctora, con la calma con la que se tomaba hasta las situaciones más conflictivas y peligrosas, buscó otro de sus teléfonos y marcó directamente:

—Escucha, voy a ser muy breve. O liberas a mi hijo... ¡o te reviento el país! Mira cabrón, no me importa que chingadas tengas que hacer, ¡pero hazlo y hazlo ya! Tú sabes que yo no juego. Suéltalo o te reviento el pinche país.

La doctora, en silencio, fue testigo de la situación. Después, con la misma tranquilidad con la que había hablado a su máximo contacto en Los Pinos, hizo después tres o cuatro llamadas. Mientras su hijo estaba siendo desplazado al Distrito Federal, los policías que lo trasladaban recibieron otra. Los dos coches que llevaban al hijo del Padrino salieron de la carretera para detenerse en una gasolinera al lado de un motel. En el aparcamiento esperaban dos vehículos negros y en un abrir y cerrar de ojos, las puertas se abrieron casi sincronizadas para dejar salir a un muchacho similar al hijo del Padrino, mientras el verdadero, salía del coche patrulla y entraba en uno de ellos. El intercambio no duró más de tres minutos. La policía volvió a entrar en la carretera rumbo al Distrito Federal y los hombres del Chapo regresaron a Culiacán, a la casa donde estaba el Padrino. Cuando el «supuesto» hijo del Chapo llegó al D.F. obviamente tuvieron que liberarlo por una «confusión en su identidad».

Esta no era la primera vez que el Padrino movía sus hilos para que uno de sus hijos estuviera en libertad. En junio del 2005, en un pequeño municipio de Jalisco, en Zapopan, otro de sus hijos, Iván, había sido detenido tras un accidente de tráfico y sentenciado a cinco años en el penal de máxima seguridad de la Palma. Se le acusaba de lavado de grandes sumas de dinero. Sin embargo, al poco tiempo fue absuelto por un juez federal por falta de pruebas. Los hijos del Padrino eran intocables y al más alto nivel se sabía y se permitía. Este juez era uno de los «asalariados» del Padrino. Poco después, la propia Suprema Corte de Justicia de la Nación lo destituiría tras detectar que trece millones de pesos y más de 633 mil dólares no correspondían a sus ingresos públicos. Eso sin contar con las propiedades que ya habían pasado a nombres de su familia.

Hoy estoy más segura que nunca de que el Padrino jamás hubiera pasado de ser un narco de 500 kilos, de no ser por todos aquellos que le hicieron vender toneladas. Ahora podrán persignarse con agua bendita y lavar sus pecados, señalando con el dedo al que usaron, porque, eso fue lo que hicieron, usarlo para ser más ricos, más poderosos, manejando las riendas de un país al que mienten sistemáticamente, creando leyes contra el delito que incumplen sin misericordia. Yo fui testigo de esa corrupción. Yo he sido testigo de la hipocresía de un sistema que castiga en público y venera en privado. Yo vi a muchos de esos que ahora critican y maldicen al cartel, ser bendecidos con cada maletín de dinero... y me asquea... Porque yo soy una criminal, una narcotraficante, pero ellos no lo son menos que yo y están libres, manejando las riendas de un país e impartiendo doctrinas. Quizá no haya mucho que hacer. Quizá tampoco interese hacer nada... a veces yo solo sé... que sé demasiado y no sé nada.

Ahijada, la espero en Culiacán, primera vista a la casa del túnel

Después de ese tiempo en el D.F. trabajando de doblete cerca de la Campaña y el cartel, la comunicación con el Padrino comenzaba a ser más frecuente. Seguía emocionado con la idea de la exesposa de Alex de hacer la película sobre su vida, y aunque lento, porque era un trabajo complicado, Javier había seguido avanzando con las entrevistas. Viajaba de Colombia a México y pasaba semanas en el monte con el Padrino y su entorno más cercano recopilando información adicional sobre su vida.

Llegar a la Casa del Túnel no era fácil. Salí temprano y me recogieron en el aeropuerto de Mazatlán. Era Guillermo, uno de los hombres de seguridad que amablemente, antes de acceder al vehículo, me pidió mi bolso para inspeccionar que no tuviera ningún dispositivo de GPS a través del cual pudieran rastrear hacia donde nos dirigíamos. Acto seguido, me pidió el teléfono y sacó las baterías de los cuatro dispositivos que en ese momento llevaba conmigo.

—Disculpe señora, pero es por cuestiones de seguridad. Cuando lleguemos con el señor, ahí le devolvemos las baterías. ¿Cómo le fue el viaje? Póngase cómoda que aún tenemos un ratito.

No quise preguntar nada tal y como Alex me había instruido. Comenzó el viaje y comencé a poner en marcha al mismo tiempo el impresionante entrenamiento que había recibido por parte del FBI. Curiosamente, y quizá porque era uno de los hombres de seguridad de mayor confianza de Alex, no me cubrieron la cabeza. Después de aproximadamente cuarenta y cinco minutos, donde pude comprobar que me daban vueltas por el mismo sitio donde identificaba un restaurante y una lavandería, me condujeron hacia las afueras y me pasaron a otro vehículo en el segundo anillo de seguridad. La seguridad personal del Padrino era muy discreta a simple vista. Solo unos pocos hombres de confianza, pero en ocasiones se movilizaba con más efectivos. El Cóndor era uno de los más cercanos con El Picudo, el Veinte, Ramoncito, Nariz y por supuesto «el Cholo» Iván, quien, además, era considerado su brazo derecho y quien le acompañaría en el momento de su detención.

En el segundo anillo de seguridad estaba el Picudo. Me dieron otras vueltas más y tras recorrer casi otra hora y media de camino por las afueras de la ciudad, repetimos la operación, cambiando de vehículo y entrando en el tercer anillo de seguridad donde ya estaban algunos de sus jefes de escoltas.

A pesar de que el Padrino tenía varias propiedades en la zona, en Culiacán siempre me reuniría con él en la misma. Después de un periplo de varias horas y hombres de seguridad apostados en los tres niveles hasta llegar allí, la casa prácticamente no se veía. Una impresionante e impenetrable muralla rodeaba la propiedad, solo comunicada al exterior a través de un portón de acero. Ya dentro del muro, la casa se veía grande, aunque humilde y sin lujos. Me impactaron las puertas que parecían reforzadas con unas barras transversales y los vidrios y rejas de las ventanas que le daban aspecto de búnker. Nos estacionamos en el garaje donde había otros dos coches estacionados y accedimos desde allí al interior de la vivienda. Me llamó la atención que al fondo había una cortina y detrás se escuchaban voces. Alex me estaba esperando en la cocina.

—Amiga, ya le estaba extrañando. Me tenía abandonado. ¿Cómo me le fue el viaje? Venga, pase y póngase cómoda. ¿Cómo le han tratado estos animales?

—Bien, Alex. Qué rico verlo... yo también lo extrañaba. El viaje fue largo, pero sin contratiempos. Y el señor, ¿no está aquí?

Miré las paredes de la cocina y me di cuenta de que había cámaras de vigilancia por todos lados, alumbrado que se accionaba con el movimiento, y unos enormes tubos de acero que reforzaban las puertas y ventanas. El muro estaba tan pegado a la casa que apenas entraba luz en algunas de las estancias. Había tres habitaciones, una donde dormía Alex, otra donde a veces se quedaba a pernoctar el Padrino y una tercera, que era la única con televisor, donde puse mi bolsa de viaje.

—Mire no más amiga, no había mejor habitación para dejar sus cosas que la habitación del fantasma... Deje... Quédese ahí y ya verá cómo va a salir por patas cuando la visite el muerto.

—Deje el chiste, Alex. ¡Qué fantasma, ni que ocho cuartos! Ya sabe que a mí no me gustan esas cosas.

No había terminado la frase cuando comencé a escuchar voces y movimiento en la casa. Alex salió a la sala y otro hombre armado con una AK40 se asomó a la habitación de donde me disponía a salir. Había llegado el Padrino y curiosamente en esta ocasión más de treinta hombres lo acompañaban. Cada vez que le informaban que podía haber operativo, su seguridad se multiplicaba.

—Hola, ahijada ¿cómo me le fue? Cada día más linda esta ahijada mía... y cargada de medallas, ¿no mija? Porque y que me la ha estado yendo «retebien» por lo que me dice mi compadre con todos los encargos.

—Hola, señor, ¿cómo ha estado? Qué rico volver a verlo... Y bueno, señor, tratando de cumplir con lo que ustedes dispongan. Acá le he traído los cinco primeros capítulos del libro y parte del guion de la película.

—No le haga, ahijadita. No me diga que ya el escritor terminó el libro.

—Bueno Padrino sigue trabajando en ello. Me reuní con él en Bogotá y estuve viendo las entrevistas que hizo a su gente. La de la madrina, doña Griselda y la de su mamá, estaban muy buenas. Creo que le va a gustar.

—Pues échele mija, pero me lo lee usted que sabe que a mí me gusta «reteharto» ese deje suyo colombiano cuando habla. Alejandro, sírveme un Buchanan que la ocasión lo pide mijo.

Alejandro, era el exmarine que siempre estaba con él y con Alex en la Casa del Túnel. Un muchacho bastante apuesto con el que el Padrino estaba empeñado en casarme «para que formase una familia con chamacos y me quedara en Culiacán».

—Padrino he traído todo en esta USB para conectarlo en la computadora.

—Ahhhh, bueno mija, usted es la inteligente que sabe de estas cosas. Alejandro, acerque el computador a mi ahijada y pónganle «el drive» ese para que me lo pueda leer. Alex venga usted también pa'ca, pa'que escuche a la amiga.

En ese preciso instante, me di cuenta de la oportunidad tan brillante que habíamos perdido. Nada ni nadie en la vida podía habernos hecho imaginar, jamás, que el Padrino iba a pedir su propio computador para conectar el USB y leerle los capítulos del libro con su portátil sobre mis piernas. Cuando tuve la oportunidad de contarles al FBI, no daban crédito. De haberlo sabido, con solo unas horas, podían haber contaminado el USB para entrar en su propia computadora. Cuando terminé de leer, estaba encantado. Saqué los dulces colombianos que tanto le gustaban y me levanté a estirar las piernas mientras él comentaba algunos de los episodios del libro con Alex.

—¿Les importa si me preparo un café? Señor, ¿quiere que le haga uno? ¿Alex?

—Ayyyyy, mire ella que si prepara un café a mi compadre. ¿Dónde tiene el coco mija? ¿No ve que si le llega a pasar algo le van a echar la culpa a usted y a su bendito café? Jajajaja.

Honestamente, no sabía si el chiste daba para risa. Todos los que estaban cerca del Padrino sabían que era una persona bien «campechana», que comía lo que hubiera, sin grandes exquisiteces y muy dado a compartir. Sin embargo, también era extremadamente desconfiado. Sobre la 1:30 de la mañana y después de una cena que mandaron traer de uno de los restaurantes del área, decidió retirarse con sus hombres a otra de las casas de seguridad.

A esa hora, el «aullido» que se escuchaba en la casa era realmente aterrador. Tenía que pasar por la habitación del televisor a recoger mi bolsa cuando Alex, haciendo gala de su ácido sentido del humor, vio mi cara de susto y me dijo:

—Bueno, muñeca y, ¿«quesque» va a dormir hoy con el fantasma? Por qué ese está deseando que le metan una «palomita» así en su habitación… y mire que yo he visto salir «por patas» a varios «manes» de ahí en mitad de la noche.

—Alex, no sea bobo y no me asuste. ¿Qué es eso que se escucha, en serio, dígame que es ese aullido?

—Ya le dije que es el fantasma. Vengase a dormir conmigo, que mañana sale de viaje y no queremos que nada le pase esta noche… ¡y no me mire así! Si no se presenta, el próximo día que venga con más tiempo yo hago las debidas presentaciones.

Sentí la presencia de algo en ese cuarto y salí disparada para la habitación de Alex. El aullido iba y venía haciendo esa noche cerrada, aún más aterradora. Abrazada a Alex, me quedé dormida. Definitivamente en mi próximo viaje, conocería al fantasma.

Capítulo 5

Ecuador, ponga orden en casa, Welcome to Canadá

Primera misión como informante

Poco a poco y desde esa visita a la Casa del Túnel, me había convertido en los ojos de Alex, del Padrino y del FBI que, gracias a mis coordenadas, lograban estar cada vez más cerca de agarrar a sus presas. En cuestión de meses había desplegado mis alas y era capaz de surcar los cielos más oscuros, negociando con la guerrilla el precio de la coca, supervisando rutas, obteniendo información vital para el cartel de mis contactos políticos y militares, y manejando cajas millonarias y de las que nunca se había perdido «un rollo».

Por esos días Ecuador, que era un punto estratégico para el Padrino, había viajado en ocasiones anteriores a supervisar reuniones y había sido yo quien había conseguido el pin del «Capi» Telmo Castro, quien se convertiría después en el hombre fuerte del cartel en Guayaquil. Un hombre que, gracias a su trabajo como capitán del Ejército ecuatoriano, transportaba toneladas de cocaína, cobijado por su trabajo de inteligencia en las Fuerzas Armadas. Joven, corpulento, de pelo negro e intensos ojos azabache, había trabajado con Jorge Cifuentes, el hermano de Alex, moviendo la droga del Chapo en camiones desde la frontera entre Ecuador y Colombia, hasta las bodegas de Cifuentes, donde sus hombres preparaban los envíos para el cartel de Sinaloa. Era una tapadera perfecta, porque los camiones del ejército no se revisaban y, además, era muy lucrativa. Se llevaba 100 dólares por cada kilo que «coronaba», y no hacía mucho había recibido 600 000 dólares por las seis toneladas que llegaron con éxito por el océano Pacífico hasta Sinaloa. Hacía algunos años, en una de esas operaciones, el Capi había caído con algunos de sus hombres y había sido encarcelado. Alex me contó que su hermano había logrado convencer al Chapo de la importancia de ponerlo en libertad y había «coimeado» a uno de los jueces con 500.000 dólares que motivaron que el militar, solo fuera condenado a dos años y por 200.000 más en soborno estuviera en libertad en menos de uno, para seguir operando a favor del cartel. Tal había sido el impacto de este hecho, que habían hecho un narcocorrido sobre la hazaña, que en ocasiones era tarareado por el propio Capi.

El Capi era un tipo duro y desde luego, nada de fiar, por eso el Padrino nunca quiso conocerlo en persona, hablaban, pero siempre se mantuvo en la distancia. Para él, era extraño tratar con una mujer y además joven como él, pero le caí bien desde que nos conocimos y sabía que meterse conmigo era hacerlo con el «señor». Por eso, aceptó de buen grado la decisión de mandarme a Ecuador a supervisar por un tiempo las operaciones. Alex tenía todo arreglado. Llegué al aeropuerto de Guayaquil y ahí estaba en primera fila, Julio el caleño, uno de los tres hombres de confianza del Capi. El vuelo había salido con retraso y se le veía nervioso e impaciente.

—¿Cómo está Srta.?, ¿cómo ha sido su vuelo? Estábamos preocupados porque no llegaba y aquí todos la esperamos con impaciencia.

—Hola, Julio, nada de qué preocuparse, el vuelo salió retrasado y se demoraron mucho tiempo en salir las maletas. La verdad, estoy deseando llegar a casa.

—Srta. Andrea, el Capi quiere hablar con usted. Le tiene una sorpresa.

A pesar de ser un sicario, Julio tenía a veces la inocencia de un niño. Era colombiano como yo, de Cali, y le gustaba matar la soledad fumando marihuana. Ni siquiera me había dejado llegar a la casa cuando me advertía de la sorpresa. Cansada de quedarme en hoteles y puesto que mis estadías solían prorrogarse con cada vez más frecuencia, había decidido alquilar una casa en uno de los mejores barrios de la ciudad. Una especie de barrio «Made in USA» en pleno Guayaquil donde vivía la flor y nata del país. La casa era tan hermosa por fuera como por dentro; tenía dos pisos y dos inmensas columnas de mármol que adornaban aún más la imponente entrada. Cuando el coche se aproximaba, María, una de las empleadas, ya estaba abriendo la puerta para darme la bienvenida.

—¿Cómo está, señora? Bienvenida a casa. Ya le subimos sus maletas.

—Buenos días, María, veo que puso mis flores favoritas en la casa. Que hermosas y... rosadas... Las que más me gustan, qué detalle tan lindo. Muchas gracias.

Cattleyas traídas desde Colombia aprovechando seguramente algunos de los frecuentes viajes de los hombres del Capi a la frontera y mi nombre en clave para el FBI. ¿Sería un presagio? La verdad, no estaba para pensarlo, tenía mucho por hacer y debía comunicarme con Bob para decirle que había llegado.

—Vaya, vaya, llegó la reina a sus dominios, jajajajaja... Y cada día más bella. Pase, siéntese y vamos a tomarnos un proceso helado que está esperándola desde hace horas.

—Como siempre tan simpático y detallista, Capi. Sí, llegó la reina a sus dominios, pero para hacerlos más grandes usted y yo... Pero, deje que vaya un segundo al baño a refrescarme y enseguida brindamos con ese delicioso proceso que tiene para mí.

Aproveché la excusa de ir al baño para enviar al FBI mi primer mensaje.

—Estoy bien, con el Capi y tres de sus hombres. San Borondón. Hablamos después.

Esperé a asegurarme que lo habían recibido y volví a meter la BlackBerry en el bolsillo de mi pantalón. Entreabrí la puerta y vi en la cocina a Rupert y el Morenito, los otros dos hombres de confianza que eran la sombra del Capi. Me lavé las manos y me uní al Capi, que ya había dispuesto que trajeran el proceso con una impresionante selección de platillos que me hicieron agua la boca.

—Por su estadía con nosotros, majestad... ¡Que esto sea el comienzo de una lucrativa y hermosa «hermandad»!

—Así será Capi. Quiero comenzar a conocer a la gente que considere importante. Alex quiere que me presente al Guerrillero. Estoy segura de que podemos negociar el precio que nos está dando en cada kilo de coca.

—Si lo consigue, el señor le pondría una medalla. Ese «man» es bien duro pa' negociar, pero, quién sabe si de repente le impresiona hacerlo con una mujer tan bonita.

La cocaína que pasaba a través de Ecuador se la compraban a las FARC. Entre otros puntos, solían llevarla por San Lorenzo. Esmeraldas era la única ruta que mantenían activa desde que el hermano de Alex la hubiera abierto años atrás. Era la más segura y permitía llevar sin problema la cocaína hasta Quito y Guayaquil. El Capi me miró de arriba abajo, de forma intimidante a lo que respondí clavándole la mirada. Apuré mi copa y le pedí a María que me acompañara para ordenar mi equipaje. Una de las blackberries comenzó a sonar en mi bolso. Era Alex, quería saber cómo había llegado y darme algunas instrucciones. El Padrino seguía pensando que el Capi le había matado a Raúl, uno de sus muchachos, y se había quedado con una maleta roja que contenía dos millones de dólares y una tonelada de coca. Parte de mi trabajo, era «destapar la olla», una de las frases favoritas de Alex, que me adjudicaba diciendo que yo era la perfecta «cocinera» para hacerlo. La otra, era dar información a los federales que cada vez tenían más interceptadas las operaciones en Ecuador.

Nunca me dejaban sola, cuando el Capi salía, siempre se quedaba alguno de sus hombres. Un día me llegaron con otra hermosa sorpresa:

—Andrea, baje, le traemos un regalito.

Bajé con mucha curiosidad la empinada escalera y abajo estaba el Capi, Julio y el Guadaña, otro de sus hombres, con una enorme caja para transportar animales vivos. Mi corazón dio un vuelco de alegría, porque siempre había querido tener un perro y estaba segura de que de eso se trataba mi sorpresa.

—Abra la caja Guadaña, y saque el regalito pa' la señora.

Me extrañó que se apartaran a toda velocidad de la caja mientras abrían los cerrojos. Al instante entendí por qué. Con la celeridad de un gato salvaje, atravesó la puerta un imponente animal deseoso de ser liberado. Desde luego era un felino, pero no la clase de gatito que uno tiene habitualmente en su casa. Era delgado, alto, imponente, del tamaño de un perro. Las hermosas manchas en su piel y sus prominentes orejas no tenían nada que ver con cualquier gato común. A pesar de que aún se lo veía joven, sus enormes dientes blancos y afilados confirmaron mis sospechas. Ese animal, aun en cautiverio, no era precisamente doméstico.

María, que esperaba tan ansiosa como yo la sorpresa, dio un salto hacia atrás y corrió hasta la cocina junto a otro de los «valientes» trabajadores, mientras el Capi soltaba una carcajada.

—No le tengan mala fe y denle la bienvenida al gatito. Mire mi doña, salvaje e imponente como usted. Pa' que vea que hasta el animal más salvaje puede volverse mansito. Cuando lo vi, no pude evitar traérselo.

No sabía si darle un abrazo o «soltarle un puño» para que aprendiera a ubicarse. Si bien, el regalo realmente me había impresionado, el comentario venía con segundas. Tenía claro que, en este negocio de hombres, ser mujer no era fácil y había que aguantar muchas «babosadas» pero disfrutaba cuando estos «machos» se convertían en pollitos al ritmo de mi látigo. Miré al animal y me acerqué cuidadosamente. Para mi sorpresa, se dejó acariciar ante la atenta mirada del Capi que estaba tras la caja, y María, Julio y el Guadaña que, desde la puerta de la cocina, no habían perdido de vista al animal.

—Es hermoso Capi, muchas gracias, ¿qué animal es este, de dónde lo han sacado?

—Bueno, mija, es una larga historia que se la voy a resumir rápido. Es un tigrillo africano que compró pa' su finca uno de mis compadres. «El man» se dedicaba también a «la merca» y tuvo la mala suerte de que lo detuvieron hace unos días en la frontera. Ayer llegaron a incautar sus propiedades y uno de los policías que trabaja para nosotros me dijo que se habían repartido algunas de sus pertenencias, pero que nadie sabía qué hacer con el animal... y que si lo quería ellos regresaban a la casa por él y me lo entregaban... Así que pensé en el animalito, todo solito y sin que nadie lo cuide y me acordé de usted.

Era la segunda indirecta directa, pero le agradecí el gesto y desde mi teléfono traté de averiguar que era exactamente ese gato gigante. Se trataba de un tigrillo africano, una mezcla de tigre y guepardo que, en solo unos meses, podía doblar su tamaño, pero que miraba con una complicidad y ternura que me llevó a abrazarlo. Desde ese momento mágico, Rocco no se separó de mí un instante cuando estábamos en la casa. El FBI no podía creerlo hasta que les envié la foto. Solo podía descargar mi celular en la noche desde el baño de mi habitación, y cuando tenía que enviar una información urgente, había inventado ante el Capi y sus muchachos que tenía un amigo que me gustaba mucho y con el que comenzaba a mantener una relación. Lo más irónico del caso no es que el agente Steve Morston fuera ese supuesto noviecito, sino que las comunicaciones tenían que ser en español para no levantar la mínima sospecha. Salíamos, entrabamos y cada vez era más abultada mi lista de contactos. Incluso se me ocurrió la idea de crear una nueva ruta que me haría ganar puntos con el Padrino. Yo en Colombia tenía todos los contactos para hacerlo y en solo unas semanas ya había formado un pequeño equipo con el hijo del Sr. que presentó al Chapo a Pablo Escobar en Colombia y que se movía como pez en el agua en Europa, un amigo suyo y un piloto de Panamá. El Padrino compraba la coca a la guerrilla y la llevaba a México, pero de cada cargamento «coronado» solía regalarme algún kilo que me sirvió para ensayar la nueva ruta. Entre narcotraficantes yo también quería «traquetear». Tenía que ser como ellos y además eso serviría para demostrarle al Padrino que yo era una «tesa», una «dura» en el negocio y que podía darme alas para volar. Las mismas alas que aparecen en cada bolsita de coca y que eran el distintivo de la coca que distribuía en Canadá y EE. UU. Mi ruta comenzó con 50, 60 kilos en artesanías y sombreros de paja con destino a Ámsterdam, pero poco a poco fue ampliándose para gran satisfacción del Padrino.

—Ahijada, usted si me salió buena, mija. Mire no más abriendo ruta a Ámsterdam, ¡y en menos de un mes...! A ver si aprenden alguno de estos «culicagados» míos de Culiacán.

El «señor» estaba pletórico y Alex por partida doble. No solo se dio cuenta de que servía, sino que, además, era su Secre. Ecuador se iba normalizando y él cada día estaba más solo y aburrido en la Casa del Túnel. Una mañana recibí la noticia de que había decidido dejar México por un tiempo y unirse a mí en Ecuador.

—Buenos días, Ami. Está decidido. Hablé con mi compadre y me voy pa' allá con usted. Quiero que me busque una casa bien bonita en la playa, amplia y con grandes ventanales desde donde pueda ver el mar. Quiero empezar una nueva vida, «mis ojos». Sé que allí nos puede ir muy bien a usted y a mí juntos.

El Padrino me ratificó al día siguiente la intención de Alex.

—Ahijada, tiene que conseguir una casa bien bonita a Panchito. No importa lo que cueste, yo le hago llegar la plata, pero que sea como él la quiere.

De inmediato, me puse a buscar y encontré una hermosa propiedad en Salinas. Una especie de miniresort tropical frente al mar en plena Costa de Oro, con piscina entre palmeras y dos enormes gazebos de paja que albergaban un enorme tiki-bar con billar y zona de parrilla. La casa, de dos pisos, tenía además grandes ventanales al océano. Era perfecta para Alex, y cómo era de esperar, le gustó tanto que enseguida dispuso que comenzaran los preparativos de su viaje.

EE. UU. detiene a Alex y por error lo deja ir

Sacar a Alex Cifuentes de México no era tarea fácil. El FBI estaba al tanto de cada uno de los movimientos, pero sin información precisa. Además, la presa principal era el Chapo y no podían arriesgar ninguna vida. Yo les informé de los planes, pero ni siquiera yo conocía los detalles. El Padrino quiso que el propio Alex llevara consigo el dinero en cash para pagar la casa, porque, en el cartel no había transacciones de bancos ni cheques. Todo se hacía al contado, en dólares y en billetes de veinte.

Para colmo del surrealismo que envolvía muchas de las situaciones dentro del cartel, dispusieron que Alex viajara en lancha rápida desde Sinaloa y para rizar el rizo... de noche.

Salió al poco de oscurecer con dos marineros. El mar estaba en calma y la luna serena. Yo, mientras tanto, seguía haciendo negocios en Ecuador estableciendo mis nuevas rutas y sin quitarle el ojo al Capi cómo me habían encomendado. Una noche, la BlackBerry de Alex rompió el silencio de la madrugada. Miré el reloj y eran las 2:40 am, tomé el teléfono apresuradamente porque intuí que algo estaba pasando

—Aló... ¿Alex?

—Hola, amiga, necesito su ayuda urgente. Hemos tenido un inconveniente. Nos hemos acercado a la costa para poder hablar unos minutos. Logramos llegar a Perú, pero nos quedamos sin combustible para poder continuar. El contacto de este «man» le ha fallado y no tenemos quién nos supla más gasolina. Estamos prácticamente varados.

—Alex, yo ahora... Es de madrugada... Déjeme ver a quién puedo llamar a estas horas, si no va a tener que esperar unas horas. Pero no se preocupe, yo veré cómo le hago para llevarle esa gasolina.

—Gracias, muñeca. Por cierto, ¿le he dicho que la extraño?

—Seguro Alex, y en un momento así me imagino que mucho... Dígame, ¿cómo hacemos para comunicarnos y coordinar la entrega de la gasolina?

—Vamos a volver a acercarnos a la costa en cinco horas. Espero que en ese momento ya haya podido resolverme. Es muy peligroso por los guardacostas, pero es en el único punto que tenemos recepción.

—Está bien Alex. Por favor, cuídese. Ya me pongo con el encargo y hablamos en cinco horas.

Imaginé la desesperación de estar en medio del mar en una lancha rápida y sin combustible, siguiendo un disparatado plan para llegar a Ecuador y sacar a Alex de México «sin dejar rastro». Obviamente, conciliar el sueño tras esa llamada era imposible, así que decidí levantarme, y a pesar de la hora, ponerme a hacer algunas llamadas. Entre otras, al FBI para informarles lo que acababa de ocurrir. El problema era el tiempo y los protocolos para actuar en otro país. Las comunicaciones se cortaban y cuando volvían a producirse, eran desde un punto totalmente diferente.

Gracias a Dios, tenía buenos amigos en Colombia que tenían rutas por Perú y que entendieron la emergencia. A la hora estipulada en que Alex volvió a llamarme, ya había arreglado que mis amigos de Medellín enviaran sus hombres en Perú a rescatarlos. Mi amigo el Tigre fue quien personalmente le llevo la gasolina para que pudieran proseguir su viaje a cambio de 5.000 dólares, que yo misma tuve que girarle al poco tiempo, por el favor recibido. Alex estaba feliz y se despidió asegurándome que durante la noche estarían acercándose a la costa para que pudiéramos conversar o «textear» brevemente hasta que pudiéramos reencontrarnos.

Así fue durante días. Eventualmente, recibía un mensaje o una breve llamada con pésima señal. A veces, de madrugada, la BlackBerry de Alex sonaba dos o tres veces, pero no enganchaba a oír nada y nos limitábamos a saludarnos por mensaje. Al menos, sabía que estaba bien. Una tarde, estando de compras, el abogado que había contratado tras ser interceptada por el FBI me pidió que le llamara en cuanto viera el mensaje. Le devolví la llamada, pero ya había entrado «en corte». A la media hora y entrando ya en la casa acompañada de Julio, volvió a ponerme un mensaje para ver si estaba disponible para conversar. Era importante. Acababa de cerrar una reunión en Canadá con el FBI y el fiscal Chris Everdell, del Southern District, N.Y. Me preguntaba si yo podía viajar un día antes para conocernos y conversar. Todo en mi vida pasaba a tal velocidad, que ni siquiera nos habíamos visto. Paul me había inspirado confianza y en un momento donde sentía que el mundo se me caía encima, sentí que él sería un verdadero aliado. Después de haber intentado contactar con otros criminalistas recomendados por amigos narcotraficantes, Paul era el único al que podía pagar y quien aceptó mi caso sin ni siquiera habernos visto.

Dispuse todo para salir a Canadá en dos días. Alex seguía comunicándose conmigo cuando podía, pero no daba para largas conversaciones. Mi última comunicación con él durante su trayecto en alta mar fue el 8 de noviembre, para darle una triste noticia. Su hermano Jorge, el cerebro del clan Cifuentes y proveedor de toneladas de coca del «Chapo» Guzmán, había sido detenido en Anzoátegui, Venezuela, mientras estaba con su actual pareja, una mujer indígena de diecinueve años con la que mantenía una relación desde que tuvo que salir huyendo de Colombia. La señal iba y venía, pero alcancé a contarle antes de perderlo.

—Alex, detuvieron a J. esta mañana. No hay mucha información, pero aparentemente está bien y en las «oficinas» todo el mundo está preocupado.

Jorge o «Simón», como el Chapo lo llamaba para proteger sus actividades ilegales, había llegado a convertirse en una piedra angular del negocio del Chapo desde que viajara a conocerlo a las montañas de Sinaloa y fuera recibido por el mismo Padrino en la pista de aterrizaje. Ese día, el Chapo estaba pletórico y celebrando el segundo aniversario de su fuga de la cárcel y Jorge aterrado por las condiciones de la pista donde acababa de aterrizar a duras penas su avioneta. Tan fea había sido la experiencia, que en esa primera visita obsequió al Chapo con un costosísimo helicóptero de más de un millón de dólares para que, según contaba siempre Alex riendo, «viajara de una forma más civilizada». Tras ese día, el apretón de manos se convirtió en un lucrativo negocio que llegó a mover toneladas de cocaína. La noticia, había sido un jarro de agua fría para Alex, que meses antes, había visto a su hermana Dolly ser también detenida en Envigado, Colombia, y extraditada a los EE. UU. El silencio al otro lado del teléfono fue suficiente para imaginar ese momento en el que, en alta mar, a escondidas y con un destino incierto, estaba más solo que nunca. Ahora, la tristeza o el miedo no podían vencerlo... Solo podía hacer una cosa... continuar.

Por aquel tiempo, EE. UU. había aumentado su presencia militar en aguas internacionales cerca de las Costas de México, Perú, Colombia y Ecuador como parte de acuerdos en la lucha contra el narcotráfico y la inmigración ilegal. EE. UU. había abordado con éxito varias embarcaciones, (lanchas rápidas en su mayoría) cargadas de cocaína. En esos días, además, había ejercicios militares de entrenamiento conjunto, como parte de NAFTA.

La madrugada del 9 de noviembre, solo un día después de darle la noticia de la detención de su hermano, dos potentes luces rompieron la quietud de la noche en alta mar. De inmediato, se apagaron los motores de la enorme lancha blanca y se sacaron varios aparejos de pesca, al tiempo que se lanzaba una red que quedó flotando por instantes en la superficie hasta ser tragada por el agua. Alex y los dos marineros se apresuraron a tirar todo lo que pudiera delatarlos y se apostaron al lado de las cañas. En instantes, el foco que los alertó en la distancia cegaba por completo sus ojos. Habían sido descubiertos. Tres oficiales jóvenes en una lancha se aproximaron a la embarcación y les pidieron la documentación del barco y sus papeles.

Hablaron por radio y a lo lejos se escuchó el sonido de otra lancha que se acercaba a toda velocidad. Cuando estuvo al otro lado de la barca, el mismo oficial que los había interceptado subió a bordo de la embarcación con otros tres marineros. Los obligaron a sentarse en la proa mientras efectuaban un rápido registro y recibían indicaciones por radio. A los veinte minutos, uno de los marineros se acercó y les preguntó en inglés, por qué la lancha tenía registro mexicano y estaban tan cerca de las Costas de Perú. La excusa de la pesca no les pareció muy satisfactoria y aunque no encontraron nada a bordo relacionado con narcóticos, los obligaron a dejar la lancha y subir a una de las embarcaciones que los rodeaban. Mientras la otra, seguía inspeccionando y se alistaban a remolcarla.

Lo que estaba ocurriendo era lo menos esperado. La lancha se aproximaba a un enorme portaviones apostado a varias millas de donde fueron abordados. Tenía bandera de los EE. UU. y esto no hacía presagiar un buen final. Era una especie de «centro de operaciones» de los ejercicios que se estaban llevando a cabo en el área. Los oficiales que los habían interceptado eran gente muy joven, pero, quienes comandaban el buque, eran oficiales de alto rango. Los subieron al barco y el oficial «chiquito» que los había llevado hasta allí, se los entregó al capitán del buque que dispuso que los llevaran por separado a otras dependencias del barco para ser interrogados con otro oficial que servía de intérprete.

—Señor, ¿de dónde viene?, ¿qué estaba haciendo tan lejos de la Costa mexicana? ¿Es suyo el barco? ¿Qué hacía usted en ese barco?

—Oficial, yo soy mexicano. Soy mecánico y me contrataron para acompañarlos en este viaje. Ellos pescan, señor, y pues... yo me gano una plata como mecánico.

—¿Y qué pescan, Sr.? ¿No están un poco lejos de casa para venir a pescar?

Alex decidió que lo mejor era insistir en lo que tenían ensayado en el caso de una incidencia, pero estaba seguro de que nadie se había comido el cuento, y mucho menos la marina de los EE. UU.

Sin embargo, y puesto que a todo el mundo le puede pasar perder una oportunidad de oro, también ellos estaban a punto de cometer un grave error que les costaría agarrar a uno de los narcotraficantes más buscados del mundo. Lo habían logrado con su hermano, pero él no estaba dispuesto a dejarse agarrar.

Alex había sido muy previsor y el pasaporte falso con el que se movía era mexicano. Eso, y su perfecto acento chilango, hicieron que los americanos creyeran a ciegas en su falsa identidad. Los otros dos que lo acompañaban también eran mexicanos, de Sinaloa y Guadalajara, por lo que nunca pudieron intuir que se tratara del colombiano Alex Cifuentes. Los tuvieron detenidos durante varios días moviéndolos de un barco a otro a la espera de información precisa que justificara su detención. Sin embargo, nunca les tomaron las huellas. Un gravísimo error que muy pronto traería consecuencias.

Nos están espiando, Canadá presentación RCMP

Amanecí temprano, llevaba días sin saber de Alex. Por un lado, no había tenido que dar exhaustivas explicaciones de por qué dejaba México y a qué iba a Canadá, pero, por otro, me preocupaba. Echaba de menos su particular ironía. A eso, le sumaba la incertidumbre y el miedo de conocer por primera vez a Paul, mi abogado, y a reencontrarme con los agentes del FBI que me habían interceptado en Colombia. Habían pasado solo un par de meses y me parecía una eternidad, pero, a excepción de los mensajes que intercambiábamos, no habíamos vuelto a hablar sobre mi caso, ni nos habíamos visto las caras. Ahora, al menos, lo haría con mi abogado.

Paul había dispuesto que yo viajara un día antes de la reunión para tener tiempo de conversar y meditar mi decisión con los pros y los contras. Yo había aceptado convertirme en informante como una medida desesperada de no ir a la cárcel, pero el proceso implicaba muchos aspectos que tenía que conocer para saber si seguía adelante. Ni siquiera tenía firmado un acuerdo de cooperación. Solo pensarlo me aterraba, así que, preferí concentrarme en el viaje que tenía por delante. Salí más temprano de lo habitual, pero prefería desayunar con calma en el aeropuerto. Lo que menos necesitaba era añadir otra dosis de estrés a mi vida perdiendo el avión a Toronto. Si algo fallaba podía verme en serios apuros. Solo había una pregunta que me rondaba la mente. ¿Por qué eligieron Canadá?

Sabía por el cartel, que Canadá se había convertido en uno de los puntos estratégicos para mover la coca en el mundo. De hecho, este aparentemente tranquilo país, es la sede de las mayores organizaciones criminales del mundo, que ven en su sistema de justicia, un verdadero oasis en comparación con Europa o los EE. UU. El cartel había visto enriquecer sus arcas vertiginosamente en los últimos años operando en Canadá. Si un kilo de coca en California, EE. UU. Costaba $ 22.000, subirlo de California a Canadá sumaba $ 1.500, que no es nada en comparación con lo que allí se paga por él, que es el doble de ese valor. Quizá, el FBI estaba buscando una pantalla para esta reunión, sabiendo que el cartel operaba y con cada vez más éxito desde allí, o tal vez había otro motivo que no tardaría en descubrir.

Cuando llegué a Toronto, el frío me helaba hasta las ideas y la nieve quiso darme la bienvenida. No tuve problemas para entrar porque, a pesar de no tener visa, cuando me avisaron todo estaba arreglado. Aparentemente, el gobierno canadiense había autorizado mi ingreso al país en el último minuto. Todo estaba perfectamente planeado. Seguí las instrucciones y me dirigí a la salida del aeropuerto donde había una persona esperando con un cartel del Hyatt, donde tenía escrito mi segundo apellido, Fernández. Tomó mi equipaje de mano y sin hacer ninguna pregunta, me condujo a un coche negro que nos esperaba en la mismísima puerta por donde salimos a la calle. Mi abogado ya estaba en el hotel esperándome y eso me daba cierta tranquilidad. Siempre me había fascinado la nieve. Solía soñar con una cabaña en mitad del bosque nevado y una enorme chimenea encendida a los pies de una cama tan caliente como las brasas. Una cama de sábanas suaves como los brazos que me arropaban. Por un tiempo, los brazos eran los de Mauricio, pero ahora, solo era un torso sin rostro. Muchos hombres habían pasado por mi vida, pero ninguno alcanzó a quedarse. Los copos perezosos me habían evadido por unos instantes, pero mi vida se movía a otro ritmo. Llamé a Paul para informarle que iba en camino y quedamos en vernos en la recepción después de hacer mi «check-in».

Seguimos nuestro camino hasta el «Downtown» atravesando el distrito financiero. A lo lejos podía ver la famosa torre observatorio, los restaurantes y locales comerciales que a esa hora comenzaban a llenarse. Era pleno invierno, y a pesar de no ser más de las cuatro de la tarde, la luz comenzaba a caer. Sin darme cuenta, llegamos a un imponente edificio modernista con entrada de mármol color crema y una recepción con fondo oscuro rodeada de curiosas lámparas de cristal colgante. Para mi sorpresa, no me dieron una habitación común.

—Srta. Fernández. Bienvenida al Hyatt. Que tenga una magnífica estadía en Toronto y cualquier cosa que necesite, por favor, no dude en comunicarlo.

Cuando el ascensor llegó al último piso, volví a intuir que algo estaba pasando. Mi llave abrió una suite que parecía un palacio. El frente solo eran ventanales sobre el centro de la ciudad y la famosa torre parecida a un «pirulí» que comenzaba a iluminarse. A la derecha, estaba la habitación con una inmensa cama con cabezal de piel blanca hasta el techo, una especie de mini oficina y un baño con jacuzzi con toda clase de indulgencias.

Desconocía el presupuesto de las agencias federales, pero estaba segura de que este tipo de tratamiento no lo pagaba el FBI. Algo definitivamente estaba por pasar.

Dejé el equipaje y mi computadora y bajé a la recepción donde había quedado con Paul. Solo teníamos una foto del otro para poder ubicarnos. Paul, era un hombre alto, delgado, de ascendencia irlandesa y ojos oscuros, y me había pedido venir acompañado de su investigador privado. Después de dar varias vueltas por el concurrido lobby, se acercó y me estrechó la mano.

—Miss Vélez, ¡Por fin nos conocemos! Soy Paul y él es Carlos, mi asistente e investigador privado. Vamos al bar de arriba. Tiene lugares cómodos donde podemos conversar y ponernos al día.

Nos sentamos en una mesa bajita rodeada de cuatro sillones al lado de la ventana. Apenas podía articular palabra sin llorar. Por fin sentía que tenía a alguien de mi lado, a quien contar la angustia que estaba pasando. Paul era mi paz en medio de la tormenta, pero, no podía contener las lágrimas tratando de contarle lo que había pasado. No había logrado contenerme cuando, Carlos, el investigador privado, le hizo un gesto a Paul y le pidió que nos fuéramos de allí. Paul miró a su alrededor, se levantó y me tomó de un brazo.

—Andrea, creo que es mejor que nos movamos de aquí, no nos interesa que nadie se dé cuenta de que te pasa algo. Creo que vamos a hablar con más calma en tu habitación.

Subimos y el propio Paul se quedó impresionado cuando abrí la puerta. Imagino que debió de pensar que estar al lado de Cifuentes en el cartel de Sinaloa podía pagar ciertos lujos como ese, a pesar de haberle insistido en que mis ahorros y presupuesto eran muy reducidos. Carlos, mientras tanto, miraba por el pasillo que conducía a mi habitación nervioso.

—Los dos que llegaron frente a nosotros eran espías. El que estaba de pie con el periódico también.

Carlos era cubano. Llevaba toda su vida en Miami. Había sido detective con la policía, y ya retirado, trabajaba como investigador privado para algunos casos de Paul.

La verdad, no le hicimos demasiado caso. Paul estaba deseoso de que le contestara algunas preguntas.

—Andrea, a mí me tienes que decir la verdad. Si voy a ser tu abogado y te voy a representar, tienes que confiar en mí, y permitirme confiar en ti. ¿Dónde está el dinero? ¿Cuáles son las rutas que han estado operando y de las que tú tienes conocimiento? Propiedades... ¿Cuántas están a tu nombre y con qué dinero se han pagado?

—Paul, yo no tengo dinero. No te engaño. Tengo lo que necesito porque manejo la caja chica y puedo tomar de ahí lo que necesite, pero el cartel no me paga, ni tengo propiedades. Vivo en los departamentos de Alex, y en los otros que he vivido, eran rentados. De verdad, no te estoy mintiendo.

—Andrea, yo no te voy a juzgar, pero tienes que decirme la verdad. No me puedes mentir. Cualquier cosa que me digas y no sea verdad va a jugar en tu contra y en la mía si quiero ayudarte... Te lo voy a poner muy claro. No la tienes fácil, pero todo depende de ti y la decisión que tomes. Si quieres, no cooperes, porque si lo haces, tu vida definitivamente jamás volverá a ser la misma. Yo te doy garantías que en máximo 7 o 10 años te saco y sigues con tu vida, con tu familia. Andrea, piénsalo bien. Aún estás joven y sin antecedentes y con buena conducta, no sería más de ese tiempo que ahora parece mucho. Pero... si te embarcas en esta aventura, nadie sabe cuál puede ser el desenlace. Yo tengo que advertirte y poner todo sobre la mesa, porque mañana, en esa reunión con el FBI, yo puedo alegar que no puedes colaborar porque no te sientes capaz de hacerlo. Te declaras culpable, te detienen y nos preparamos para el juicio. O... pones en marcha el «roller coaster» en que vas a convertir tu vida. Tú decides. Dale vueltas a la almohada y me cuentas en el desayuno temprano, antes de reunirnos con ellos. Ahora, por lo pronto, ¿qué te parece si salimos a cenar y nos relajamos un poco?

No me hacía falta dar ninguna vuelta a la almohada. Diez años en una prisión federal de los EE. UU. suponía para mí una montaña rusa, peor que la que pudiera esperarme como informante. Estaba convencida a cooperar, pero eso sería al día siguiente. No había comido nada desde el desayuno en el aeropuerto y mi estómago llevaba horas sonando. Quizá era buena idea salir un poco del hotel y comer algo.

Los tres nos dirigimos al famoso 360, el restaurante de la CN Tower que quedaba casi frente al hotel. Aunque no teníamos reserva, ocupar la suite presidencial del Hyatt tenía sus ventajas. El conserje del hotel inmediatamente consiguió una mesa para tres a las 8:00 pm a nombre de la Srta. Fernández. El lugar era aún más impresionante de lo que me habían contado. Su forma era circular y nos situaron en una de las mesas pegadas a los enormes ventanales desde los que, a 1000 pies de altura, se veían unas impresionantes vistas de Toronto. Apenas te percatabas de que el restaurante estaba en continuo movimiento ofreciendo diferentes estampas de la ciudad, que a esas horas ya estaba completamente cubierta con un manto blanco, el cual la hacía aún más hermosa. La comida era deliciosa. Pedimos como aperitivo una tabla de fiambres y un tartar de salmón. Yo seguí con un pez espada que llevaba una salsa hecha a base del Maple tan característico de Canadá. Carlos, fascinado con su chuletón, seguía obsesionado con los espías.

—Ustedes pensaran que estoy loco, pero he visto un dron que nos estaba grabando fuera de la ventana, y al menos en tres mesas, hay gente que nos viene siguiendo y vigilando.

Reconozco que logró asustarme, pero no veíamos nada y Paul le quito importancia. Él no perdía el tiempo, de nuevo y esta vez con morbo añadido, comenzó a preguntarme por el dinero y mi relación con Alex. ¿Cómo explicarle algo tan loco, tan inusual, tan enfermizo...? ¿Cómo hacerle entender que Alex me daba todo lo que quería y me decía que tomara de la caja, 5 o 10.000 dólares para mis gastos si lo necesitaba, pero sin recibir un salario? Le costó creerme, pero creo que, a los postres, finalmente entendió que no le mentía. Carlos estaba tan pesado con los espías, que decidimos retirarnos. En solo unas horas firmaría mi acuerdo de colaboración y tenía que estar lista.

Estaba tan cansada que creo haberme despertado en la misma posición en la que quedé tendida en la cama mientras chequeaba mis mensajes. Aun sin noticias de Alex, traté de conseguir alguna información, pero todas las comunicaciones parecían caídas. Posiblemente, después de la detención de Jorge, habían desactivado los «pins» por seguridad y «bajado» el acceso a las oficinas. Me bañé, recogí mi cabello en una cola y pedí que me subieran el desayuno. A los pocos minutos recibí un mensaje de Paul avisándome de que los agentes estaban en camino y la reunión se celebraría a las 10:00 am. en la sala de mi suite.

Cuando tocaron la puerta, el miedo se apoderó de mí recordando la misma sensación del día en que me pararon en el aeropuerto. No los había visto desde entonces y parecía que el tiempo se hubiera detenido. Cuando mi abogado abrió la puerta entraron Bob, Steve y el fiscal Chris Everdell. Estaba sentada en el sofá con los pies prácticamente pegados al suelo y una taza de café calentándome las manos. Steve llevó la voz cantante:

—Hola, Andrea, ¿cómo has estado? Steve, a Bob ya lo conoces y este es el fiscal Chris Everdell. Abogado, un gusto saludarlo y ¿usted es?

—Carlos, trabajo con Paul como investigador y en ocasiones como esta, ayudo como interprete.

—Excelente. Vamos a necesitarlo. ¿Quieren un café antes de comenzar?

Bob hizo una especie de resumen de lo que había sido mi vida al lado del cartel y de la reunión que habíamos mantenido en Bogotá cuando fui interceptada. Cuando llegó al momento de hablar de mis dos meses en cubierto y de mi abogado, noté una especie de ironía. Estaban asombrados de que hubiera podido conseguir un abogado como Paul en tan pocas semanas y pensaban, que podría estar haciendo contrainteligencia, y que, quien lo pagaba era el Padrino. Chris tampoco fue precisamente simpático, pensaba que estaba frente a una delincuente y una mentirosa patológica y no paraba de decirme, que si no le decía la verdad, las cosas no iban a funcionar. Me hizo llorar varias veces. Cuando eso ocurría, mi abogado los llamaba a la habitación contigua y los gritos se oían hasta en el pasillo. No fue fácil convencerlos. Aún no estoy segura de que lo hicieran, pero tenían que confiar. Era su única baza para llegar hasta el Chapo. Aunque cueste trabajo creerlo, yo era la paloma mensajera de Alex porque era la que tenía alas para salir cuando él tenía que estar encerrado y escondido. Por eso me llamaba su «avatar». A veces solía decirme: «Tú puedes volar, mi avatar, desplegar tus alas y volar, yo no...» Y era cierto. Yo salía, llevaba recados, los traía, manejaba la caja chica del D.F., la película... pero cuando se reunían con clientes y cerraban operaciones, desconocía la mayor parte de los detalles.

Después de repetirles en innumerables ocasiones que no sabía dónde estaba el dinero del cartel, finalmente ratificamos por escrito el acuerdo que había alcanzado de palabra en Bogotá. Había firmado mi sentencia sin saber siquiera lo que me esperaba, pero estaba libre y tenía que luchar por esa libertad.

—Andrea, como te dijimos en Bogotá, es lo mejor que has podido hacer. Tenemos un largo camino por delante, pero vamos a recorrerlo juntos. Por cierto, aquí hay otras personas que están al tanto de esto y también te quieren conocer.

Bob no estaba seguro de cuál sería mi reacción ni de cómo introducir el tema, así que fue directo, sin anestesia.

—Tú sabes que el cartel tiene unas sedes de operaciones en Canadá y que se ha convertido en un verdadero problema para el gobierno de este país. Aunque desgraciadamente tarde, pero se han dado cuenta de que, las más importantes mafias del mundo están afincadas aquí y han decidido ponerle freno. Nosotros estamos tratando de realizar ese trabajo en conjunto y ahora, ellos también te necesitan. Quieren conocerte esta tarde y hacerte un ofrecimiento que puede ayudar mucho en tu caso.

—¿Queeeé? ¡Pero esto no estaba en los planes!, ¡¿Se volvieron locos o, qué?! Ni siquiera puedo ejercer en este país y mediar en cualquier acuerdo que se realice aquí... ¿Con quién es la reunión? Andrea, no tienes que aceptar... ¡Esto es inadmisible!

Paul, mi abogado, puso el grito en el cielo. No había terminado de firmar mi acuerdo de colaboración con el FBI y ya querían que me sentara con el RCMP (Royal Canadian Mountain Police) que venía a ser como el homólogo del FBI en Canadá. Sabía que solo era una reunión inicial, pero definitivamente me intrigaba.

—Está bien Paul, no pasa nada por ir a conocerlos y escuchar lo que tienen que decir. Señores, avisen de que estoy dispuesta a reunirme con ellos, pero quiero que Paul me acompañe.

—Andrea, lamentablemente tu abogado tiene razón, esta es una reunión en privado y él no tiene jurisdicción aquí. Ellos han pagado esta suite y han estado pendientes de ti desde que llegaste.

—Lo ven. —Interrumpió Carlos—. Ya les había dicho yo que había espías que nos estaban siguiendo y ustedes pensando que estaba loco.

—Está bien señores, pero, aunque no sea un abogado canadiense y no pueda estar presente en esa reunión, no pueden impedir que acompañe a mi cliente, ella definitivamente no va ningún sitio sin mí.

Paúl fue enfático. No me iba a dejar sola y eso me tranquilizaba. Hicimos una pausa para descansar, comer algo y digerir lo que estaba pasando antes de volver a bajar al lobby del hotel. Uno de los conserjes me dijo que en la puerta había un coche esperándonos. El mismo vehículo negro de lujo que me recogió en el aeropuerto. Esta vez, sí escuchamos a Carlos y pudimos darnos cuenta del otro coche oscuro que nos estaban siguiendo. A mitad de trayecto, salió de la Avenida y en una callecita, a la puerta de lo que parecía un colegio, nos pidió que cambiáramos dé vehículo para subirnos en uno camuflado de RCMP mientras una caravana de otros tres nos seguía. Como a los veinte minutos y en dirección al aeropuerto, paramos en el hotel Sandman. Un edificio de ladrillo que servía de Centro de Operaciones del RCMP.

—Santo cielo Andrea, no podían haber elegido un lugar más tétrico para la reunión. Espero que por dentro sea un poco más acogedor y nos ofrezcan al menos una taza de café.

Estaba tan nerviosa que apenas sentí el frío al descender del vehículo. Volvía a nevar y los copos se apostaron en mi pelo. Al entrar, Bob estaba esperando. Paul y Carlos se quedaron abajo mientras yo tomaba el ascensor para subir al tercer piso. Cuando se abrieron las puertas, la alfombra de los pasillos y las puertas de las habitaciones olían a viejas. Quizá era la humedad o el potente aire caliente que salía por las sucias rendijas del techo. Nos dirigimos a lo que parecía una suite donde estaban ya sentados con varias jarras de café un nutrido grupo de personas.

Bob volvió a romper el hielo:

—Señores, les presento a Andrea Vélez, ella ha aceptado voluntariamente venir a escuchar lo que le quieran decir.

En español, uno de los integrantes del RCMP, se presentó y presentó a sus compañeros. Era Frank, un español relativamente joven que había pasado gran parte de su vida en Canadá y que acabaría convirtiéndose en mi sombra al frente de la operación.

—Bienvenida a Toronto Andrea, permíteme que te presente. A Bob, Steve y al fiscal Chris Everett los conoces de sobra, y estos son nuestra gente acá: Este es Jim, encargado de la DEA aquí en Toronto; Alan, nuestro jefe del RCMP; Ken, ex atleta y ahora agente del RCMP; Jasón, un ex marine estadounidense nacionalizado canadiense y también compañero del RCMP; Abril, nuestra agente del grupo y Casper, que es un experto en comunicaciones y quien, como verás, se encarga de darnos a todos de comer no sin antes probar toda la comida, jajajaja.

Todos rieron por la ocurrencia de Frank describiendo a Casper que era un verdadero genio en las comunicaciones, pero estaba visiblemente pasado de kilos. Concluidas las presentaciones y la risa, rápidamente entró en materia:

—Andrea, estamos perfectamente al tanto de tu caso, de tus conexiones con el cartel de Sinaloa. Sabemos que conoces mucha gente aquí y también mantienes contacto permanente con las dos personas que lo manejan desde aquí. Estamos al tanto de que Alex

Cifuentes vivió muchos años aquí en Canadá, y que, junto a una de sus mujeres, que aún sigue aquí, han estado moviendo rutas para el tráfico de cocaína a nuestro país. Necesitamos que nos ayudes, que seas nuestros ojos y oídos con todos los narcotraficantes que haga negocios con el cartel y con el «Chapo» Guzmán y nos ayudes a adentrarnos en otras organizaciones delictivas dedicadas al tráfico de estupefacientes. El trabajo no será de dos días. Será un proceso largo y exigirá prepararte, pero si aceptas, estamos dispuestos a hacer una carta solicitando una reducción de pena o recomendando tu libertad por el servicio recibido.

Miré a Bob y a Steve buscando su complicidad e intuí que, si me habían llevado hasta allí, yo era realmente importante para el RCMP, y ellos podían serlo para mí.

—Y, ¿qué tengo que hacer si acepto ayudarlos? Yo ahora no puedo venirme a Canadá porque necesito estar cerca de Alex y el Chapo y seguir pasando mi información al FBI.

—No Andrea... No tendrías que venir ahora. Como te dije, este no es un proceso corto. Aquí las leyes son distintas y no existe la figura del «source» o el informante. Para colaborar con nosotros tienes que convertirte en agente del RCMP y eso va a llevar un tiempo hasta que formalicemos todos los papeles. Además, a nosotros también nos interesa que no te despegues de Cifuentes y Guzmán y sigas colaborando con el FBI. Ellos van a seguir siendo tus jefes, ahora solo necesitamos que nos digas si te interesa la propuesta.

Si ya me había embarcado en la aventura más peligrosa de mi vida con el FBI, a cambio de mi libertad, no podría ser peor sumarle unos «voltios» colaborando con los canadienses si me hacían esa carta. Sin dudarlo un momento, les dije que sí. Quería demostrarles mi disposición para ayudar a cambio de la suya.

—Una cosa más Andrea, es vital que no menciones esta reunión a nadie. Solo a ese abogado tuyo que está en el lobby y a su investigador que no nos ha quitado el ojo de encima en todo este tiempo que estuvimos vigilando de que nada fuera a ocurrirte. No podíamos arriesgarnos contigo. Si averiguan que trabajas para nosotros corres un gravísimo peligro. Por favor, ni una palabra a nadie hasta que volvamos a encontrarnos. Steve y Bob te avisarán cuando estemos listos. Espero que te gustara el restaurante de anoche con sus hermosas vistas, y que hoy, aún puedas disfrutar de una exquisita cena.

Nos despedimos sin que ni el jefe de la DEA o el del RCMP mediaran palabra. Quedamos en volver a vernos para firmar el papeleo cuando estuviera listo. Iban a tratar de apresurarse, pero no sería en menos de dos o tres meses. Steve quiso acompañarme hasta el lobby, donde me esperaban nerviosos mi abogado y Carlos.

—Carlos, tenías razón. Me confirmaron que nos habían estado siguiendo y estaban anoche en el restaurante. Tus espías, realmente eran espías.

—Se lo dije... Eran demasiado obvios, o yo soy demasiado bueno descubriendo espías... jajaja.

Paul interrumpió y me pidió que me pusiera mi abrigo para salir del hotel y conversar en el Hyatt. Esta vez nos llevaron directamente sin ninguna parada. Fuimos directos al restaurante porque Paul necesitaba un whiskey, y yo estaba desesperada por tomarme un vodka. Escogimos una mesa apartada y le conté lo que había pasado.

—Mira Andrea, de perdidos al río... Si ya estás metida con el agua hasta el cuello, esto solo puede ser un salvavidas. La carta del FBI, más tu colaboración con el RCMP, van a significar no solo tu libertad, sino, tus papeles en EE. UU. Aunque eso solo depende del juez, con semejantes recomendaciones no me va a ser difícil conseguirlo.

Apuré mi vodka y pedimos una botella de vino con la cena. No sabía muy bien lo que acababa de aceptar, pero Paul tenía razón y por eso, solo por eso... tenía que brindar.

Rescaten a Panchito, el ataque de pánico del Padrino... encuentren el Chip

A la semana de haber regresado de Canadá al Distrito Federal en México, seguía sin noticias de Alex. Definitivamente, algo había pasado, pero nadie sabía explicarme. Había tratado de llamar sin éxito a los «pins» que me comunicaban con la gente del cartel, incluso al propio Padrino. El FBI tampoco tenía información ni se había interceptado ningún mensaje o llamada porque, tras la detención de Jorge, el hermano de Alex, había «tumbado» los celulares. Desesperada, todos los días hacía un intento de conseguir al menos una conexión con alguna de las oficinas «espejo». Nada. Todo intento por saber de Alex era infructuoso.

Una mañana, al poco de levantarme, marqué el pin de uno de los secretarios del cartel, de nuevo sin suerte. Había soñado que Alex estaba en Cancún esperándome, pero no sabía llegar donde estaba. Fue tan angustioso que me desperté frotándome los ojos para poder discernirlo de la realidad. Me fui a preparar un café y mientras me servía, casi tiro la taza al escuchar el sonido de un mensaje en el buzón de entrada.

—Señora, salga a comprar ya mismo una BlackBerry nueva, que la oficina la va a conectar.

Escueto como todas las comunicaciones intermedias, pero directo. Necesitaba comprar un aparato a la mayor brevedad, pero las tiendas aún estaban cerradas. Los cuarenta minutos que tuve que esperar a que abrieran sus puertas, se me hicieron eternos. Por fin pude comprar el nuevo aparato, dar mi pin y la oficina me agregó de nuevo.

—Que le manda decir el señor, que Panchito tuvo un inconveniente, pero qué tranquila, que ellos van a resolver.

—¿Cómo que un inconveniente? ¿Qué pasó? ¿Está bien?

—Si señora, Panchito está bien, pero lo agarraron los gringos en el mar y pues... que no se preocupe, que ya el señor está trabajando pa' jalarlo pa'tras.

La comunicación se cortó así, sin más explicaciones. A Alex lo habían agarrado en alta mar y llevado a un buque de los Estados Unidos, pero «tranquila» que lo van a sacar. Esa era la mentalidad del Padrino y de mucha gente en el cartel. Todo se podía arreglar aún en situaciones tan peligrosas como esta. Llamé a Paul, mi abogado, y la secretaria me dijo que estaba atendiendo un juicio en la Corte. Un juicio en el que pidió de inmediato un receso cuando leyó que EE. UU. tenía a Alex.

—Andrea. ¿Cómo así? ¿Quién le dijo? ¿Está usted segura? ¿Dónde lo tienen? ¿Desde cuándo?

Eran tantas las preguntas, que difícilmente, me dejaba contestar.

—Paul, ¡Por fin pude conectarme con la oficina y ellos me lo aseguraron! El Padrino lo sabe y aparentemente están moviendo sus cables para sacarlo.

—¡Me estás jodiendo! ¡Lo que me acabas de contar es una bomba! Como parte de la negociación hay que informar ya, lo que está sucediendo. Estoy en medio de un juicio, pero déjame y aviso al fiscal, y mientras tanto, comunícate tú con los agentes.

Así lo hice. Steve contestó el teléfono y no podía creer lo que le estaba contando.

—Andrea, tenemos que averiguar cuál es ese buque y por qué no han avisado de que lo tienen. Por favor, trata de obtener más información mientras nosotros buscamos la localización y el barco.

Colgué realmente conmovida por lo sucedido. Necesitaba saber si Alex se encontraba bien y qué era lo que estaba pasando. Durante todo ese día, las únicas comunicaciones se limitaron a un cruce de mensajes preguntándonos los unos a los otros si había alguna noticia. Absolutamente nada.

Esa misma noche, y tras más de dos semanas en poder de los EE. UU. a falta de poder comprobar que se trataba de Cifuentes, y convencidos de que era un mecánico mexicano, los marineros del buque entregaron a Alex a la policía de Chihuahua. Las diferentes agencias y autoridades de EE. UU. y México nunca pudieron coordinarse para localizar y contactar a tiempo al buque que lo había tenido detenido. El gravísimo error de no haberle tomado las huellas, supuso dejar en libertad, al que en ese momento era uno de los narcotraficantes más buscados y el brazo derecho de Guzmán.

Mientras tanto, y a pesar de la angustia de no saber dónde estaba Alex, el show tenía que continuar. Era el 1 de diciembre del 2012 y tenía que asistir a uno de los cocteles por la toma de posesión de Peña Nieto como nuevo presidente de México. Tenía mil cosas por hacer. Aún no sé cómo logré templar mis nervios y prepararme para el que iba a ser uno de los grandes acontecimientos del país. Además, era, sin duda, una maravillosa oportunidad para seguir estrechando lazos con la nueva gente del gabinete presidencial, políticos, militares y gente de poder.

Mientras me hacían la manicura y el cabello, no podía dejar de pensar en Alex. Traté de volverme a conectar con la oficina para obtener información y solo recibí la misma respuesta.

—Señora, por favor, esté tranquila que Panchito va a aparecer. El señor le manda decir que él lo va a sacar, pero, que usted esté pilas esta noche, y pendiente de hacer buenos «amigos».

Solo me quedaba esperar. Me recogieron el cabello en una especie de moño caído que destacaba aún más los hermosos aretes de brillantes, que Alex me había regalado una noche, tras volver a su lado. Mientras los acariciaba entre mis dedos, recordé el momento en que puso la cajita frente a mí y su sonrisa traviesa. Aunque no es un hombre lindo, su sentido del humor, su inteligencia y esa forma tan pícara de reírse, le hacían un hombre muy especial. Había una magia especial entre los dos que se disparaba con cada botón que me desabrochaba mientras sus dedos ágiles recorrían mi cuerpo. Ni siquiera me atraía físicamente, pero su mirada calentaba la mía con un chasquido de dedos. Me gustaba seducirlo, jugar a la inocencia para castigar con mi lengua sus pecados. Así solía pasar con muchos de los hombres que había conocido. En público eran intocables, pero en privado se deshacían con una sola caricia.

—Srta. Andrea, ¿quiere que le maquillen? Quedó usted aún más hermosa.

La pregunta de la estilista me devolvió a la realidad.

—Sí, por favor, Amelia. Disculpa, estaba distraída. Voy a llevar un vestido rojo, con los hombros descubiertos; creo que colores tierra quedarían bien. Márcame bastante los ojos y ponme un crayón suave.

Recosté mi cabeza en la silla y cerré los ojos mientras me maquillaban. En el coctel iba a estar la crema y nata de la sociedad mexicana, además de varios invitados extranjeros y el nuevo gabinete. Tenía que brillar. Uno de los éxitos de esta misión era seguir acercándome al Chapo y en esta fiesta podía ganar varios puntos. Me apuré a terminar de arreglarme y mi socio en la agencia de modelos pasó por mí a mi departamento.

—¡Estás radiante Andrea! Ese vestido te queda espectacular. No le vas a pasar desapercibida a nadie, y con esos tacones que llevas... mucho menos.

—Gracias, amigo. ¿Ya te confirmaron las chicas? Me pidieron que llevara al menos cinco y sobre todo a nuestra amiga la rusa. No sé por qué, creo que el ministro se está «engatusando» con ella. Pero bueno...eso no es nuestra responsabilidad.

Para llegar al Hotel Intercontinental tuvimos que sortear varias protestas contrarias a la toma de posesión de Peña Nieto. En algunos puntos de la ciudad cercanos a San Lázaro, los enfrentamientos entre jóvenes y agentes de seguridad habían sido tan violentos, que se reportaban muertos y heridos. La policía y el ejército había prácticamente blindado el acceso a los distintos puntos donde se celebraban los actos. Nuestro hotel no era la excepción. Entre varias pancartas, una sobresalía por su tamaño y por la juventud de las dos chicas que la sostenían. «Imposición consumada. México de luto». ¿Realmente podíamos estar peor? A mí nadie podía negarme la evidencia que yo misma había constatado. Los intentos del Chapo por comenzar a mantener contactos directos con el nuevo gabinete de Peña Nieto no eran nuevos. Había ocurrido con el gobierno del presidente Calderón y otros mandatarios anteriormente. No era nuevo. Luchaban en magnos discursos contra la corrupción, pero se hacían a sí mismos con ella. Aseguraban estar dispuestos a luchar contra la violencia del narcotráfico, pero aumentaban sus patrimonios y poder gracias al mismo... ¡Qué ironía!... ¿Cuántos tendrían que bajarme la mirada? Con razón decía el Padrino que, si algún día se decidiera a hablar, tendrían que construir una cárcel al lado de la suya para albergar a todos los que compró durante años. Los mismos que le permitieron llegar a ser quién es, pero se santiguan cuando escuchan su nombre. Pero, en fin, quizá así de hipócrita es la vida. Yo no lo iba a cambiar y tampoco estaba para dar sermones, así que me limité a colocarme los senos y estirar mi vestido antes de descender del vehículo.

Como era de esperar, en ese coctel se habían dado cita grandes nombres de la política, periodistas, empresarios, altos cargos militares y la «creme de la socialité» mexicana. Mis modelos tampoco pasaban desapercibidas. Poco a poco fueron acomodándose en diferentes grupos, saludando a algunos de los asiduos a los habituales almuerzos de los miércoles y dejando a más de uno con ganas. Mi amigo me ofreció algo de tomar y le pedí un vodka doble con soda y mucho limón. Necesitaba encerrar el fantasma de la angustia y la melancolía, y no había mejor llave que unos buenos tragos, para dejar salir a la Andrea fría, calculadora y divertida, que podía «coronar» esa noche.

Cuando me disponía a saludar a uno de los generales, comenzó a sonar mi teléfono. Como la conversación era importante, no quise interrumpir y dejé que la persona dejara un mensaje sin contestar la llamada. Sin embargo, algo definitivamente estaba pasando. Demasiada insistencia. Me disculpé unos segundos y tomé el teléfono.

—Sí. Hola...

—Amiga, por fin me contesta carajo. No tengo mucho tiempo, escuche.

—¿Alex? ¿Eres tú? ¿Estás bien?... ¿dónde estás?

—Amiga escúcheme bien. Me han devuelto mi celular, pero he intentado llamar a todos los «pins» que tenía y ya no están operativos. Menos mal que recordaba su número personal, mija.

—Pero Alex, ¿qué ha pasado?, ¿dónde estás? ¿Estás bien?

—Si mija, es una larga historia, pero sé la hago corta porque no podemos estar de conversación ahora. Escuche bien, necesito un millón de dólares. Me detuvieron los americanos, pero no me llevaron detenido. Me entregaron a la marina mexicana en Chihuahua y estos «manes» no me van a soltar si no les pagan. ¿Entendió? Si no les entrego un millón de dólares me llevan derechito pa'l Humo ... Avise al Padrino pa' que muevan el culo y me saquen de aquí porque estos «hijoeputas» han echado a andar el reloj.

—Alex, escuche... ¿Alex? Le oigo muy mal. Estoy en el Coctel de la toma de posesión del nuevo presidente. Mire la hora, no sé de dónde vamos a sacar un millón de dólares de un momento a otro, ya mismo llamo a la «ofi» para avisar.

—Escuche amiga, mande el coctel ese a la mierda con todos los que están dentro y por favor mija, comuníquese con la oficina y que resuelvan eso, ¡Ya! O mañana el que va a compartir titulares con Peña Nieto voy a ser yo. Él con banda presidencial y yo con esposas.

Aún no recuerdo cómo salí de la fiesta a uno de los corredores laterales del hotel que se veía sin gente. Acceso el pin de la oficina 7 del Padrino y les avisé de que Alex se había comunicado conmigo y necesitaban arreglar el pago para que pudieran soltarlo. Tres minutos después tenía el primer mensaje:

—Señora, que le manda decir el señor que no se preocupe, que ya ellos coordinan pa' que liberen a Panchito. Que la estaremos avisando para que esté al tanto porque quizá tenga que ir usted a entregar esa plata... Y que, gracias por la buena noticia.

No entendía nada. Alex estaba detenido, había que pagar un millón de dólares en cuestión de horas o lo mandaban directamente a las dependencias del D.F. Yo posiblemente tenía que viajar y conseguir un vuelo de madrugada y... ¿era una buena noticia realmente? Difícil de procesar para cualquier persona, pero no así para el Padrino. Así era él y así se manejaban gran parte de los asuntos y problemas del cartel. Comencé a hacer llamadas para ver qué opciones tenía para viajar a Chihuahua y estar lo más cerca del punto de encuentro con Alex. Cuando recibiera la locación exacta iba a jugar en contra del tiempo.

Mientras me averiguaban hasta la posibilidad de un avión privado, regresé al salón del coctel. Aún me temblaban las piernas. Me hablaban y estaba ausente. Mi cuerpo estuvo allí por unos diez minutos más, sonriendo y atendiendo a todo el que me presentaban, pero mi mente, solo podía estar en un lugar... al lado de Alex. Me acerqué a mi socio y le comenté, que había tenido un pequeño imprevisto y tenía que retirarme. Me pidió un auto del hotel y me dijo que le llamara para estar seguro de que había llegado bien a mi departamento. De camino, la persona a la que había pedido ayuda, un prominente abogado mexicano que también estaba ligado a la campaña, me informó que no había ningún vuelo comercial hasta primeras horas de la mañana y que, estaban averiguando si podían conseguir piloto para tener disponible una avioneta. ¡Era una locura!, Casi imposible conseguirlo con tan poco tiempo, y más siendo un sábado de madrugada. Llegué a la casa y me serví otro Vodka. Estaba ansiosa, pero me tocaba esperar. Con la única luz que entraba por mi ventana contemplé la luna. Esa misma luna que quizá Alex estaba mirando desde el lugar donde lo tenían retenido.

A los cinco minutos volvió a sonar mi BlackBerry.

—Señora, que le manda decir el señor que ya todo salió «bueno» y que los hombres del Mayo están entregando el dinero pa' que suelten a Panchito porque «las ranas» estaban nerviosas y no podían esperar pa' la entrega de la plata. Que ya usted no tiene que llevar nada, solo ir a buscar a Panchito al lugar que le digamos y que esté tranquila, que estará ya con los hombres del Mayo.

—¡Ahhh! Señora... y dice el señor que, por favor, le lleve ropa.

Sentí un enorme alivio de que el «Mayo» Zambada hubiera coordinado y pagado el millón de dólares por Cucurrito, que era la forma familiar que tenía de llamar a Alex. En aquel momento, en el «grito de auxilio» del cartel por liberarlo, era el único que tenía el millón de dólares en cash y estaba en la zona. Yo no hubiera llegado a tiempo. Llamé al FBI y a mi abogado para ponerlos al tanto, aún sin la localización de donde tenía que reencontrarme con Alex y los hombres del Mayo. Todo era de locos. Alex había salido de Sinaloa, lo habían detenido por Perú y la marina de EE. UU. se lo estaba entregando a los marines mexicanos en Chihuahua. Bob y Steve no podían creer que agentes de la marina mexicana, aún a sabiendas de que se trataba de Cifuentes, hubieran aceptado un soborno de un millón de dólares para ponerlo en libertad. Esto era a lo que se refería el Padrino cada vez que insinuaba que «con plata todo se podía comprar» y la parte más difícil de entender para el FBI. Las agencias estadounidenses eran totalmente conscientes de la corrupción en la que asentaba su reino, el Chapo, pero no del nivel de esta. Poco a poco iban entendiendo por qué, a pesar de tener información tan precisa, era tan difícil llegar hasta él y casi imposible detenerlo.

Busqué unos jeans, zapatos de deporte, un jersey negro y una chaqueta abrigada. Y metí en una mochila otro cambio de ropa. No necesitaba pasar por el departamento de Alex porque tenía algunas prendas en mi armario. Salí sobre las 10:30 al aeropuerto para abordar al mediodía el primer vuelo a Tuxtla Gutiérrez, casi en la frontera con Guatemala. A pocas horas de allí, se encontraba el lugar que los marines mexicanos habían elegido para el canje y esa era la última indicación que había recibido. El mensaje se completaba con una frase que me heló la sangre.

—Amiga, cuando llegue a Tuxtla, compre unas botas pa' caminar y un machete.

¿Para qué iba a necesitar yo un machete? Quizá era mejor seguir las instrucciones sin hacer demasiadas preguntas. Llegué al pequeño y concurrido aeropuerto de la ciudad rozando la caída del sol.

Era domingo y la mayor parte de los negocios estaban cerrados, por lo que, solo pude conseguir un machete en una de las tiendas abiertas de souvenirs. Muy lejos de la idea de machete que podía tener, el que adquirí tenía una especie de cuerno como empuñadura, con la frase «recuerdo de Tuxtla Gutiérrez» grabado a mano. No era exactamente un machete para intimidar, pero tenía buen filo.

El FBI había movido sus hilos y habían avisado a su contraparte mexicana sobre la liberación de Alex y lo estaban buscando. Cuando salí del aeropuerto busqué a los trabajadores del Mayo, que supuestamente, deberían estar esperándome. En su lugar, había una pareja con un niño en brazos que enseguida se acercó a mí para darme la bienvenida y pedirme que los acompañara. Adán, que era el esposo, me dijo que el ejército y la policía habían establecido un intenso perímetro de seguridad en la zona, y había controles en las principales rutas que comunicaban Tuxtla con otras ciudades, por lo que ellos habían ido al aeropuerto a «recoger un familiar». Así pasamos dos retenes de la policía, incluso, en uno de ellos, sosteniendo yo al pequeño sobre mis piernas.

El viaje se me hizo interminable. Pasamos lo que parecía una reserva natural y nos adentramos más en el bosque. Adán también era un trabajador del Mayo, y a él le correspondía sacarme de la ciudad sin levantar ninguna sospecha. Siendo ya noche cerrada, nos acercamos a una cala totalmente desierta y oscura, como la boca del lobo. Allí se escuchaba gente y lo que parecía ser el motor de una lancha. Me pidieron que me subiera y me despedí de Adán que me había acompañado a la orilla mientras Amelia, su esposa, tenía al niño totalmente dormido entre sus brazos. El viaje en lancha fue de casi otra hora. Con el agua salada salpicándome el rostro y las manos, el frío se hacía aún más intenso. Me ofrecieron una manta para cubrirme y un café con leche que llevaban en un termo. Fue el mejor que recuerdo. Apreté el vaso caliente entre mis dedos y me sentí aliviada. No tenía ni idea de dónde estaba. Solo podía confiar en que aquellos hombres me llevaran finalmente al lado de Alex.

Lentamente, vi cómo nos volvíamos a acercar a la costa, bordeamos a corta distancia una playa y volvimos a adentrarnos hasta la orilla de una cala.

—Hemos llegado señora. José está esperando por usted. Él y un par de sus hombres le van a llevar hasta el señor. Espero en Dios, que todo me la vaya bien.

Desde que había salido de Tuxtla apenas contaba con cobertura en las blackberries. Solo me quedaba esperar. Me ayudaron a bajar de la barca y me empapé completamente los zapatos con una ola provocada por el movimiento de la lancha. De entre unos árboles salió José, se acercó a mí, se presentó y se despidió de sus compañeros que enseguida se hicieron de nuevo al mar para perderse en la distancia.

—Señora, sé que estará usted cansada, pero ya queda poco. Nos toca un último «aliento» pa' llegar al encuentro de don Alex, que ya está también en camino pa' encontrarse con usted, y que viene junto con otro grupo de hombres. El señor dio órdenes expresas de sacar con bien a su ahijado y pues así «tié» que ser mi doña... Ahí le vamos... por cierto, antes de «arrancar», ¿tiene usted las botas en su bolsa?

Obviamente, no las tenía, pero ahora entendía por qué me las habían pedido con tanta insistencia. Había que salir de la lancha por la orilla y hacer lo que parecía iba a ser una larga travesía. Unos zapatos de deporte mojados no era el mejor calzado para adentrarse en el bosque. Caminamos por unos veinte minutos en la noche cerrada e hicimos una breve parada para tomar un café caliente del termo, mientras José se comunicaba con alguien.

—Señora, vamos a echarle un poquito más. Ya estamos muy cerca.

No sé si la emoción de escuchar que ya estábamos cerca, o el propio cansancio acumulado por horas, fueron los causantes de que realmente se me hiciera tan corto. José encabezaba el reducido grupo cuando volvió a pararse y nos pidió silencio. No muy lejos se escuchaban algunas voces. Tomó de nuevo el teléfono y al segundo comenzaron a aparecer destellos de linterna que se encendían y apagaban. Al instante, un hombre con pantalón de camuflaje y ataviado con ropa de guerra, se dejó ver entre los árboles. José salió a su encuentro y acto seguido otros cuatro o cinco hombres también salieron de los matorrales.

—Alex, Alex... ¿estás ahí? No te veo... ¿estás bien?

—Mis ojos, acá estoy. Quédese ahí ya le llego. Dios mío, ¡no pensé que fuera a ver este momento!

José y los hombres del Mayo regresaron dónde nos encontrábamos trayendo a Alex visiblemente agotado y conmovido. Fui corriendo hasta él y nos fundimos en un cálido abrazo.

—Alex, me asustaste. No vuelvas a hacerme algo así. Casi me muero cuando supe que te habían agarrado.

—¡Ayyyyy amiga, es una larga historia! Pero pensé que de esta... sí, no salía. Cuando estaba en ese buque con los gringos... ya pensaba que me había llevado la chingada... Pero salieron burros, y pues ni se enteraron de quién era yo después de tenerme más de dos semanas como muñeco de torta, de barquito en barquito Mija.

—Alex, pero lo que importa ahora es que estás bien y...

—Bien porque Dios existía y estaba en ese barco, Mija. Porque imagine si me salieron «pendejos» que los «culicagaos» estos, pa' colmo, me entregan a las «ranas» que son más corruptos y delincuentes que los delincuentes. Un niño de teta soy yo al lado de esos «manes».

—Bueno Alex, ya me vas a poder contar con calma ahora. Lo que importa es que estás bien y vamos a poder regresar a casa.

—¿A qué casa, mija? A ese pinche puto Ecuador yo ni me asomo. Además, mi compadre me ha dicho que me quede un tiempito por aquí con la gente del Mayo, hasta ver pa' donde le damos después... Yo lo que quiero ahora, es salir de este puto monte y ver una cama de verdad y si usted está a mi lado, pues besar el cielo otra vez, porque ya estoy mamado de infierno mijita.

Caminamos juntos como por quince minutos hasta que nos recogió un vehículo grande todoterreno, seguido por otro un poco más pequeño. José se despidió de nosotros y seguimos el camino con parte de los hombres que habían rescatado a Alex. Recostó su cabeza sobre mi hombro y nos quedamos dormidos hasta que me tocaron el hombro para decirme que el trayecto había concluido. Estábamos en lo que parecía la casa de una finca, blanca y cuidada. En la puerta había apostados dos o tres hombres más, armados con rifles de asalto y una señora de mediana edad, bajita, indígena, que nos saludó y nos preguntó si teníamos hambre. ¿Hambre? Yo al menos estaba desfallecida y hacía horas que mi estómago pedía con un concierto, al menos un bocado.

Saqué de mi mochila la ropa de Alex y se dio un baño mientras yo inspeccionaba por las ventanas del cuarto. Parecía una hermosa hacienda, la estructura de la casa no era tan grande, pero los campos vallados llegaban hasta donde permitía verlos la luz. La casa estaba cálida y tenía ese característico olor a leña del invierno. Cuando Alex salió para hacer varias llamadas, entré yo a la ducha abriéndome camino entre una nube de vapor y olor a perfume. El agua caliente, y ese olor a él, me hicieron olvidar la angustia de las últimas horas.

—Ami, salga a cenar que nos ha preparado un manjar de dioses aquí doña Elenita.

Salí con ropa deportiva y me senté en el mesón de la cocina al lado de Alex y dos de los hombres de confianza del Mayo. Era el lugar más acogedor y caliente de la casa. El olor era tan irresistible como esas cazuelas de barro humeantes en el fogón de la cocina.

—Andrea, pruebe esto que hoy nos hace falta estar «calienticos» y ahogar las penas... Échese conmigo este «sotolito» casero rico y verá cómo dormimos hoy. Hoy hago la excepción pa' brindar por la vida, porque los milagros existen y porque estos gringos sigan siendo tan brutos, carajo... jajajajaja.

A lo valiente, bebí de una y como todos, el vasito de «sotolito». Sabía a tequila, pero más fuerte. Era de esos licores artesanales que debía tener más de cuarenta grados de alcohol, y que te dejaban adormilado el paladar, quizá para no sentir el chile con carne asada que había preparado doña Elenita y que colocaron en unas tortillas caseras recién salidas del fuego. Había guacamole casero, «asadero» (que es un queso muy típico que se deshila en ebritas) y la tradicional carne seca revuelta con huevo que estaba simplemente deliciosa.

Comimos y bebimos hasta casi desfallecer. Todos menos Alex, que por su problema en el páncreas, solo tomó el vasito con el que brindó. Estábamos tan cansados que caímos rendidos, fundidos en un abrazo. Esa noche, Alex no necesitó su pastilla para conciliar el sueño. Habían sido muchos kilómetros andando, muchas horas sin dormir y muchas emociones. Dormimos durante horas sin ni siquiera atender el canto del gallo. A la mañana siguiente sonó varias veces el teléfono hasta que, en uno de los de Alex, un sonido especial le hizo tirarse literalmente de la cama.

—¡Compadre! Sí, estoy bien... Bien amigo... Me han tratado muy bien... Está bien compadre, está bien. Así lo haré. Si usted quiere, pues me quedo unos días. Tranquilo señor... ahí estamos hablando pués. Se me cuida compadre.

Era el Padrino. También para él habían sido muchas emociones juntas. Habían apresado al hermano de Alex en Venezuela justo un día antes de apresar a Alex en alta mar. Había estado «literalmente» desaparecido en un buque de los EE. UU. por semanas y entregado a la marina mexicana en un punto cercano a Chihuahua... Era muy sospechoso. Si algo tenía el Chapo, es que era desconfiado. Por su cabeza pasaba la posibilidad de que en ese buque lo hubieran convencido de cooperar. ¿Qué pasaría si Panchito ahora, para ganar inmunidad para él y su familia, se hubiera convertido en informante? Solo la idea le aterraba, pero no podía estar seguro. Por eso, lo mejor, era poner a Alex en «cuarentena». Dejarlo aislado a la espera de acontecimientos y... ¿qué mejor forma de hacerlo que dejarlo en Chihuahua vigilado por el Mayo y sus hombres? Yo me quedé con él cuatro días más, pero, también a mí me aterraba ser la única persona a su lado si algo pasaba. Una mañana, ya bien echado el mediodía, le llevé a la cama un chocolate casero que había preparado doña Elenita con unos panes dulces recién horneados. Tenía que decirle que me regresaba al D.F. Ni siquiera me había podido comunicar con el FBI desde que les escribí para informarles que estaba con Alex después de ser liberado. Lo besé para despertarlo y abrí un poco las pesadas cortinas del cuarto.

—Vamos, *Bello Durmiente*. Hace un día hermoso para dar un paseo antes del almuerzo, fresco y soleado. Aprovechemos antes de que me vaya. Quiero disponer todo para regresar al D.F. mañana.

—Buenos días mija... ¿cómo es eso que usted se va? ¿Dónde? ¿No irá a pensar dejarme aquí «cagado» con esta gente en la «loma del culo» yo solo...? Y, ¿cómo pa' qué se tiene usted que ir?

—Alex, quieren que regrese antes de Navidad a Ecuador a echarle el ojo al Capi. Además, usted sabe que yo ya le había dicho que tenía que pasar la Navidad con mis padres allá en Colombia, y para que eso suceda, tengo que ver qué está pasando realmente en Ecuador y regresar a México a informar al Padrino. Alex, yo no sé cuánto tiempo más vaya a estar usted aquí.

—Pues yo tampoco, pero esto lo voy a resolver hoy. Si usted se tiene que ir, hágase, lo que menos quiero yo ahora es que ese «culeado» del Capi se mande la cagada y usted no haya estado al pendiente. ¡Dele pues...! Que ya se me está haciendo la boca agua con este chocolatico que me traía con los panes pa' endulzar la «agrura». Usted si me salió lista, ¿eh?

Dispuse todo para marcharme al D.F. Mientras, los planes de Alex de regresar a Culiacán fueron totalmente infructuosos. El Padrino simplemente no quería recibirlo. Pasaron al menos dos semanas más desde que yo me fui, para que Alex recibiera el mensaje de volver a viajar hasta «Terra», que era otro de los nombres en clave, además de «19», para referirse a Culiacán. Era un mensaje del Mayo.

—Cucurrito, vaya alistándose que mi compadre quiere que le llevemos de regreso pa' Terra y salimos esta tarde sobre las 5 pm pa' que nos coja el viaje con noche.

Hicieron el viaje por tierra con los hombres del Mayo y llegaron de mañana a Terra. El Padrino lo estaba esperando, a juzgar por los intensos anillos de seguridad para llegar hasta la casa. Lo saludaron efusivamente sus hombres de confianza y entró por el garaje a la puerta que daba a la cocina y donde estaban instaladas todas las cámaras que vigilaban la propiedad.

—Panchito... compadre..., ¿cómo estás? Qué bueno volver a verte, mijo.

El Padrino se había levantado a saludar a Alex, pero cuando lo tuvo de frente y estrechó su mano, acercándose para darle un abrazo, algo lo detuvo y dio varios pasos hacia atrás. Alex y hasta sus hombres de seguridad se quedaron totalmente confundidos cuando al Padrino le dio un ataque de pánico y salió blanco y sudoroso de la habitación.

—Nariz, ¡nos vamos! ¡Vámonos ya, carajo...!

Salió literalmente corriendo, mientras a toda velocidad, llegaba uno de los coches a buscarlo entre el revuelo de su gente. Nadie sabía lo que estaba pasando. Solo él. Después le contaría al propio Alex que pensaba que mientras había estado detenido en el buque, podían haberle dormido e introducido un microchip con GPS para saber su localización exacta. Aparentemente y según la versión del Padrino, en el momento en que fue a abrazarlo, sintió que podía tener varios helicópteros y agentes yendo a «agarrarlo» y el pánico le obligó a salir corriendo. Yo me enteré de este «circo» cuando ya en Ecuador, Alex me llamó de emergencia con otras de esas situaciones surrealistas a las que ya comenzaba a acostumbrarme:

—Amiga, ¿cómo está? Mire, necesito un favorcito suyo urgente. Necesito una clínica o un doctor que pueda hacerme unos rayos X, o un scanner, pero pa' ayer mija. Lo antes que pueda.

—Pero ¿qué pasa Alex? ¿Te sientes mal? ¿Tienes algún problema de salud? ¿Hablaste con la doctora?

—No mija, ¡qué doctora, ni que salud, ni que ocho cuartos...! Me está mandando el señor... Necesito una clínica donde pueda ir ya pa' hacerme un scanner y demostrarle que no tengo nada dentro. Mi compadre se ha vuelto loco y no me va a volver a ver hasta que no pueda comprobar que no tengo un microchip o un GPS en alguna parte de mi cuerpo. Acá en Culiacán no hay ningún sitio que tengan el aparato ese, pero hay que hacerme esa revisión a la velocidad del rayo o el rayo me va a partir a mí en dos, cabrón.

—Déjame ver Alex. Ya te llamo para contarte, déjame averiguar...

Colgué y no sabía si reír o llorar. Si para mis estas situaciones eran de película, cada vez que tenía que informar sobre ellas al FBI eran aún más sarcásticas, porque los agentes no podían entender absolutamente nada, mucho menos cuando escuchaban ciertas conversaciones... Me pidieron que cuando averiguara el lugar exacto donde pudieran hacerle el scanner se lo notificara de inmediato. Me puse a buscar clínicas privadas y hacer varias llamadas, y cuando por fin me recomendaron un doctor y llamé a Alex, no me contestaba el teléfono. Un par de horas después, el propio Alex me escribía para contarme, que nada más colgar conmigo, tal era la paranoia que tenía el Padrino, que lo recogieron sus hombres para llevarlo a un médico que tenía una práctica privada en Mazatlán y que, después de hacerle unos rayos X, determinó que no era necesario scanner y que Alex estaba «limpio» de ningún microchip en su cuerpo. Solo con ese diagnóstico pudo regresar a Terra, donde esa misma noche el Padrino se acercó para volver a abrazarlo, esta vez, confiado de que Alex seguía siendo su Panchito, su hombre de mayor confianza, su prenda viva, pero también su parte más alegre. Tuvo muchas ocasiones para matarlo, pero nunca lo hizo, porque en el fondo lo apreciaba. Ni el FBI pudo discernir nunca la relación que los unía. Alex era peligroso para el Chapo y este lo sabía, pero simplemente, no lo podía hacer «desaparecer». Prefería tenerlo cerca en esa especie de secuestro «concertado» que dejarlo volar.

En la soledad del monte, en los largos periodos de encierro, en las decisiones importantes, Alex, era el amigo, la persona que lo acompañaba y hacía reír. Siempre celebraba con carcajadas sus ocurrencias y celebraba la inteligencia con la que imprimía cada una de sus iniciativas y operaciones de negocio. Él era el cerebro de muchos de los negocios del Chapo, incluyendo la película, pero también el causante de muchas situaciones divertidas que les hacían evadirse de la monotonía de tantos días de encierro. Alex era tan loco que podía «enamorarse» de una mujer y regalarle una avioneta con su nombre a las pocas horas de haberla conocido, o de inventarse bodas falsas en medio del monte, con uno de sus hombres vestido de sacerdote y el propio Padrino como padrino. Lo hicieron no una, sino varias veces, divirtiéndose de lo lindo engañando a esas pobres incautas que se creían haber agarrado a la presa, sin darse cuenta de que ellas eran las cazadas y nunca realmente casadas.

Así, tratando de buscar con qué divertirse, pasaban gran parte del tiempo en el que no tenían nada que hacer. Al principio, siempre creí que ocuparían lujosos apartamentos y casas maravillosas rodeados de todos los lujos como muchos de mis amigos colombianos que también eran narcotraficantes. Sin embargo, la vida del Padrino y de Alex era muchísimo más austera. Ser el narcotraficante más buscado del mundo tenía sus ventajas, pero también una enorme lista de inconvenientes. Vivían desconfiados, sin paz. Cualquiera podía traicionarlos. Las nóminas para pagar a los «soplones», a los mandos corruptos de la policía, al ejército, a los políticos de buen nombre y pésima reputación, a algunos seudo-cantantes que lavaban plata y a los que yo misma saludé en las reuniones del D.F., mermaban considerablemente las entradas de dinero... Por eso, el Padrino siempre lo decía:

—Ayyyyy ahijada... si yo quisiera hablar tendrían que construir una cárcel al lado de donde a mí me pongan pa' meter a todos estos

«Santos» a los que por años yo he estado pagando sus casas, sus coches, sus viajes, sus posiciones políticas, sus amantes y hasta sus putas.

La lealtad era por eso la virtud más apreciada por el Padrino y Alex se lo demostró siempre que estuvo a su lado. Quizá por eso decidió quedarse en Terra, en lugar de regresar al bullicio del D.F. cuando se lo pidió. La Navidad estaba muy cerca, pero restablecida la confianza, prefería estar cerca de su compadre que estaba feliz de haber rescatado a su «Panchito».

—Ahora sí, ahijado. Ahora hay que darles con todo a estos gringos. Llamen al escritor para que haga desde ya, este capítulo pa'l libro y esto tiene que salir también en la película... De buenas, mijo... ¡Qué cabrones somos... que le tuvieron a usted ahí plantáo en sus narices y lo dejaron ir! ... Ahora sí. Entonces a trabajar.

Ecuador: Resuelto el misterio de la maleta roja

Mientras tanto yo seguía por Ecuador. Tras esa breve escala en Canadá para conocer a mi abogado, negociar mi cooperación y conocer al RCMP, realmente había estado poco en el Distrito Federal. Había tenido que salir como Cenicienta del coctel de investidura de Peña Nieto a buscar a Alex a Chihuahua, y de regreso, solo había estado un par de días antes de que el Padrino volviera a enviarme a Guayaquil a vigilar al Capi a pocas semanas de la Navidad.

Desde allí me tocaba también supervisar el material del libro, porque el Padrino, emocionado, había pedido a Javier, el escritor, que además de escribir el capítulo de la liberación de Alex, les diera más color y romanticismo a sus páginas.

—Ahijada, pues si está bien... y lo que dice el escritor está bien chingón, porque es la verdad, pero, pues que a esto le falta como que color. No sé... Brillo. Así que como romanticismo, alegría y mujeres bonitas...

El Padrino siempre fue, a diferencia de lo que a veces se ha dicho, un hombre muy respetuoso con las mujeres. Educado y un romántico empedernido, pero en su época, antes de conocer a su última esposa, un mujeriego amante de las mujeres bonitas. A pesar de que sus hijos reconocidos superan la docena, en círculos cerrados siempre se especuló con el número. Muchos aseguraban que eran ochenta y ocho, la mayoría engendrados con mujeres de Culiacán y el entorno donde se movía. De hecho, a mí me había tocado presenciar uno de estos episodios cuando una tarde, después de cenar, los hombres de confianza del Padrino lo llamaron para decirle que habían atrapado a «dos enemigos». Dos muchachos que se habían metido en problemas con alguien del pueblo y los tenían amarrados para cuando uno de ellos grito, que era hijo del Padrino.

—Señor, atrapamos a un par de bandidos «pa' pasarlos a mejor vida» pero uno dice que le diga que es hijo suyo.

—Y, ¿es así bonito como yo? Dígale que cómo se llama su madre y que dónde vive y me trae razón ahorita.

Regresó donde estábamos sentados Alex y yo, y con esa peculiar voz chillona que lo acompaña, nos dijo en tono jocoso:

— Bueno, ahijados, y qué a estas alturas me salió otro hijo. Ahora me lo van a traer a ver si este también me salió inteligente y bonito pa' que trabaje por aquí y ayude.

Por muy inverosímil que resulte, la realidad superaba cualquier ficción. Sin ser un Adonis, las mujeres se morían por conocerlo. Algunas para «comprarle la casa a la mamá», o el auto de moda, o ese reloj o joya que las subiera de status social a simple vista. Pero también había mujeres que simplemente se volvían locas sin plata de por medio. El negocio «oficial» de acercarle mujeres lo llevaban dos personajes muy conocidos en estos «menesteres» que llevaban años operando desde Bogotá. Dos gays, que a cambio de suculentas comisiones, ofrecían un amplio listado internacional de mujeres bonitas, modelos, reinas de belleza, actrices o presentadoras a hombres de negocios, políticos o narcotraficantes. Ellos hacían el contacto y se encargaban de coordinar los encuentros. En el caso del Padrino y de Alex, era delirio por las reinas de belleza de donde fueran... ¡Así fueran reinas del pueblo! O... si aún no habían logrado la corona, pero estaban en el concurso, comprarla al precio que fuera.

Él tenía una personalidad arrolladora y con eso es algo con lo que se nace. Humilde, de las Tunas, un delincuente y un narcotraficante, pero también alguien que de primera mano ayudaba a mucha gente que se sentía rechazada y abandonada por el gobierno. Él podía tratar con un presidente y con la persona más humilde del mundo. Desde esa gente cercana a los Pinos, hasta a la Sra. que le cocinaba o le hacía las tortillas. Sin saber escribir o hablar correctamente, su voz se dejaba escuchar. Quizá ahí radicaba gran parte del éxito del Chapo... por eso quería que los episodios más simples de su vida y los que la gente desconocía, se contaran en el libro con mayor color, alegría y romanticismo.

Resuelto el tema con Javier el escritor, me tocaba concentrarme en la razón que me había llevado de nuevo a Ecuador: Descubrir si el Capi estaba o no detrás de la muerte de Raúl, el muchacho de confianza del Padrino y la desaparición de la coca y la maleta con el dinero. El Padrino jamás confió un segundo en él y estaba seguro de que era culpable. Solo tenía que seguirle los pasos y acercarme a él y sus hombres hasta que cometieran un error que pudiera delatarlos. Algo que no me fue difícil. Una tarde, anticipándome al bullicio de los «malls» en Navidad, salí a hacer unas compras al mall del sol, uno de los mejores lugares por aquella época. Julio el caleño, uno de los hombres del Capi con quien tenía más confianza, porque los dos éramos colombianos, insistió en acompañarme. De camino me preguntó si me importaba que fumara un «churro» y sacó un cigarrillo de marihuana que comenzó a fumar mientras conducía con las ventanas abiertas de adelante. En solo unas calles, ya me había contado sus amores, desamores y lo que le había empujado a dejar Colombia para trabajar al lado del Capi, cuando cometió una pequeña imprudencia hablando más de la cuenta.

—Mire señora, esto es Guayaquil. Y aquí vienen esos mexicanos de Culiacán con ese pasaporte y esas «fachas», e imagínese usted... Calentura total... Todo el mundo al pendiente de ellos... Imagínese usted el «visaje» con ese Raúl con su pasaporte y encima con una maleta roja.

Reconozco que yo no di mucha importancia al comentario, pero mientas estaba ya en una de las tiendas comprando una camisa para Alex, como si me hubiera escuchado, me llamó para saber en qué andaba. Era obsesivo y había que contarle prácticamente todo lo que pasaba en el día con sus distintos protagonistas. Sin más, le conté que estaba con Julio y la conversación que habíamos tenido. No me enteré de la gravedad hasta que Julio, completamente blanco, vino donde estaba para increparme:

—¿Cómo es posible que me haya metido en este problema? El Capi está furioso y me van a matar. Usted no es amiga de nadie. ¿Se puede saber qué les ha dicho?

—Primero, bájele la voz y a mí no me grite Julio. No sé de qué me está hablando.

—¿Cómo qué no? ¿Usted no llamo al señor en México y le contó nuestra conversación? Pues ya llamaron al Capi para pedirle explicaciones y el Capi quiere que yo vaya de inmediato pa' saber qué carajo le conté.

Le pedí a Julio que no me esperara y se fuera a ver al Capi, no sin antes asegurarle el que yo no había dicho absolutamente nada que pudiera comprometerlo. Un poco más tranquilo se retiró y mandé un mensaje a Alex.

—¿Se puede saber cómo es posible que seas tan chismoso? Alex, ¿qué demonios dijiste? Me has creado un problema enorme con esa boca de «portera» que tienes.

—Amiga, no dije nada. Simplemente, lo que usted me contó, pero el Padrino me acaba de decir que salga del mall y se vaya al centro, que le va a llamar en diez minutos.

Así fue, salí a toda prisa del mall y me dirigí por una de las avenidas a un restaurante cafetería muy concurrido del centro, donde recibí la llamada del Padrino que me pedía, le dijera de primera mano lo que me había contado Julio. Cuando lo hice me aseguró que ya no tenía dudas de que el Capi y sus hombres habían estado tras la muerte de Raúl, porque nadie sabía que la maleta que contenía el dinero, y que Raúl tenía escondida hasta efectuar la transacción, era roja.

—Ahijada, ese Capi es una rata. Ya se destapó la olla. Ya no tiene nada más que hacer allí. Se me devuelve ya de inmediato en el primer «tickete» que haya para México... Se me vuela de ahí, ¡ya! Esta rata apestosa mató a mi muchacho pa' quedarse con los millones y la tonelada de merca. Y, si fue así... ya le va a tocar.

Al minuto, Alex volvió a llamarme. Había estado escuchando la conversación a un lado del sillón.

—Andrea, el Padrino tiene razón. Es mejor que se regrese ya a México. A Culiacán o al D.F. Elija. Esto no se va a quedar así. Ese «hijoeputa» las va a pagar en algún momento. Ahora no porque lo necesitamos «tranquilito», pero ese «mal parido» va a pagar haberse creído tan listo. Ahora mija, despídase bien querida y formal de ellos que nadie le va a tocar porque ya saben que estamos con la «mosca en la oreja» y van a estar bien «mansitos». Solo avíseme pa' donde tira... creo que sería una buena oportunidad que aprovechara el Miss Universo para reunirse con los organizadores. ¿Qué le parece?

Capítulo 6

Unas Navidades de infarto

Viaje relámpago a Las Vegas, quiero Miss Universo en Mazatlán

No me hizo falta pensar mucho. Si hubiera ido a Culiacán me hubiesen insistido para pasar las fiestas allí, pero yo necesitaba ir a Medellín para hablar con mis padres, y contarles, por primera vez, el lío en el que estaba metida. Además, en solo día y medio se iba a celebrar el concurso de Miss Universo en las Vegas y Alex, en otra de sus «brillantes» ideas, le había sugerido meses atrás al Padrino lo bien que se vería celebrar ese importante certamen en Mazatlán. La imagen del glamur de tanta gente importante y mujeres bellas, además de la atracción de los ojos del mundo sobre este lugar de México donde él imponía su propio reinado, le hicieron comenzar a soñar despierto. Estaba feliz y completamente convencido de que sus compadres le ayudarían a poder llevar un acontecimiento de tal magnitud a las gentes de Mazatlán. Por supuesto, ellos estaban en su jaula virtual y a mí me tocaba desplegar las alas y conseguir los contactos para hacerlo posible. Por eso, y a pesar de que no les gustaba que yo saliera de México y menos a EE. UU. habían accedido a que aceptara la invitación de los dueños de una de las franquicias de presentarme a la presidenta del concurso, Paula Shugart y al vicepresidente de negocios Shawn McClain. Por supuesto, ninguno de los dos tenía la remota idea de quién era yo, y mucho menos, quien podía estar detrás de querer pagar por llevarse la sede del certamen.

En esta ocasión, además, estábamos patrocinando a una de las misses. Auspiciar reinas y misses era una práctica muy común en el mundo del narco. Desde la Reina de la Guayaba hasta una o varias candidatas a Miss Universo. Cuando las chicas eran elegidas en sus distintos países, comarcas o municipios y tenían que conseguir los fondos para concursar en certámenes de mayor envergadura, algunas de ellas, carentes de recursos, usaban el auspicio como trampolín. Quienes manejaban las franquicias en cada país estaban bien conectados, y algunos, a través de maquilladores, estilistas o en ocasiones tomando ellos mismos «la batuta», ofrecían a sus chicas en busca del patrocinio. En el tiempo que estuve trabajando cerca de Alex, siempre auspiciamos reinas y varias concursantes a Miss Universo. Era su obsesión y la obsesión del Padrino, pero también la de otros narcotraficantes que en ocasiones y como se señaló en medios de prensa en Colombia, llegaron a amenazar a los miembros del jurado y a comprar a otros jueces para conseguir para «sus chicas» la ansiada corona. Pero la atracción por las reinas no era exclusiva de los grandes líderes del cartel, sino también de muchos de sus allegados. Por estas mismas fechas, el «Cholo» Iván, el temible brazo derecho y jefe de sicarios del Chapo, había perdido a su novia, una reina de belleza de Sinaloa de tan solo veintidós años, en un enfrentamiento con los militares que trataban de capturarlo. Supuestamente, la chica había salido del auto con una pistola en la mano, pero el Cholo, que estaba devastado, había mandado llenar los municipios de Culiacán, Guamúchil y Mocorito con carteles y volantes que decían:

—«General Gurrola:

Atemorizaste y mataste a María Susana Flores con solo veintidós años y todavía sigues matando gente inocente...

Atentamente:

El «Cholo» Iván».

Como ocurriera realmente... el incidente no quedó claro, pero lo que sí se puso de nuevo de manifiesto era la relación entre otro narcotraficante con otra reina de la belleza. Desgraciadamente, a pesar de que los organizadores se esforzaban por resguardar el buen nombre de los concursos con reglamentos y políticas que prohíben y castigan la intermediación del narcotráfico, no hay nada que puedan hacer realmente para impedirlo. En este caso, yo misma me iba a presentar a Paula y a Shawn como la representante o emisaria, de un grupo de inversionistas interesados en que Mazatlán, pudiera ser la sede de Miss Universo. Ellos accedieron a conocerme sin ni siquiera tener un indicio de que «esos inversionistas» fueran nada menos que el cartel de Sinaloa.

En aquel momento, ya estaba colaborando con el FBI y ellos tienen las grabaciones de muchas de esas llamadas y mensajes. De hecho, los organismos de inteligencia son perfectamente conscientes de que los Certámenes de belleza son una de las mejores «lavanderías» de los carteles de la droga. A través de la financiación del vestuario, entrenamiento, peluqueros, estilistas y la financiación de la estadía de la comitiva que acompaña a las chicas, se lograban lavar enormes cantidades de dinero. En el caso de los concursos de reinados locales, muchos de los atuendos de las candidatas son comprados en el exterior y al entrar al país, se declaran costos muy superiores a lo que realmente tuvieron que pagar.

Además, tener una reina o una Miss pagada por un narco o un cartel las convierte, de alguna forma, en una especie de relaciones públicas para ellos, como intermediarias para sus negocios o simplemente como carnada. Que me lo digan a mí... Sí, yo misma, en carne propia, lo viví desde el momento en que concursé para reina y siendo casi una niña, uno de los narcos más fuertes de Medellín decidió tomarme bajos sus alas. Yo también me cegué con los destellos de la opulencia y fui una de esas acompañantes en noches de restaurante y de copas, donde además de compañía, me ofrecían entre el dos y el cinco por ciento de cada negocio que lograba cerrar.

Yo soy hoy el resultado de ese ayer. Quizá por eso me es tan fácil moverme en este mundo tan difícil de descifrar para otros, con la agilidad y destreza de un pez en el agua.

—Amiga, no vaya a pensar que se me va de joda. Entrada por salida y no se me vuelva la cabra loca con esos gringos por allá y esos maricones fiesteros amigos suyos que lo que les gusta es la rumba y el trago... ¡Pilas mija...! Y a lo que va... El Padrino dice que no hay problema. Que salga y que traiga razón de cuánto cuesta ese pinche concurso y que él ya después arregla pa' pagar con el Mayo y los compadres los millones que le digan. ¡Ah! Y tráigale al Padrino alguna reina de esas bonitas, de un país terrorista, de por ahí de Pakistán o Afganistán, de esas que no quieren los gringos. Pero bien bonitas.

—Y ya sabe usted, mija... Bien portadita... en contacto pa' que me cuente y sin probar trago, que luego se me enloquece y me veo teniendo que mandar a rescatarla de un casino y de un Robert Redford de esos pagando un millón por «culearla».

—¡Alex! ¡Usted sí es burro, eh! ¡A mí me respeta...! A mí no me culea ningún «man» por un millón, aunque... si fuera un Robert Redford y pa' que se vaya enterando... me lo gozaría bien rico. ¡Y ni mierda lavaría mi honor comprando con esa plata un hipopótamo...! No mijo... ahí se jodió solito.

—Ayyyy. Sacó el genio la Secre... jajajaja... Pues nada, aprete las nalgas, muñequita y «a lo que le cruje», chencha.

—Jajajaja... No sé qué me ha querido decir con eso, pero yo también lo quiero... Deje ya el sermón que no voy a llegar, más, aún tengo que comprar el ticket, resolver que me voy a poner y hacer el equipaje.

—Está bien, está bien... Se me cuida, Demi Moore... Pilas y a tantear terreno.

Ese día Alex estaba con más ganas de hablar de lo habitual y eso que siempre tenía un tema de conversación o una situación de la que agarrarse para hacer el chisme o el chiste. Era un personaje totalmente distinto a la imagen que los medios de comunicación proyectaban de él. Risueño, irónico, tierno, muy divertido y ocurrente. Creo que era tan impredecible que ni él mismo sabía cómo era. Desgraciadamente, con el tiempo descubriría también, esa otra cara que difícilmente mostraba. La de un hombre frío, calculador y maquiavélico, capaz de pagar un millón por acabar con mi vida.

Llamé a uno de mis amigos estilistas y le pedí que me ayudara con el traje de la Gala de Miss Universo, donde iba a reunirme brevemente con la presidenta y el VP del Certamen.

Esta oportunidad de viajar a EE. UU. era además la excusa perfecta para que, una vez en las Vegas, el FBI pudiera volarme hasta Atlanta para mantener una reunión antes del paréntesis de Navidades. El ritmo era tan acelerado, y las situaciones y personajes tan diversos, que necesitábamos sentarnos para poder explicarles y que tomaran sentido muchas de las transcripciones. Atados todos los cabos, me dispuse a hacer mi maleta para viajar temprano, en el primer vuelo de la mañana a Guadalajara y de Guadalajara a las Vegas. Tenía el tiempo perfectamente calculado para llegar al hotel, vestirme y asistir a la ceremonia de coronación antes de la Gala. Sin embargo, no contaba con los imprevistos.

Pasé los dos vuelos poniendo en orden todas las reuniones, tiempo y lugares donde se habían producido, para tenerlo claro antes de mi encuentro con el FBI. Hecha la lista, guardé mis anotaciones y pedí que me sirvieran un Vodka con soda y mucho limón. Necesitaba con urgencia ese trago, que me relajó al instante y que apuré sin apenas enterarme. Estaba segura de que el momento de pasar por inmigración no iba a ser fácil y necesitaba estar serena.

Pedí otro trago y me acerqué a buscar un sándwich y una bolsa de chips.

Cuando llegué a la terminal y mientras me acercaba al puesto de control, las piernas me temblaban. El aeropuerto de las Vegas estaba aún más concurrido de lo habitual, como antesala del Miss Universo. Se veían periodistas con sus equipos y lo que parecían las comitivas de algunas Misses a juzgar por las pancartas enrolladas. Hasta sonreí cuando pasaron a mi lado una pareja de recién casados al más puro estilo Las Vegas con la resaca aun de las copas desmedidas y varios posters de Elvis.

Al entregar mi pasaporte ocurrió lo que imaginaba. Después de preguntarme, qué iba a hacer en Las Vegas y por cuanto tiempo iba a ser mi estadía, se encendió una luz roja sobre mi cabeza y comenzaron a aparecer oficiales.

Uno se llevó mi pasaporte y el otro me pidió que lo acompañara. Me llevaron a un cuarto sin ventanas atestado de gente, en su mayoría latinos, y donde había una mamá tratando de calmar a su bebé del llanto. Vi cómo colocaban mis papeles en una de las ventanas y me pidieron que me sentara. Frente a mí, había varios carteles que alertaban de que estaba prohibido hacer fotos y usar los teléfonos, y otro, invitando a prevenir las enfermedades contagiosas declarando si había estado en algún país en la lista. Si no podía usar el teléfono, ¿cómo diablos iba a avisar al FBI sobre lo que estaba ocurriendo? Me levanté para tratar de informarlos y no había terminado de acercarme al mostrador, cuando un oficial, de muy mala manera me gritó que regresara a mi asiento hasta que tocara mi turno. Un turno que, a juzgar por la lentitud de los dos agentes y la gente que tenía por delante... prometía demorarse.

Cuando por fin dijeron mi nombre, salté de la silla, y de forma apabullada, les pedí que se comunicaran con el FBI, que ellos sabrían explicarles mejor lo que estaba pasando. El oficial se retiró de su asiento y pasaron más de treinta minutos hasta que regresó para decirme, que ya estaban haciendo las llamadas y trámites pertinentes, pero, que no podía moverme mientras tanto del cuarto. Me pidió que volviera a tomar asiento y me aseguró, que él mismo, me llamaría cuando estuviera resuelto.

Miré a mi alrededor, tras lo que me volví a dejar caer abatida en la silla, para asistir a la muerte lenta y agónica de las horas, y a la idea de no llegar a la coronación que comenzaban a anunciar en uno de los monitores de televisión del cuarto. Por fin, el que parecía un supervisor, llegó hasta mí, me pidió disculpas por las horas de espera, y me entregó mi pasaporte. Estaba libre para poder salir del aeropuerto, pero ¿cómo lo iba a hacer?

La ceremonia de coronación estaba por terminar y yo aún no había pasado ni a cambiarme. Además, ninguno de mis amigos con los que me iba a quedar estaban en el hotel y en la ceremonia, no estaban contestando los teléfonos. Para colmo de males, yo no tenía una tarjeta de crédito. Siempre me movía con cash y para hacer cualquier reserva necesitaba una tarjeta para que cobraran las incidencias de la estadía. Sin esa tarjeta, no me iban a alquilar ninguna habitación en el Marriott, por lo que me tocó conseguir una habitación en uno de los moteles de camino al Planet Hollywood Resort y Casino donde se celebraba el certamen.

Aún no sé cómo lo hice, pero logré alisarme un poco el cabello, ponerme pintalabios y sacar de la maleta la estola de piel que pensaba usar con mi vestido largo, y unas botas altas de tacón, que combinaban con los pantalones negros que llevaba. En diez minutos, estaba de nuevo en camino a la Gala.

Al llegar, coloqué mi estola de piel sobre la blusa roja y salí del coche convencida de que, si había logrado llegar hasta ahí con todo lo que me había pasado, los milagros definitivamente existían. Entré en la fiesta y traté de buscar a mis amigos y al que manejaba una de las franquicias, el cual me iba a presentar a los directivos de Miss Universo. Entre la multitud, lo vi rodeado de un corro de gente, entre los que también estaba Donald Trump, entonces dueño del concurso. Mi amigo me miró, sonrió y vino hasta mí para abrirme camino hasta donde ellos estaban.

—Por fin, Andrea. Ya pensaba que no venías.

—Ufff, no amigo para nada. Tenía que llegar. Esa reunión es muy importante para mí. ¡No se imagina la cantidad de imprevistos! Hasta olvidé mi tarjeta con las prisas y tuve que conseguir una habitación de motel.

—Pero, ¿cómo es posible...? Pobrecita... Tenías que haberme llamado. Ahora, no te preocupes y trata de disfrutar de la fiesta. Más tarde mandamos a buscar tu maleta y yo te regalo la noche en nuestro hotel.

Había tenido que mentir porque estaba segura de que en algún momento iban a querer regresar todos juntos, o me iban a preguntar dónde me estaba quedando. Era preferible dibujar la realidad, a tener que salir como Cenicienta antes de que dieran las doce y se rompiera el hechizo. Este amigo, había tenido toda la vida la franquicia de Miss Universo en su país y conocía bien a Paula y Shawn. Me tomó de la mano y abriéndose camino entre muchos de los asistentes, haciéndose fotos con las misses, llegamos donde estaba el vicepresidente del certamen.

Shawn era un hombre alto, de pelo oscuro y extremadamente atractivo. Su mirada y su dicción resultaban encantadoras. De su impecable traje azul, destacaban unos llamativos calcetines, que para quienes lo conocían, sabían que era su nota más distintiva. No había duda de que a juzgar por la forma en que se saludaron y me presentaron, se conocían bien antes de presentarme a Paula, la presidenta de Miss Universo. Me preguntó si no quería beber algo, y me acercó, casi sin medir palabra, una copa de Champagne. Conversando con él, mi amigo llegó por fin con Paula Shugart, una mujer elegantísima de rasgos muy dulces, pero una personalidad arrolladora. Me presenté cómo la encargada de averiguar los detalles de la compra de la sede del Miss Universo, para un grupo de inversionistas dedicados al sector turístico, y se comieron el cuento. Después de hablar brevemente, me entregaron sus tarjetas y quedamos en que daríamos seguimiento a lo hablado.

Nunca sucedió. Ellos ni siquiera supieron jamás a quién representaba. La idea no llegó más lejos de este viaje a Las Vegas y mi posterior conversación con Alex y el Padrino. Me retiré al motel como a la hora de estar allí, porque a la mañana siguiente, tenía que volar muy temprano a Atlanta para mi reunión con Steve y Bob. Ya todas las reservaciones estaban hechas por ellos y el viaje estratégicamente planeado, para usar al máximo el poco tiempo que teníamos y no levantar sospechas. Yo estaba «ganando» ese día porque le había dicho a Alex que la fiesta no era un lugar para hablar y la reunión con Miss Universo estaba pautada a la mañana siguiente. Para que todo «cuadrase» aún mejor, le había notificado, que para volar a Colombia, donde acordamos que pasaría la Navidad, solo había disponible un vuelo con escala: Las Vegas–Atlanta; y Atlanta–Bogotá.

El vuelo se me hizo muy corto y solo miré por la ventana cuando el piloto dijo que estaba nevando. A mi llegada, un coche ya me estaba esperando para llevarme a un céntrico hotel del Downtown. La nieve comenzaba a amontonarse en los espacios verdes de acceso a la ciudad, y en las carreteras, las máquinas quitanieves trataban de aliviar el denso tráfico. Como siempre que me reunía con ellos, me pidieron que al llegar al hotel tuviera discreción absoluta. Abajo había un agente encubierto apostado cerca del ascensor y en una suite de la tercera planta me estaban esperando Steve, Bob y el traductor. Paul, mi abogado, había decidido quedarse en Miami porque era un día antes de Navidad. Los aeropuertos estaban saturados de gente y había considerado, que por unas horas, su presencia no justificaba la inversión, ni el precio del boleto, ni el tiempo que tenía que dejar de asistir a otros casos en estas fechas tan señaladas. Reconozco que no me gustó y sentí una especie de abandono de la única persona que en ese momento consideraba mi aliado. Respiré hondo y comenzamos la reunión, la cual, solo interrumpimos brevemente para comer lo que habíamos pedido al servicio de habitaciones.

Cuando concluimos, por fin sentí que Bob y Steve dejaban de verme solo como una «party girl» frívola y una narcotraficante. Hubo algo en sus caras, en sus medias sonrisas cuando nos despedimos, que me hizo pensar que comenzaban a confiar en mí. Salí de la habitación, me cerré el abrigo y salí a la puerta del hotel para sentir el aire helado en mi rostro mientras el conductor acercaba el auto. Era uno de esos días plomizos de invierno, donde el frío y la nieve cortaban los cachetes. Había sido una reunión muy positiva y estaba a un paso de volver a abrazar a mis papás, pero... como todo en mi vida, tampoco esto iba a resultar tan fácil de lograr.

Llegué al aeropuerto y para mi sorpresa, decenas de pasajeros estaban exaltados gritando que querían hablar con un directivo de la compañía aérea que les «diera la cara». El vuelo estaba retrasado, pero, aparentemente, también estaba sobrevendido, por lo que habían estado llamando a los pasajeros para informarles de la situación. Una situación que se desbordó cuando anunciaron un nuevo retraso y me llamaron también a mí para confirmar que no podría viajar esa tarde, y ofrecerme un «voucher» para cenar y pernoctar en uno de los hoteles cercanos al aeropuerto. Mi sorpresa fue mayúscula cuando el «voucher» del hotel y las comidas estaban extendidos hasta el 26 de diciembre. No solo nos dejaban en tierra, sino que tenían las «pelotas» de dejarnos tirados en esas fechas hasta que pudieran acomodar su «pedo» de incompetentes tratando de acomodar pasajeros en otros vuelos, que también estaban sobrevendidos. Creí volverme loca. Si ya pasar en tránsito por un aeropuerto era un «trauma» para Alex y el Padrino, estar varada en uno de EE. UU. era un estado de paranoia para ellos difícil de explicar.

Llamé a Steve y le conté llorando lo ocurrido. Estaba convencida de que me iban a descubrir. Me pidió que me tranquilizara y me aconsejó hacer varias fotos y videos de la gente agitada protestando, de los anuncios del vuelo retrasado y hasta del «voucher». Estaba convencida de que Alex no iba a dudar, y que mientras tanto, Bob podría mover «sus hilos» para montarme en un vuelo a Bogotá. Sin llamarlo, mandé a Alex las fotos con un pequeño video del caos ante la aerolínea.

—Alex, estoy bien, pero furiosa porque estos «maricas» de la aerolínea tenían sobrevendido el vuelo y después de dos retrasos, comenzaron a llamarnos para decirnos que no vamos a poder viajar hoy. Así que aquí estoy negociando con ellos a ver por donde me puedo ir. Pero... ¡Imagínese, ya mañana es 24 y mis papás me están esperando!

—¿Cómo así Andrea? Me está jodiendo.

—No, Alex... ¡Este aeropuerto es un caos! Hay vuelos retrasados y sobrevendidos desde hace días y tratan de acomodar en otros vuelos a los pasajeros que se van quedando. ¡Imagínese, y en esta fecha! Demasiado cabrón Alex.

—Pues sí que está cabrón, mija. Eso de que se vaya de Las Vegas pa' Atlanta y ahora este rollo, que si tiene que buscar otra «mariquera» de vuelo y no sé qué «putas...» Pues, sí está bien jodido.

—Bueno Alex, le tengo que dejar porque aquí viene el supervisor y voy a tratar de conseguir subirme a un vuelo. Le hago saber en cuanto averigüe.

—Pues sí, hágalo más pronto que tarde, porque a mí esto ya no me está gustando pa' nada mija.

Cuando colgué la llamada, me temblaban las piernas y el corazón se me salía por la garganta. Estaba aterrada. Había tratado de confundir mi miedo con enfado mientras el FBI hacía lo imposible por sacarme de Atlanta, pero definitivamente Alex había encendido sus alertas.

—Steve, por favor, tienen que hacer algo por ayudarme. Alex está histérico y se le han encendido todos sus sistemas de alerta. ¡Usted no sabe en la que estoy metida si no logro salir de este aeropuerto lo antes posible!

—Andrea, tranquila. Ya estamos haciendo todo lo posible por arreglar esta situación. No importa si tenemos que comprar un ticket en «*first class*» o buscar otra alternativa. Pero despreocúpate, que tú viajas a Bogotá esta noche o mañana.

Fueron momentos de angustia hasta que Steve volvió a llamarme. Bob había logrado hablar con gente muy arriba de la aerolínea y les había dicho, que no importaba donde me subieran, pero tenía que estar en un vuelo a Bogotá. Aunque todo estaba sobrevendido, lograron confirmarme en el primero disponible, pero con una breve escala en Orlando. No era la mejor opción, pero por fin tenía una alternativa para salir ese 24 de diciembre, calmar los miedos de Alex y llegar a pasar la Nochebuena con mis padres.

Muy temprano, en la mañana del 24, logré salir para Orlando con la esperanza de que no hubiera más inconvenientes. El aeropuerto, a pesar de la hora, era un ir y venir de gentes. Steve me había llamado para que le confirmara que todo estaba bajo control y lo hice mientras me dirigía a la sala de embarque ya con mi tarjeta en la mano.

—Steve, muchas gracias. Ahora sé que no mentían. Si no hubieran estado conmigo ayer ayudándome a salir de esta, no sé qué hubiera pasado. Ustedes leen las transcripciones de los mensajes y han escuchado conversaciones entre ellos. Pueden parecer las ovejas más tiernas del mundo, pero en instantes afilan sus colmillos de lobos si desconfían.

—Andrea, aprovecha este tiempo con tus padres y trata de relajarte y descansar. Esto lo vamos a lograr juntos. Solo tienes que hacer lo que te decimos y ayudarnos a agarrar a esos lobos. Manda un mensaje de que llegaste bien y comunícate con nosotros para informarnos de cualquier novedad. Estaremos trabajando aquí, para ti.

Estas palabras me llegaron al alma. Era un 24 de diciembre y estos hombres seguían trabajando, conectados y listos para actuar cuando la situación lo requería. Eran verdaderos seres humanos detrás de una placa. Tenían mujeres, hijos, familia..., pero todo quedaba en un segundo plano ante el deber. Alguno había tenido que dejar de acompañar a su esposa para dar la bienvenida a su hijo al mundo, por estar en una asignación especial. Otros, se enfrentaban a crisis en sus matrimonios por las ausencias en momentos importantes. A muchos, sus pequeños les reclamaban no haber estado en la foto de sus cumpleaños, y en esta historia, donde ellos eran «los buenos», irónicamente dejaban gran parte de sus vidas, cuidándonos «a los malos». Esa era también la realidad de la que nadie habla y de la que yo estaba siendo testigo en primera persona. Hoy sabía que no mentían cuando dijeron que serían ángeles, en la nueva oportunidad que me brindaba Dios y la vida.

Papá, Mamá, puedo ir a la cárcel, mi última Navidad en familia

De nuevo, recostada en mi asiento del avión, no paraba de pensar cómo les iba a decir a mis padres el lío monumental en el que estaba metida. Hacía meses que no los veía y me esperaban con enorme impaciencia. Me hubiera gustado ocultarles la verdad, no tener que darles la amarga noticia de que podía ir a la cárcel y no volver a verlos. Mis papás, ya mayores, me adoptaron cuando yo era una bebé y siempre fui la niña de sus ojos. La niña por la que se sacrificaron sin medida y que, sin tomarlos en cuenta, se fue haciendo mujer a orillas de sus enseñanzas. Estoy segura de que ellos intuían mi juego desde hace mucho tiempo, pero ahora no había más cartas en la manga. Me tocaba levantarlas y mostrarles con crudeza la mesa en la que estaba sentada. Di mil vueltas a la cabeza y traté de cambiar varias veces mi discurso. No importaba la forma, el mensaje era el mismo: Era una narcotraficante, convertida en informante, para tratar de salvarme de la cárcel o de las garras del cartel. El FBI había sido enfático en la necesidad de contarles la verdad y tenerlos listos en el caso de que tuvieran que evacuarlos ante una inminente amenaza. Su seguridad estaba ahora muy por encima de mi orgullo. Además, para pagar a Paul, mi abogado, necesitaba $ 50.000 que en ese momento me faltaban para completar su pago de $ 150.000. Aunque le había dado parte de mis ahorros, había sido enfático en que, si en enero no estaba consignada «la plata», abandonaría el caso. No podía arriesgarme, ni tampoco tenía a quién pedir esa suma de dinero sin que me hicieran preguntas. Solo mis padres podían ayudarme. Si había caído tan bajo, ya no había pisos inferiores dónde caer. Aunque les rompiera el corazón, tenía que contarles.

Llegué a Bogotá sin maleta y por ser el día de Nochebuena no encontraba vuelos a Medellín. Afortunadamente, mi mamá, tan desesperada como yo por vernos, me consiguió no sé cómo, ni a qué precio, una conexión en tan solo una hora. Mi maleta seguía sin aparecer y tuve que montarme en el vuelo sin ella, ante la posibilidad de perderlo, por seguir indagando en qué parte de los EE. UU. se habría quedado varada. Ya en Medellín, busqué rápidamente un coche que me llevara a la casa de mis padres. El aeropuerto estaba atestado de viajeros, que como yo, querían reunirse con su familia. Como era Nochebuena y mi mamá estaba cocinando algunos platos para la cena familiar, le había pedido que no se molestaran yendo al aeropuerto a recibirme para volver a regresar enseguida. No le había gustado la idea, pero acabó aceptando que tomara un taxi. De camino, la ciudad se veía hermosa con esa iluminación navideña, tan variopinta, de figuras y luces multicolores. Hasta quise fotografiar desde la ventana un impresionante pesebre que adornaba la entrada de un parque. Era tan mágico, que casi podía olerse la Navidad. Sin embargo, a medida que iba reconociendo las estrechas callecitas que conducían a mi casa, la fortaleza de la que me había venido armando dio paso a una enorme melancolía. Aunque no tenía mucho sentimiento de pertenencia a ese departamento porque no fue el lugar donde me crie desde niña, ahora era mi hogar porque allí estaban las dos únicas personas que sentía que me amaban de verdad. Antes de detenerse, la puerta del portal se abrió y mis papás salieron visiblemente emocionados a darme la bienvenida. Mi mamá fue la primera en esperar a que saliera del coche y abrazarme.

—Mi Andrea, mi niña, ¿cómo estuvo el viaje? ¿Estás muy cansada? Pero mira que delgadita estás. ¿Y tú maleta?

Apenas pude contestar ninguna de sus preguntas. El abrazo, el aroma inconfundible de su perfume y mi papá esperando su turno para «apapacharme», hicieron que rompiera en llanto. Un llanto tan desesperado que ambos me pidieron que entrara en la casa y les contara qué estaba pasando.

—Andrea, mija, ¿qué le pasa? Su madre y yo queremos saber qué está pasando para que llore de esa manera. No nos asuste, ¿está todo bien? Vamos... vamos para adentro de la casa.

—Bien y mal papá. Creo que voy a ir presa.

La cara de ambos se transformó. Se lo había dicho de una, sin anestesia, pero ahora me tocaba explicar a dos personas que pasaban los ochenta, cómo había llegado a darles una de las peores noticias de su vida.

—Mire Negrita, yo sabía que algo así iba a terminar pasando. Lo hablaba con su mamá... muchas veces... porque sabíamos que su forma de vida, sus continuos viajes y esos amigos suyos debían tenerla en un buen enredo. Cada vez que su mamá trataba de decirle algo, usted se enojaba «duro» con ella y acababa dando por terminada la conversación, como si fuéramos menos que nada. Negrita, podemos ser viejos, pero nunca hemos sido tontos y en el fondo sabíamos que el que mal anda, mija... mal acaba.

—Andrea, su papá tiene razón, pero ahora ya no estamos para sermones, sino para que nos cuente qué ha pasado y ver cómo le hacemos... Porque somos sus papás y nunca vamos a dejarla sola.

Las palabras de mi madre me hicieron llorar aún más amargamente, recordando las veces en las que trataba de sacarme información, me aconsejaba sin que se lo pidiera y me advertía sin que yo viera peligro. Me senté en el sillón verde de toda la vida, que adornaba el centro de la sala y solo alcancé a decirles:

—¿Qué puedo decirles...? No puedo dar marcha atrás al tiempo y ahora me toca afrontar el resultado de mis decisiones. Estoy metida en una «vaca loca» desde hace tiempo y ahora quizá me metan en una cárcel de los EE. UU. Yo les había dicho a ustedes que trabajaba con unos empresarios muy poderosos en México y con Alex, con quién en algún momento, incluso hablaron por teléfono. Bueno, pues en realidad ese empresario es el famoso narcotraficante al que llaman el «Chapo» Guzmán y Alex es familia de los Cifuentes de acá y uno de sus brazos derechos... Papito, el FBI me venía siguiendo y grabando sin que yo supiera y ahora... ¡Ahora si no colaboro con ellos, me pueden meter muchos años en la cárcel!

A mi madre se le aguaron los ojos, pero contuvo el llanto por mí.

—Ay mijita, yo sabía que esas relaciones suyas no iban a traerle nada bueno. Nosotros le hemos dado una educación y mucho amor en esta casa para convertirse en alguien que casi no conocemos. ¡Ayyyyy! Andrea... sabíamos que algo malo iba a pasar. Pero, ¿qué hacemos? Díganos, ¿con quién podemos hablar o que tenemos que hacer para ayudarla?

Escuchaba las voces de mis padres de lejos. Estaba presente, pero ausente, concentrada en mis propios pensamientos. Tenía la sensación de ser un espectador a la espera de un desenlace en esta escena de mi propio vodevil... Tan desesperada por seguir contándoles, que ni siquiera me había percatado de que Lolita, mi gata, ronroneaba entre mis piernas como si presintiera el drama que estábamos viviendo. Me agaché a tomarla entre mis brazos y la apreté contra mi pecho mientras concluía el relato y las lágrimas mojaban su pelo.

—Bueno, Negrita, no puedo decirle que no estoy triste porque lo estoy y mucho, pero de alguna forma también me siento aliviado. Creo que esto ha sido lo mejor que le ha podido pasar. No quiero ni pensar como hubiera acabado... Ahora no quiero que llore más... quiero que se me seque esas lágrimas y si es por plata, mi corazón, no se preocupe, que aquí vendemos lo que haga falta para que usted pueda pagar a su abogado. Usted sabe que no nos sobra, pero tampoco nos ha faltado nunca... Así que ya vemos si vendemos la tierrita o lo que sea mija.

Abracé a mi padre. Su generosidad no tenía límites. Era capaz de quedarse en la calle con tal de que su Negrita, como me llamaba desde que me pusieron de bebé en sus brazos, tuviera lo que necesitara. Mi mamá era el complemento perfecto de mi papá, quien aparentaba ser la fuerte y tomar las decisiones, pero la que finalmente aceptaba todo lo que mi papá proponía. Quizá por ello él siempre fue mi cómplice y al primero que acudía cuando quería conseguir algo, incluyendo el día que les llevé a Lolita.

—Tranquila Negrita, que de lo peor que usted se fuera pa' la cárcel, nosotros siempre vamos a estar con usted... Pero vamos a confiar en Dios, y que lo que ha pasado sea para bien. Ojalá que lo que haga ahora con ese abogado y estos «policías» del FBI, pues, sea suficiente para que pueda salir de todo esto con bien. Ahora, un día a la vez, mijita. Hoy es Nochebuena y vamos a celebrar siendo positivos que tenemos la dicha de estar juntos y sanos. Mañana será otro día y tendremos tiempo de volver a hablar de todo esto. Acompañe a su mamá a la cocina para que puedan ir recogiendo lo que tenemos que llevar, y tratemos de disfrutar esta reunión con el resto de la familia.

En el trayecto hasta la finca de mi tía donde se iba a celebrar la reunión familiar, mi mamá, sacando fuerzas, iba contándome todos los pormenores de cada miembro de la familia. Desde hacía mucho tiempo no lográbamos reunirnos todos. Personalmente, casi me había olvidado de las celebraciones de una familia que se había multiplicado con lo que a mí me parecía tanta rapidez... pero que, en el fondo, habían sido años. Como mi mamá me había adelantado, al entrar en la casa, mis tíos fueron los primeros en recibirme y poco a poco, fueron presentándome a las nuevas «incorporaciones» de la familia que se repartían entre la sala y la cocina. En el fogón se estaban cocinando buñuelos y natillas como para alimentar a un batallón. Ya en la mesada, dos de mis tíos sazonaban un «marrano» que orgullosamente decían haber chamuscado con helechos del monte. Me quité el abrigo y desempaqué las arepitas y empanadas que había preparado mi madre, mientras otras de mis tías me pedían que probara su «mazamorra». La cena estuvo deliciosa y por momentos logré dejar atrás las preocupaciones, inmersa en ese ambiente de fiesta y familia, de bromas y risas. El Vallenato fue envolviéndome y el «aguardientico» calentando mi estómago y mi mente. Estaba feliz. ¿Por qué no había sabido valorar hasta hoy esos momentos mágicos, sencillos y verdaderos que me había regalado la vida al lado de mis seres queridos? Qué ironía que fuera esta misma noche en que, sin decirles nada, iba a tener que despedirme de ellos para siempre.

—Mire Andrea, su mamá nos dio la gran noticia de que venía para Medellín y no podemos estar más felices, primero por sus papás y luego por nosotros, porque ya pensábamos que usted con todo lo que ha hecho en Estados Unidos y en sus viajes, se nos había vuelto una «caranga resucitada» mija. Y, pues, ya ni ganas tenía de vernos. Así que échese otro aguardientico y... ¡Por el reencuentro!

Fuera de la ironía con la que había hecho el comentario, aun sin saber los motivos, tenía razón. Ellos pensaban que me había convertido en una engreída que se avergonzaba de su familia. Sin embargo, no había dejado de verlos por haber logrado prosperar y tener una vida de «lujos y viajes» como le decían a mi mamá, sino porque esa era la pantalla que usaba para protegerlos. Mi familia era lo único real que me quedaba y no podía arriesgarme a perderlos. Por eso me había alejado aun amándolos como nunca había tenido oportunidad de decirles. Pero este juego en el que estaba metida era demasiado peligroso y no podía exponerlos. Brindamos y mis papás quisieron retirarse. Estaban muy mayores y las emociones recibidas, por mucha fortaleza que quisieran simular, no dejaban de pasar factura. Esa fue la última vez que vi a mi familia.

Al llegar a la casa, ni siquiera pude darles el regalo que les había comprado porque mi maleta seguía desaparecida. Ni siquiera tenía un pijama. Sin decir más, mi mamá abrió uno de los cajones de la cómoda de mi cuarto y para mi sorpresa, tenía camisones, camisetas y ropa interior que había ido dejando de otros viajes. Todo doblado y planchado bajo una pastilla de jabón de lavanda que me trasladaron de inmediato a mis días de colegio. Esos días en los que me peinaba, perfumaba y ponía mis uniformes bajo ese mismo olor a lavanda.

Tendida sobre mi cama, saqué de mi bolsa de viaje mi «colección» de blackberries, y como era de esperar, la de Alex explotaba de mensajes, pero mis papás no tenían internet en la casa y me tocaba esperar al día siguiente. Tampoco podía descargar ni comunicarme con Bob y Steve, a quienes ya había felicitado la última vez que hablé con ellos, cuando les confirmé que por fin había llegado a Colombia. Estaba tan cansada, que subí a la cama a Lolita y me dormí abrazada a ella.

El día de Navidad, mi mamá entró a despertarme para que fuera a desayunar. El olor a chocolate y panes calientes me puso en pie, sin ni siquiera mirar en el reloj del cuarto, en el que ya pasaban las diez de la mañana. Tenía que conseguir un lugar con internet para poder comunicarme con Alex y hacer la actualización de todas las blackberries. El problema era que ese día la mayor parte de los lugares estaban cerrados, por lo que mi mamá habló con un vecino que tenía *hijos* de mi edad e internet, para que pudiera conectarme desde su casa. Como era de esperar, además de varios mensajes de la «oficina» mandando sus felicitaciones, la gran mayoría eran de Alex:

—Muñequita, espero que lo esté pasando rico con sus papás. Acá se la extraña. Mi compadre le manda decir que le desea una feliz noche también. Ya empezó la rumba, así que me voy a sentar a la mesa porque si no «me rifan la melena» y me dejan sin comida estos «manes» que ha traído mi compadre a cenar. Por cierto, doña N le manda saludos pa' usted y sus papás. Nada mija, me escribe cuando pueda.

—Mis ojitos, ¿sigue usted celebrando el nacimiento de Jesús? No la quiero «bataniar» mija... No quiero importunarla, pero bueno... quería saber cómo estaba.

—Bueno corazoncito, veo que sigue ocupada. Solo contarle que la cena estaba deliciosa y que la fiesta que ha preparado mi compadre está bien cabrona. Mucha «peladita» pero ninguna como usted. Espero que en esa fiesta familiar suya no haya ningún primito que «la mueva el piso», jajaja... Mire que luego los niños salen tontos.

Con su característica forma jocosa de decir las cosas, el mensaje era que me echaba de menos. De alguna forma y aunque ahora nuestros bandos estuvieran totalmente definidos y contrarios, yo también lo extrañaba. Siempre por Navidad, el Padrino hacía una fiesta en Badiraguato, en la sierra de Sinaloa, cerca de la Tuna, donde vive su mamá doña Consuelo. Hasta allí se acercaban su familia, sus socios y también los trabajadores. En esas celebraciones se echaba la casa por la ventana; los mejores licores, deliciosa comida y hasta algún «grupero» o «reguetonero» que amenizara la fiesta. Desde que lo habían liberado, Alex prácticamente estaba viviendo con él, por lo que, esta Nochebuena se había sumado a la celebración.

Cuando llegué a mi casa, mi papá me dio la buena noticia de que había aparecido mi maleta y me la estarían enviando a lo largo del día. Pasé el día con mis papás en la casa, viendo televisión y haciendo sobremesa hasta que llegaron mis cosas. Por fin podía darles su regalo. A mi mamá un bolso negro de Chanel y a mi papá una cartera. Para los dos, había venido cargada de los tradicionales dulces mexicanos, que a pesar de tener que comer con moderación por su salud, realmente disfrutaron. Coloqué mi ropa en el armario y llamé a un par de amigas del colegio para que supieran que ya estaba en Colombia. Mientras hablaba con ellas, me asomé a ver las luces de Navidad que ya comenzaban a iluminar las calles mojadas. El vidrio estaba tan frío que me hizo retroceder y sentarme de nuevo en la cama. La misma cama en la que solía soñar en convertirme en «reina de la belleza» y única testigo de mis conversaciones de enamorada y mis lágrimas de desamor.

Como mis padres tienen la costumbre de acostarse muy temprano y levantarse con el alba, me quedé en mi cuarto y abrazada de nuevo a Lolita, me quedé dormida. Necesitaba estar en la tienda a primera hora de la mañana para comprar un computador portátil y poder descargar las blackberries para enviar el material al FBI. Un ejercicio que hacía cada noche antes de irme a la cama con los más de diez aparatos que tenía conmigo. Lo más increíble es que, esos días de descanso familiar también para ellos, Steve y Bob, se la pasaban trabajando conmigo pendientes de los mensajes y conversaciones con el cartel. A primera hora de la tarde, también hacíamos entrenamiento diario por Skype. Era imprescindible que antes de regresar a México, aprendiera a controlar cierto tipo de situaciones, saber que contestar, a desviar preguntas, a manejar de otra manera a Alex o a enfrentar al Padrino en mi nueva condición de informante. Psicológicamente, fue lo que me ayudó a reforzar mi discurso, vencer el miedo y ganar confianza en mí misma. Los días que me restaban antes de irme el 6 de enero, los pasé saliendo con mis amigas y amigos, en una especie de despedida premeditada. Como me decía Steve:

—«Andrea, pásela bien con sus padres, trate de disfrutar estos días, ver a sus amigos. Todo va a estar bien, pero considere que quizá va a pasar un tiempo sin volver a verlos, así que disfrute».

La despedida fue realmente una de las más amargas de mi vida. El día de antes mi papá había ido al banco y conseguido la cantidad que necesitaba para pagarle al abogado y seguir con mi caso. Ni siquiera sé lo que tuvo que hacer, porque él y mi mamá salieron temprano sin decirme nada y regresaron al mediodía con un cheque en la mano. Steve me había dicho, que si no conseguía reunir la suma que me pedía ese abogado, como lo estaba haciendo bien cooperando, seguramente podrían asignarme uno de oficio. Sin embargo, a mis papás les aterraba la idea de que yo solo fuera un número de caso y que mi defensa se les pudiera escapar por las rendijas de una puerta.

No quise alargar la despedida y les dije adiós en la misma puerta, en la que con tanta felicidad me habían recibido. Los abracé como nunca. Con un sentimiento de culpa y nostalgia difícil de explicar, pero tan profundo, que físicamente dolía. Mi mamá me dio la bendición y vi rodar las lágrimas por las mejillas de mi padre, que no alcanzó a decirme nada, y entró en la casa antes de que no pudiera contener por más tiempo el llanto.

Cuando el taxi se alejó, mi madre aún seguía en la calle despidiéndome con la mano. Esa imagen la llevaré por siempre en mi corazón.

Regreso a la casa del túnel, las manos del muerto

México iba despertando del letargo de las Navidades. Los negocios prácticamente se paralizaban desde días antes de la Nochebuena, hasta pasados los Reyes Magos. A partir de mediados de enero comenzaban a retomarse todos los proyectos y por supuesto, el cartel, no era la excepción. Inmediatamente, comencé a recibir indicaciones para reactivar la recogida de dinero en el D.F. y pasaba horas ayudando al FBI a descifrar los mensajes. Hasta ese momento ya les había dado más de 100 pins, o números clave de los principales miembros del cartel, además de las cuentas de mail de algunos de los asociados con los que hacían negocios en Canadá y Latinoamérica, lo que había permitido a los agentes entrar a conocer de primera mano sus movimientos. Tenerme dentro significaba que cada vez que el cartel destruía su sistema de comunicaciones y cambiaba los «pins», volvía a quebrarlo de inmediato dando a la agencia las nuevas claves. Yo misma había dado acceso al FBI a todas mis conversaciones con Alex Cifuentes, desde que me interceptaron, hasta el momento de su captura. Además, este trabajo que hacíamos a diario con Bob y Steve permitió ayudar con sus investigaciones a otras agencias que también perseguían al cartel de Sinaloa, y que tenían interceptados algunos de sus celulares. El problema era que, a pesar de tener acceso a sus comunicaciones, lo que recibían eran mensajes encriptados, nombres en clave o mensajes codificados que no podían descifrar. Con mi ayuda, yo era capaz de conectar los nombres en clave con los verdaderos, descodificar los mensajes encriptados y explicarles de primera mano la jerarquía del cartel.

Lo que pocos saben y por muy extraño que pueda parecer en una organización de estas características, es que el cartel era extraordinariamente desorganizado. Las comunicaciones cruzadas iban y venían, pero de un cargamento «coronado», pasaban al tipo que habían detenido o «bajado», o a la conversación con la amante de turno. Solo en mi BlackBerry personal, lo mismo se hablaba de los «rollos» que tenía que recoger con una ambulancia, como de la película que iba a hacer sobre el Padrino. El FBI se volvía loco porque igual aparecía un nombre en clave de algún socio o lugar que yo les ayudaba a identificar, como el nombre de Tom Cruise, Belinda o el de un perfume o marca de ropa que tenía que comprar para Alex. Y todo eso... sin contar con los chismes del día, que eran como la novela de las doce, y que habitualmente iniciaba el propio Alex, creando un tsunami de reacciones de lo más variopintas que traían completamente locos a Bob, Steve y los agentes encargados de hacer la transcripción. Era tan surrealista, que tuvieron que pasar meses, hasta que comenzaron a entender cómo se comunicaban. Ellos tenían una enorme experiencia en los carteles colombianos y algunos mexicanos, pero nunca habían sido testigos, tan de cerca, del día a día del entorno de un cartel.

Había pasado más de un mes y aún no había visto a Alex que seguía en Culiacán con el Padrino. Una tarde, después de hacerme algunos pedidos, me sugirió volver a viajar hasta allí y entregar las partes del manuscrito del libro y el guion de la película que estuvieran terminadas. El Padrino ya estaba ansioso. Además, teníamos que ponernos al día de cómo iban las relaciones con el entorno del nuevo presidente y establecer un plan para los negocios con el Capi en Ecuador. Viajar a Culiacán me volvía a poner en el círculo más íntimo del cartel. Para el FBI, era la oportunidad de poder ir cerrando e identificando la zona donde se encontraban. El encuentro se iba a producir nuevamente en la casa donde se quedaba Alex. La famosa casa del túnel que ya hubiera visitado. Como todos los viajes, la invitación se organizaba de un minuto para otro por cuestiones de seguridad, y sin apenas tiempo para preparar operativos. Por eso, cada vez que notificaba al FBI, a excepción de la información que pudiera suministrarles Bob y Steve, apenas podían hacer mucho más. Coordinar una operación en un país como México no se organizaba en cuestión de horas.

Avisé al FBI de que Alex y el Padrino me requerían de nuevo, y con solo unas horas por delante, fue prácticamente imposible organizar un operativo conjunto. Como en la ocasión anterior, tuve que viajar a Mazatlán y allí en el aeropuerto me estaba esperando uno de sus jefes de seguridad para llevarme hasta la casa. Pensaba encontrarme a Guillermo, la persona de confianza de Alex que había sido tan amable la vez anterior conmigo, y sin embargo, el que me esperaba era Nariz, uno de los sicarios del Padrino. Nunca le había caído bien y eso se notaba. No solo en la forma que tenía de mirarme o tratarme, sino, en los desprecios, cuando por ejemplo estando todos reunidos les ofrecía un dulce que todos aceptaban, y lo rechazaba de mala manera. Era tosco y antipático, y sobre todas las cosas, alguien con quien no me convenía discutir porque era uno de los peores sicarios del Padrino. Para empezar, me tuteaba y desconfiaba de mí. Tanto, como yo de él.

—Necesito que me des tus teléfonos y que me muestres tu bolso y los bolsillos de tu abrigo. Y ahora que salgamos del aeropuerto te pongas esto.

Mi cara debió de transformarse cuando vi que me entregaba una capucha negra de lana y que el trabajador que lo acompañaba, siguiendo sus órdenes, se colocaba en el asiento de atrás para asegurarse de que no podría ver nada durante el trayecto. Después me enteraría, de que llevarme sin cubrirme los ojos en mi viaje anterior, le había costado el puesto a Guillermo, además de una buena «reprimenda».

Esta vez, me dieron menos vueltas, pero volvimos a cambiar varias veces de auto y pasar los tres anillos de seguridad hasta llegar a la casa del túnel. El FBI me había entrenado a contar las paradas en los posibles semáforos. Cuando llegamos a la casa, ya estaba ahí el Padrino con varios de sus hombres. El primero en saludarme fue Alejandro, el exmarine y exparacaidista del ejército mexicano, que era como su sombra. Después salió Alex, me saludó con un beso y entró a la sala conmigo. Cuando vio que llevaba la capucha en la mano, de muy mala manera y con su característica ironía le dijo a Nariz:

—Oiga, yo que usted con esa inteligencia que Dios me le ha dado, la próxima vez que nos traiga a la Secre, la ponía una máscara o una careta del señor pa' pasar desapercibidos, «hijoeputa». ¡Qué inteligencia tan cabrona!

—Hola, Alex. ¿Cómo está señor? ¿Cómo le ha ido?

—Bien ahijada, ya sabes. En la lucha... pero gusto volver a verte por aquí. Con varios frentes abiertos, lidiando con el Capi en Ecuador y los «pendejos» que tengo en Canadá, que no hacen sino «mamar gallo», como dice mi compadre.

Las cosas en Canadá no iban como esperaban, y en Ecuador, al Padrino no se le había olvidado que el Capi estaba envuelto en la muerte de Mario, «su muchacho» y la desaparición de la maleta. Si algo tenía que helaba la sangre, era esa tranquilidad indescriptible que le permitía huir de las situaciones más adversas sin apenas inmutarse, y la paciencia para encontrar el momento adecuado de devolver un golpe. Para eso, no le fallaba nunca la memoria. Repasamos todos los temas, incluyendo como era obvio, el tema de la película y del libro, cuando, de repente, me pidió si le podía preparar un café. Miré a Alex instintivamente para saber si todo estaba bien, y cuando estaba de pie en la cocina esperando que se llenara la taza, viví uno de los momentos más intimidatorios que había vivido nunca al lado del Padrino, cuando este se levantó, y colocándose a mi espalda me hizo este comentario:

—No pues ahijada... ahora si tenemos que estar más «aventados» que nunca... ¡Bien «pilas», y con los ojos en la nuca!

—Perdón, pero... ¿por qué Padrino? ¿Por qué más aventados que nunca?

—Y bueno... la situación está bien cabrona. Imagínese que ahora me mandaron decir del «Humo» que estuviera bien pilas porque ya no solo están detrás de nosotros la DEA sino también el FBI, ¡y ahí sí nos «chingamos» cabrón!

Sentí que un fuego me subía hasta la cara y me ponía roja como un tomate. Creo que del mismo susto acerté a preguntarle con cierta ingenuidad:

—Ahhh, Padrino. ¿y eso no es lo mismo?

— Y no mija... ¿cómo va a ser lo mismo? A la DEA yo me la paso por la «galleta», pero a estos cabrones del FBI... «pos» esto sí, está bien delicado.

Volteé y vi su cara de preocupación. Estaba claro que ya le habían filtrado sus contactos en el D.F. que había un operativo del FBI en marcha para agarrarlo, pero desconocía de dónde venía, ni quién podía ser el infiltrado. Aún estaba temblando cuando me pidió la mano. Era algo que le había visto hacer en alguna ocasión, pero la primera conmigo...

—Ahijada, todo está bien contigo, ¿no?

—Sí, Padrino, claro. Ya sabe, tratando de avanzar con todo y un poco triste porque mis padres ya son muy mayores y uno nunca sabe si va a ser realmente la última visita.

Traté de disimular, no sé si con mucho éxito. Ese contacto de las manos, mirando a los ojos cuándo preguntaba, desarmaba a cualquiera. El FBI me había preparado a contestar una pregunta con otra cuando no supiera qué decir, a manejar los nervios y ser capaz de mirar a los ojos aún a sabiendas de que estaba mintiendo... Pero esto superaba cualquier entrenamiento. Soltó mis manos para agarrar el café y se dirigió de nuevo a la sala para seguir hablando con Alex de las medidas de precaución extremas que tenían que comenzar a poner en marcha. Cuando llegué a sentarme, me preguntó si tenía conmigo mi licencia o pasaporte y se la dio a Nariz para que le sacara una copia. Podía ser una medida con todos, pero para mí era como declarar mi culpabilidad y señalarme con el dedo. Aún no sé cómo pude mantener la cordura para seguir conversando, sin salir corriendo de esa casa. La reunión fue más densa de lo habitual, porque el Padrino se levantaba una y otra vez para atender llamadas, y había que retomar de nuevo cada tema cuando se sentaba. Por fin, «sonó la campana» y Alex nos preguntó si teníamos hambre a lo que todos asentimos. El Padrino ordenó a sus hombres que le pidieran tacos al pastor, de chicharrón y carnitas. Cuando uno de sus hombres estaba haciendo el pedido, por el monitor de las cámaras de seguridad, vimos un camión del ejército cargado de soldados pasando despacio por el frente de la casa.

—¡Alejandrooooo...! Hágale y me le pide una «taquiza» también pa' los muchachos, pa' que se los coman a mi salud.

Y así fue. Llegaron nuestros tacos y como a la media hora, volvió a pasar frente a la casa el camión con muchos de los soldados aun devorándose «la taquiza» que les había enviado el Padrino. Poco antes de la media noche y repasados todos los temas, dimos el encuentro por terminado, no sin antes vivir otro de los episodios más surrealistas de mi vida en el cartel.

—Bueno señor, me queda claro entonces la preocupación extra con la seguridad, pero entonces usted, ¿qué dispone de mí? ¿Cómo le hago entonces Padrino?

—Mire ahijadita, la calle está ahora «recaliente» y «repeligrosa». Ya no se hace la «salidera», ni los aeropuertos a cada rato porque, mija, ahí y que le «agarren» a uno, nos chingamos todos. Por eso ya le dije a Alex ayer que usted elija: si se quiere venir a vivir con nosotros aquí a Culiacán, y si no la hace con este, pos' yo le busco un marido aquí. Usted se vería feliz con Alejandro... con mi muchacho bonito de seguridad, porque los dos son bonitos... o se me va pa' Ecuador y nos comunicamos así por mensaje o teléfono... Pero esta «viajadera» mija, hay que cortarla, porque nos quieren poner una «pata en el pescuezo» más pronto que tarde.

El Chapo se retiró con sus hombres a otra de las casas y yo me quedé con Alex, Alejandro, (el exmarine al que me sugerían como futuro esposo) y otro par de trabajadores que montaban guardia en el garaje. Al quedarnos solos, Alex no podía contener la risa bromeando sobre cómo me vería «de linda» con varios «chamaquitos» colgados de mis faldas, mientras yo seguía en estado de shock por la ocurrencia, que lejos de ser una broma, la decía bien en serio. Para colmo, con el silencio de la casa ya sin gente, lo que parecía el aullido del viento era estremecedor en el área de las habitaciones.

—Qué pasó muñequita, ¿se «paniqueó» porque me la quieren ver convertida en toda una mujer de su casa colgada de chamaquitos, así «güeritos» como su padre? ¿O prefiere los voltios ahí afuera? No se mija, jajajaja... ¿o es que ya le ha vuelto a «espantar» el fantasma? Mire que esta noche sí está «cantando», pero bien intenso.

—Alex, ya le he dicho que no tiene gracia y sí, me aterra este sonido. Ya de por sí hoy ha sido un día medio feo, con todo lo que ha contado el Padrino y esa idea suya de casarme con el Güero, como para ahora pensar en espíritus... Además... a usted le da igual.

—Ahhh, no... Pues si ahora se me puso emotiva «doña remilgos». ¿Qué no entiende que a mí siempre me han «puesto» mucho más las «mamacitas» casadas? Y aquí la tendría bieeeeen cerquita. Claro que, si usted prefiere los voltios mija... ya es cosa suya.

—Lo peor es que lo dice de verdad. Alex, yo sé que fui su premio de consolación cuando Paulette le dejó «botado», pero ha pasado mucho tiempo, y usted y yo... no sabemos siquiera que sentimos el uno por el otro. Esto definitivamente no es amor, es una especie de enfermedad, de dependencia... de...

—Ayyyy ya, mija no ralle más el disco que se le quema la gramola. ¿Qué mosca le ha picado con tanto cuento existencial marica?

¿Se puso profunda? ¿Sabe el qué? Si se porta bien y deja el cuento, yo mismo le voy a presentar al fantasma, jajaja... Estoy seguro de que le va a fascinar conocerlo.

No sé si era el momento de cuestionar mi existencia al lado de Alex, pero lo que si era cierto es que ni siquiera hoy, los propios agentes del FBI que interceptaban nuestras comunicaciones a diario, podían estar seguros de que clase de relación manteníamos, o cuál era el sentimiento que de verdad nos unía. Definitivamente, no era una cuestión de cama, porque Alex no me excitaba, ni llegaba al punto de placer que sentía con otros. Tampoco era un hombre que me respetaba como su mujer o su pareja de igual forma que yo hacía con él. Más bien me había convertido en sus ojos y sus oídos, en esa especie de encierro en que había convertido su vida. Su avatar, aquella que podía desplegar sus alas y volar para después traerle como paloma mensajera toda la información que necesitaba. Desde la captura de sus hermanos, el cerco se había estrechado a su alrededor y esto le impedía viajar a cerrar negocios o reunirse con alguno de sus socios. Necesitaba a alguien de extrema confianza y altamente cualificado que lo representara, y así creo que me convertí en sus ojos y oídos y en la persona tal vez enamorada, capaz de entretener a sus clientes en carísimas cenas y night-clubs. Estaba convencida de que sin poder definirlo había algo fuerte, muy fuerte que nos unía.

—Amiga, se quedó en el limbo... ¿quiere o no quiere conocer al fantasma?

Desde mi última estadía en esa casa hacía solo semanas, estaba convencida de que en verdad había una presencia en esa casa. Incluso pude sentirlo cuando estaba en la cama sentada recogiendo mi bolsa para irme a la habitación de Alex. Los trabajadores me habían contado que lo que Alex me había dicho era cierto y que más de uno salió de la casa corriendo en mitad de la noche. Eso mismo se lo había contado al FBI, a quienes tuve que explicar, además, que ni había bebido, ni había consumido ninguna sustancia que pudiera alejarme de la realidad... Tal era mi cara de susto, que Alex tuvo casi que empujarme.

—Ahhh, no. Si le va a entrar la «mariquera...» así mija, vamos y le presento al fantasma ya mismo. Pero eso sí, usted no abre la boca ni le cuenta a nadie que lo ha conocido.

Yo no sabía si seguía de broma o realmente iba a llevarme ante el ente. Me tomó de la mano y como una niña, casi escondida tras de él, le seguí por el corredor de la casa que llevaba a las habitaciones. Según nos acercábamos más a la del Padrino, el sonido era más intenso. Quise retroceder y Alex apretó mi mano con más fuerza, casi arrastrándome al interior. Estaba aterrada. Esta gente en su aburrimiento y tal vez en su desesperación eran fanáticos por encontrar soluciones «paranormales» a todo. Brujas, médiums, rituales... Si le «echaban» a todo... ¿quién me decía a mí que no tuvieran también un espíritu en la casa? Nunca había pasado a la habitación que en ocasiones ocupaba el Padrino. La verdad era mucho más modesta de lo que había imaginado. Sobre la cama estaba la última ropa que yo le había enviado por encargo de Alex y que aún no había usado y sobre la caminadora, la gorra negra que me había pedido en mi viaje anterior. Entramos al baño que, si era más grande de lo habitual, era de dónde venía directamente el ruido. Al ver dos bañeras una frente a la otra, pensé realmente que estaban «fallados de la cabeza».

—Bueno, mija, quédese ahí bien quietecita que le voy a presentar al fantasma. Va a escuchar el aullido más fuerte... pero es normal, vamos a sacarlo de donde habitualmente vive.

—Alex me quiero ir ya. Yo no quiero conocer a ese pinche fantasma... ¡Me quiero ir!

—Deje el alboroto y la «chilladera». También usted tiene que estar preparada... A ver, uno, dos... ¡Fantasma del Túnel a la de tres hazte presente...! ¡Uno... dos... tres!

Al decir tres, una de las bañeras se levantó por completo dejando ver unas escaleras bajo la misma. Había visto cómo Alex extendía su mano hacia un pequeño interruptor debajo del espejo, pero fue inmediato que la bañera se elevara y se encendieran unas luces bajo ella. Me asomé con Alex y me quedé tan impresionada que no sé si mi cara hubiera sido distinta si hubiera aparecido de verdad el fantasma. El aullido, era el viento condensado allí abajo. Debajo de la bañera había un impresionante túnel forrado todo de madera, con sistema de alumbrado y aire acondicionado, que se accionaba de forma automática cuando se activaba el dispositivo de «fuga». Se cerraba tan rápido que tuvimos que repetir varias veces la operación para que pudiera ver bien el impresionante túnel cavado bajo la misma. Era una impresionante obra de ingeniería, al parecer de don Avelino, al que llamaban familiarmente don Eve. Según me contó Alex, un hombre muy apreciado por el cartel, pero sobre todo, muy querido por el Chapo que lo consideraba uno de los hombres más «inteligentes» que había conocido. Aparentemente, don Eve había construido al menos siete túneles en las diecinueve propiedades que tenía el Padrino y había sido la mente de los transfronterizos como el que conectaba a San Diego, en California, con Tijuana y por el que movían vagones cargados de coca de un país a otro.

—¿Y qué, amiga? ¿Se quedó muda o qué?... ¿qué no le gustó el fantasmita? Esto es pa' que vea que antes muertos que sencillos. Aquí somos bien modernos y lo más importante, «tamos ready», bien listos pa' volarnos al toque. Era importante que fuera de chistes, usted también conozca como accionar el plan de fuga porque nunca se sabe y más ahora.

—Alex, ¿y esto cómo es por dentro? ¿Dónde llega?

—¿Quiere bajar? Si lo hace, tenga cuidado de poner bien el pie en los peldaños de las escaleras.

—No, ahora por la noche no, Alex. Pero dígame ¿a dónde sale este túnel?

Alex me explicó que los túneles tenían una media de un metro y medio de altura aproximadamente y en ocasiones, una longitud de hasta tres kilómetros. Todos sin excepción, además de otras salidas, estaban conectados con el sistema de drenaje pluvial. Este, tenía una peculiaridad, tenía tres salidas: a una escuela, a la calle y a una funeraria. En sus momentos de soledad y sin tener nada más que hacer, Alex los había recorrido en innumerables ocasiones. Sin ningún reparo, llegó a contarme un episodio que aún hoy me hace pensar.

—Usted no tiene idea lo que es vivir aquí solo. Estoy a veces tan aburrido y sin nada que hacer, que cuando usted no contesta mis mensajes o llamadas, me meto al túnel y me asomo a la calle, o me voy hasta la salida que da a la escuela para ver a los «pelados...» Pero, ¿sabe qué pasó anoche?

—Ni idea Alex, ¿qué le pasó?

—Pues que, como estaba tan aburrido esperando por usted y nadie me visitaba, pues conseguí un entretenimiento. Por las noches me meto en el túnel y, como a la calle ni modo salir, y hay una salida también a una funeraria, pues calculo la hora, bien tarde, que esté ya cerrada, y salgo a saludar a los muertos. Anoche había uno y, ¿sabe qué? Sus manos eran demasiado blancas y bonitas... ¡Qué bellas y suaves eran esas manos, amiga!

Sin saber exactamente qué pensar, desvié la conversación y le pedí que nos fuéramos a la cama con la excusa del cansancio del viaje y la hora. El viento seguía aullando, pero ya podía irme a dormir tranquila. Al menos por un rato hasta que Alex le hiciera efecto el Rivotril que seguía tomando para dormir. A las dos horas y en su fase de sueño más pesada, me levanté y tomé mi teléfono. No podía salir del cuarto por las cámaras del pasillo, pero sí pude hacer dos fotos al área de la muralla y a la vegetación alrededor de la casa que apenas se veía con el muro. Me metí al baño, cerré la puerta y sin encender la luz, mandé esas fotos a otro teléfono mío que tenía oculto en mi casa del D.F. Borré de inmediato las evidencias en el que tenía en la mano y con el corazón bombeándome a mil, volví a dejar el teléfono en la bolsa y me acosté al lado de Alex. Contaba las horas para regresar y hacerles partícipes de lo que había descubierto.

Capítulo 7

La última vez que vi al Padrino, Ecuador en llamas

La noche en que me violó un guerrillero Descuento por silencio

Salí de Culiacán y fue la última vez que vi al Padrino. Llegué al D.F. con tantas ganas de poder acceder a la BlackBerry del FBI que casi olvido mi bolsa en el compartimento del avión. Abrí la puerta, tire literalmente lo que llevaba en las manos y subí a mi cuarto para sacar de detrás de la secadora, la BlackBerry que comunicaría con Bob o Steve.

—Hola, tengo una información importantísima y una foto que aún no sé si la he recibido, porque la mandé desde mi teléfono a otro iPhone que tenía guardado en mi departamento del D.F. y que, por la urgencia de hablar con ustedes, no he podido aún abrir. Es muy urgente que me hablen. Descubrí algo importante

Al segundo recibí un mensaje de Bob.

—¿Estás bien? ¿Puedo llamarte?

—Sí. Es urgente

Timbró el teléfono y contesté de inmediato.

—¡Bob, hay un túnel! Ya sé por dónde se escapan cada vez que llegan hasta ellos. Yo misma lo vi. Quise hacer la foto, pero había cámaras y dos hombres en el garaje vigilando, ¡pero es un túnel que sale de debajo de una bañera!

—A ver, Andrea. Tranquila. ¿Quieres decir que tienen un túnel debajo de la bañera con acceso, a dónde?

—Bob, el túnel es largo. Me dijo Alex que tiene casi tres kilómetros y tiene luz y hasta aire acondicionado. Alex me dijo que da a una escuela, a la calle y a una funeraria. Además, pude hacer una foto donde se ve el garaje y el muro.

—Andrea, ¡estas son excelentes noticias! Por favor, mándame ya todo lo que tengas. Y si puedes, saca el tema del túnel con Alex para ver si hay algo más que pueda aportar. Te tengo que dejar, esto es demasiado importante. Hablamos ahora, pero mándame esa foto, YA.

Corrí hasta mi otra BlackBerry y recé para que estuviera la foto mientras se prendía. Afortunadamente, había llegado y se veía con claridad lo que a buen recaudo el FBI iba a sacarle partido. Todas las agencias trataban de localizar los diferentes puntos por donde habitualmente se movía el Chapo, pero de forma misteriosa, siempre se les «volaba» dejándoles con la operación en marcha, pero sin presa. Esta vez, ya sabían el por qué y era gracias a mí. La noticia se regó como la pólvora en el FBI, quienes, a su vez, compartieron la información con las otras agencias. Poco a poco, el FBI se había ido acercando al punto donde podría encontrarse la casa. Habían sumado los datos del día en el que el trabajador amigo de Alex me había llevado al descubierto y lo que recordaba de lo que ellos me habían enseñado contando las veces que paraba el coche, si torcía a la derecha o a la izquierda. No era fácil, pero aparentemente les había funcionado, porque habían logrado identificar una zona que coincidía con mis descripciones... Si a eso le sumábamos que en un triángulo de tres kilómetros había una escuela y una funeraria con una pared blanca y barrotes oscuros... ¡Bingo!

Pero mientras esto ocurría, mi propio show tenía que continuar. La idea del Padrino de casarme con su hombre de confianza y mantenerme viviendo en Culiacán no me atraía en absoluto, pero a estas alturas, ya no pensaba en lo que más me gustaba, sino en qué era lo que más me convenía. Cuando les conté a Bob y Steve no salían de su asombro, pero, más asombrados y enojados quedaron cuando se me ocurrió hablarme a mí misma en voz alta.

—Miren, yo tengo que elegir que quiero hacer... pero es que a mí ya me da igual. Si me tengo que casar y acostarme con ese tipo, pues lo hago y después me divorcio, pero tengo que saber qué es mejor. Si me quedo en Culiacán voy a estar cerca del Chapo y Alex indiscutiblemente, pero también estaré incomunicada y no podré volver a tener con esa vida ninguna información de los movimientos o negocios del cartel. Así que, ¡díganme qué hago! Porque yo hago que ese «man» se enamore, me caso y si me lo tengo que «coger» diez veces, pues lo hago.

—Perdón, perdón. Pero ¿tú sabes lo que estás diciendo? Yo creo que tú estás tremendamente equivocada. Jamás te pondríamos en una situación que tú misma no decidieras o desearas. Esto no funciona así, Andrea. Al menos, no con el FBI, no con nosotros. Tú no eres un objeto. Eres una informante, pero un ser humano al que tenemos que proteger.

—Bueno Bob, pues entonces ustedes, ¿qué quieren? Porque yo pa' la cárcel no me voy.

—Andrea, esta es una carta que tendremos que jugar, pero decidimos juntos, y sin que vuelva a repetir una cosa como la que ha dicho, aquí nadie se acuesta o se casa con nadie si no es porque realmente lo desea. ¿Me ha entendido?

Bob estaba realmente molesto con mi comentario. No podía entender cómo había dicho algo así sin apenas importarme, y la verdad... es que no me importaba si con eso me libraba de la cárcel. Decidimos que lo mejor era que aceptara regresar a manejar Ecuador y mantenerme en contacto con Alex y el Padrino, como lo había estado haciendo hasta ahora, aunque quizá la posibilidad de verlos se redujera considerablemente.

Cuando llegué, el Capi, a pesar de saber ya que había sido yo quién había contado a Alex y al Padrino lo del incidente con la maleta roja, me recibió como si nada hubiera pasado. No dudo que en el fondo me tuviera muchas ganas, pero era un mal necesario. Con el cerco tan estrecho sobre ellos, Alex y el Padrino necesitaban gente de confianza para «cuidar» de sus negocios y el Capi los necesitaba para seguir haciéndose rico.

—Andreita, ¿cómo me le fue mijita? Mira que estás linda... Qué bueno que te dignaste a querer venirte un tiempito pa' Ecuador.

—Si Capi, gracias. El padrino, como ya sabe, quiere darle prioridad a esto y me voy a quedar supervisando aquí el negocio por un tiempo, así que vamos a tener oportunidad de celebrar mi regreso.

Se lo dije con ironía de la misma forma que él trataba de engatusarme con su falsa sonrisa y peores deseos. Me dejaron en el hotel que daba a uno de los principales centros comerciales de Guayaquil, donde ya me había quedado anteriormente cuando regresé al D.F. y dejé la casa de San Borondón. Mi intención era quedarme en el hotel por un par de semanas, mientras buscaba con calma una nueva casa en esa área, que tanto me recordaba a cualquier vecindario cerrado de Miami, con seguridad, lagos y hermosas edificaciones.

Me puse a trabajar casi de inmediato. Estábamos en plena negociación del precio de la coca y quería conocer a los guerrilleros de las FARC que estaban a cargo de las decisiones. La idea era establecer una ruta estable de tráfico de cocaína desde Ecuador con el Capi a la cabeza, pero había que comenzar a tratar de bajar los precios. El Capi concretó una reunión con un guerrillero cocalero que manejaba casi toda la coca desde el Putumayo a Nariño, en Lago Agrio. Viajamos en coche desde Guayaquil hasta Quito con el Capi y Rupert, uno de sus hombres de confianza. Por el camino, me advirtieron de que era un hombre tosco, pero con el poder de decidir un buen descuento en cada kilo de pasta de coca. Nos caímos bien nada más conocernos, y tras hablar de varias pistas clandestinas y el precio de las bajadas de radares, para que pudieran despegar y aterrizar avionetas, nos fuimos a cenar. No recuerdo si fue por el frío o por la altura, pero necesitaba meterme algo al estómago. La fina lluvia, además, invitaba a sentarse en algún lugar calentito alrededor de una mesa. Fuimos a un lugar donde el olor a leña se dejaba rastrear a metros a la redonda. Tenía una enorme chimenea y un horno en el que se veían varias fuentes de barro. El Capi me dijo que Quito era sierra y había platos autóctonos muy ricos para probar. Tomó la iniciativa y en un abrir y cerrar de ojos, nos llenó la mesa de suculentos platillos. Una carne humeante que se veía deliciosa y que llamaban hornado, otra que se llamaba fritada y una especie de sopa con patata, maíz, judías y chorizo que me quitó el frío de inmediato.

Además del vino para la cena, el guerrillero y el Capi lo alternaron con whiskey, un licor que nos ofrecieron para probar, y hasta una bebida de canela bien fuerte que llamaban canelazo. Demás está tratar de explicar, que a los postres la conversación y los grados de alcohol en la sangre, se habían disparado considerablemente. Por si fuera poco, el restaurante, que ya había cerrado desde hacía un buen rato, ofreció otra ronda por cuenta de la casa. El Capi estaba totalmente ebrio y como tenía familia allí decidió que se iba para su casa y que Rupert me acompañara al hotel y dejara al guerrillero, que también estaba bien pasado de copas, donde le indicara. Mi intención era sacarle el teléfono para poder acceder a todos sus contactos y mensajes, pero no veía la oportunidad de hacerlo. Durante el trayecto le vi mirarme con otros ojos, con los ojos del deseo. Lejos de acobardarme o sentirme incómoda, le seguí el juego, y en un momento dado, sacó la pistola de su cintura y dando dos tiros al aire por la ventana del auto, le pidió a Rupert que nos dejara en un motel de carretera por el que estábamos pasando, porque quería hablar a solas conmigo.

Me bajé del auto, pedimos una habitación y entre conversación, juegos de seducción y miradas lascivas, le saqué el teléfono. Lo tenía en mi mano cuando me agarró de la muñeca y sin dar importancia al teléfono me tumbó sobre la cama y se me puso encima. Tenía un olor a alcohol tan pestilente como su lengua que a toda costa trataba de abrirse paso entre la mía. Mientras, con una mano trataba de bajarse el pantalón, con la otra me apretaba el cuello. Sentía que no podía respirar. Se movía con la torpeza y ferocidad de un animal dejado llevar por sus más básicos instintos, resoplándome en la oreja y arrancándome la blusa.

—Vamos zorrita, si esto te encanta... Dime que te gusta... No te hagas... si esto es lo que te tiene así mojadita.

Realmente era vomitivo. Decidí dejar de oponer resistencia porque me decía que eso le excitaba. Sentí su mano tosca dentro de mis bragas y sus dedos entre mis piernas mientras trataba de introducirme el pene y me insistía en que le dijera cuánto lo deseaba. No sé si fue un minuto o una semana. Jamás había sentido tanta impotencia y tanto asco. Me había metido en la boca del lobo y el lobo había terminado devorándome. Solo sé que en el momento en que jadeaba y alcanzaba el orgasmo mientras me baboseaba el cuello, pude decirle al oído que nunca se iba a arrepentir más de haberlo hecho.

—Lo que acaba de hacer le va a traer consecuencias. Nadie viola a una ahijada del Chapo.

Se levantó como un resorte, me miró y me dijo que no había pasado nada y que yo había ido voluntariamente con él al hotel. Se echó las manos a la cabeza y sin mediar una palabra más, se subió los pantalones, recogió del suelo todo lo que había tirado en su embestida y salió por la puerta como si hubiera visto al diablo. Me senté en la cama y me quité lo que quedaba de mi ropa para darme un baño caliente que borrara cualquier rastro suyo. Me ardían los labios y me sentía sucia sabiendo que ese cerdo aún empapaba mis piernas con su culpa. Necesitaba llamar al FBI y contarles lo que había ocurrido, pero Bob había sido enfático asegurándome siempre que mi seguridad estaba por encima de cualquier cosa y que en una situación de peligro debía ser removida de inmediato. Si les contaba que el guerrillero me había violado me iban a obligar a salir de Ecuador inmediatamente y darían la operación por terminada. No podía arriesgarme a ir a la cárcel, así que decidí quedarme callada, aunque solo fuera con ellos. Apreté los labios para contener las lágrimas y cogí el teléfono que, para colmo de males, apenas tenía batería. En ese momento solo deseaba ver muerto a ese «hijoeputa». Quería destruirlo, que pagara por lo que había hecho. Tenía que llamar a Alex para contarle, pero al igual que con el FBI, también con él tenía que hacerlo con «pinzas» si no quería iniciar un chisme que acabara en batalla campal. Me daba miedo llamarle a esa hora, pero necesitaba escuchar su voz. Tenía que desahogarme. A la primera que le llamé tomó el teléfono.

—Hola, amiga, ¿cómo así que me llama a esta hora? ¿Le pasa algo o es que me echaba de menos?

Fue oír su voz y ponerme a llorar al unísono.

—Heyyy... Heyyy... muñeca, ¿qué le ha pasado que está «chillando» así? Dígame, Andrea, ¿está bien? Cuénteme ya que la tiene así.

Le conté por encima, sin llegar a decir que me había violado, sabiendo además que nuestras conversaciones estaban siendo escuchadas y transcritas por los agentes del FBI. Su reacción no podía ser otra que la que se esperaba, pero esta vez multiplicada al cubo.

—¿Qué? Ese «man» no sabe lo que ha hecho mija. Ese marico hijoeputa... ¡le voy a mandar que se la corten y se la pongan en la boca pa' que se haga el mismo una mamadita! Tranquila amiga. Pero se puede saber, ¿qué carajo hacía usted en un motel de carretera sola a estas horas y con ese «man» que apenas conocía? ¿Dónde tiene usted la cabeza, mija? Hombre es hombre, e «hijoeputas» hay en todos sitios.

—Pero Alex, él no me violó, quiso aprovecharse de mí y, sí... tiene usted razón, pero él dijo que quería hablar conmigo a solas sin el Capi ni el Rupert... Pensé que era una buena ocasión para sacarle la información que quería.

—Si mija... bonitas horas y lugar pa' «hablar a solas». ¡Tremendo centro de conferencias! Pero ¿le hizo algo, la golpeó?

—No, Alex, solo en mi orgullo. Sentí una gran impotencia, pero tiene razón, yo estaba en el lugar equivocado, a la hora equivocada y con la persona equivocada. La «cagada» es mía.

—Bueno, amiga. Tranquila. Esto no se va a quedar así, pida un coche y váyase a su hotel, ponga a cargar su teléfono cuando llegue y déjeme un mensaje. Un beso, muñeca, trate de descansar porque mañana va a tener que volver a ver la «jeta» a ese «hijoeputa» si es que tiene los huevos bien puestos pa' ir a sentarse enfrente suyo.

Pedí un taxi y me fui para mi hotel. Alex tenía razón. Había poco que se pudiera hacer en la noche excepto tratar de olvidar. En solo unas horas iba a tener que volver a verlo porque él era la persona con la que estábamos negociando varios cargamentos de pasta de coca. Me metí en la bañera y el vapor fue poco a poco limpiándome el cuerpo y el alma. Me puse mi pijama y me abracé a la almohada. Eran más de las cuatro de la mañana y habíamos quedado a desayunar con el Capi a las ocho y media antes de ir a la reunión con los guerrilleros.

Desperté agitada pensando que me había dormido, pero eran solo las siete. El ruido de entrada de los mensajes en mis blackberries me había despertado. Demasiada actividad para la hora en la que habitualmente comenzaba a estar operativo el cartel casi a media mañana.

—*¡Violaron a la Secre!*

No podía creer lo que estaba leyendo. Alex había mandado este mensaje al Padrino y la noticia se había corrido como la pólvora.

—Aijada cuando lea este mensaje comuniquese con la oficina me entere de lo sucedido con el de las botas, pero necesito que me lo cuente usted con detalles.

Era el propio Padrino y este un mensaje escrito de su puño y letra. Así llamaban a los guerrilleros, «los de las botas». En muchas ocasiones las oficinas simplemente escribían lo que el Padrino les dictaba, pero cuando él escribía, era muy fácil saber que era el Chapo quién lo hacía. Escribía sin ningún signo. Ni comas, ni puntos, ni acentos. Tenía, además, una forma muy respetuosa de redactar los mensajes y muchas faltas de ortografía, pero siempre iba al grano. Ese definitivamente era su mensaje. Decidí que lo llamaría de camino a la reunión con el guerrillero. Cuando el Capi me pasó a buscar, también estaba al tanto de lo sucedido. Alex ya le había llamado para «tirarle de las orejas» y darle el parte de lo ocurrido. Me dijo que sentía haberme dejado sola con el guerrillero, pero que estaba pasado de «tragos» y nunca pensó que, sabiendo para quién trabajaba, el guerrillero cometiera la estupidez de faltarme al respeto. Como yo, él también se equivocó. Le pedí que me acompañara a comprar ropa nueva antes de la reunión y media hora más tarde de lo acordado, llegamos a nuestra cita.

En el interior de la sala, ya estaba el guerrillero con alguno de sus hombres. Solo con volver a verlo se me descompuso el estómago. Aún me acordaba de su aliento nauseabundo y sus dedos callosos y torpes.

—Buenos días, señores, ¿cómo han descansado? Espero que bien y que hayan desayunado rico.

Tuve que respirar hondo para no golpearlo en la mandíbula. Más, cuando acercó su cabeza a la mía y casi al oído me susurró:

—Dígame, señora, ¿se le ofrece un juguito? Ya sabe que no pasó nada anoche. Vamos a ser socios, olvidarnos de cualquier malentendido y sobre todo... mucho cuidadito con los comentarios al señor. Yo, le voy a ayudar harto, pero pilas con lo que le decimos al señor.

Tragué saliva y le miré desafiante a los ojos

—Listo. Vamos a lo que hemos venido, a negociar el precio de la coca. Yo me quedo calladita y no digo nada al señor, pero usted que me va a ayudar tanto, me va a bajar a cada kilo que le compre. ¿Le parece? Creo que es una forma práctica de ayudarnos. Yo consigo ese descuento y a mí se me «olvida» cualquier comentario en contra suya. ¿Listo?

No pudo salirme mejor la jugada. Cuando hablé con el Padrino, no solo quité importancia a la violación, dejándolo en un «calentón» y un intento de sobrepasarse, sino que, además, había logrado que el guerrillero me rebajara 200 dólares cada kilo de cocaína. La noticia fue recibida con aplausos por Alex y el Padrino.

—Amiga, usted si es una «verraca». No solo no armó un escándalo al «puto» ese que se quiso pasar de listo, sino que además ahora se me cuelga una medalla haciendo que el «man» le rebaje el precio. No mijita, no es porque yo le haya enseñado, pero es usted una cabrona más lista que el hambre. Espere, espere, que tengo aquí conmigo al Padrino.

—Ahijadita, sí que me salió lista. Le metió las botas por las «pompas» y nos ahorró una buena «lana» mija. Felicitaciones, ahí ya Alex le tiene un regalito. Siga así mija, lista y bien pilas.

De más está decir que el Padrino y Alex estaban felices, pero bajo ningún concepto se les había olvidado. Un día, de la nada, mientras me recordaba que tenía que estar «pilas» con la «rata» del Capi, me presionó para que le contara qué había pasado exactamente con el guerrillero y tuve que contarle la verdad. Al final, ya había obtenido el descuento y la medalla del Padrino y ahora no me importaba que pagara por lo que había hecho. La venganza no se hizo esperar. Menos de un mes después, mandarían un grupo armado paramilitar de Colombia al campamento del guerrillero para tratar de asesinarlo. Hubo varios heridos, pero él salió ileso. Él mismo me llamó aterrado, para preguntarme si eso había tenido algo que ver con el Padrino y si yo había dicho algo sobre lo que había ocurrido.

—Andrea, hoy he tenido un incidente bien «maluco» con un grupo armado de «gorilas» armados hasta los dientes que se me ha metido en el campamento de parte del señor y que tenían que arreglar unas cuentas conmigo.

Por supuesto lo negué y no volvió a aparecer en escena. Nunca supe que llegó a ser de él. Quizá huyó como la rata que era, o después de serle útil al Padrino y seguir vendiéndole a precios de descuento... terminó pagando el precio por lo que hizo. Cuando el FBI tuvo conocimiento del incidente, me cuestionaron por no haberles informado de inmediato. El hecho quedó registrado como «Sexual Assault» porque insistí en explicarles una y otra vez que, a pesar de intentarlo, no me había violado. De haber confesado lo ocurrido me hubieran sacado inmediatamente de Ecuador y mi libertad hubiera estado en juego. Podía arriesgarme a cualquier cosa, pero no a pasar el resto de mi juventud en una prisión de los EE. UU.

Fueron transcurriendo varias semanas sin grandes incidencias. Centrada en establecer la nueva ruta y en comunicación permanente con Alex y el cartel y, por ende, con el FBI, en las noches bajaba la información de todas las blackberries y se la mandaba a New York. Un día, Alex me contó alarmado que el Padrino había tenido un enfrentamiento con Javier, el escritor del libro, y le había pedido que mandaran a alguien para matarlo. Aparentemente, después de muchos meses de trabajo, le había pedido un tanto por ciento muy elevado del libro, además de los derechos que le correspondían como escritor. El Padrino consideró que se estaba «pasando de listo» porque tal vez contaba con el apoyo del FBI o la DEA después de haberse convertido en informante. Estaba tan obsesionado con la idea de que la gente de su entorno pudiera cooperar con las agencias y llegar a traicionarlo, que no era la primera vez que mandaba matar a alguien por lo mismo. Afortunadamente, el propio Alex pudo impedirlo. Cuando el servicio de inmigración y uno de los abogados de entonces del Padrino estaban listos para «agarrarlo», Alex y una reconocida abogada colombiana, representante de narcos, lograron sacarlo y «salvarle el pellejo».

Me alegré con la noticia. Había compartido con Javier por el libro y la película y no me parecía una mala persona. Pero así era el cartel, del amor al odio solo había un paso y en muchas ocasiones, demasiado corto, casi imperceptible.

Señuelo para un secuestro. El que la hace la paga

Los negocios continuaron con el descuento oficial que había logrado del guerrillero, que antes vendía a $ 2.200 el kilo de pasta de coca y yo conseguí rebajarla a $ 1.900. Una mañana que estaba por Nariño en la frontera colombiana, donde se preparaba un cargamento, recibí en la BlackBerry un mensaje del Padrino pidiéndome que regresara de inmediato a Ecuador a reunirme con el Capi.

—Andrea, necesitamos que regreses a Ecuador con urgencia. Salió un negocio que puede ser muy interesante para comprar un avión grande y quiero que tú estés ahí pa' que le eches el ojo y le digas al Capi que también vaya. Mi compadre Serpa, al que ya conoces, también va a estar allá. Reúnete o habla con él primero cuando llegues. La reunión, mija, no será en Guayaquil, sino, allá por la Costa, en un pueblo que se llama Quevedo, que es donde el Capi está ahora en la finca y pa' que no ponga reparos, porque con usted siempre está dispuesto, pero a mí nunca «me sale».

—Si claro señor, como disponga. Estoy en la frontera, pero ahora veo cómo lo hago para llegar a ese lugar lo antes posible.

—Ahijada, ahora dispongo a los hombres que están allá pa' que la lleven hasta el punto más próximo donde pueda coger un avión pa' llegar.

¿Avión? Yo no tenía ni idea que Quevedo era un pueblito turístico de Ecuador, en la Provincia de los Ríos, donde solo se podía acceder a él por carretera. Desde donde estaba, los hombres solo podían acercarme hasta un punto ya en Ecuador, pero después, tenía que coger un autobús. Más de seis horas de viaje. Para que el Padrino se hubiera comunicado directamente conmigo, el negocio del avión debía ser importante. No me sonó extraño. Yo ya me había reunido en otras ocasiones con el «compadre» del Padrino, Serpa, para negociar otros aviones. Además, también sabía que, desde el incidente de la maleta, la muerte del trabajador y la desaparición de la droga y el dinero, el Capi se cuidaba del Padrino. Pero a mí, me tenía confianza.

Era viernes y no tenía mucho tiempo si queríamos hacer la reunión el domingo. Los hombres del guerrillero en Colombia me pasaron en coche hasta Quito y tras una breve parada en Ibarra para avisar al Capi de la reunión del domingo, recibieron la orden de continuar y llevarme directamente hasta Quevedo. Un pintoresco lugar al que se accedía por un moderno puente colgante sobre el río y desde el que se vislumbraba el campanario afilado de una iglesia y una plaza con una enorme estatua de un pez.

Estaba tan agotada por el viaje que entré en el primer hotel que nos pareció aceptable. En Quevedo no había tanta oferta para elegir, ni yo estaba con ganas de buscar algo mejor que una habitación limpia y confortable en un hotel con wifi. El hotel San Andrés era perfecto. Dejé mi bolsa sobre la cama y comencé a cargar los celulares. Llamé a Serpa para avisarle de que ya había llegado y reunirme con él primero, como me había indicado el Padrino. Quedamos en una cafetería cerca de donde yo me encontraba y él, llegó con uno de sus hombres, muy querido, que se levantaba de la silla cada vez que yo me levantaba. En esa reunión Serpa fue muy específico.

—Andrea, necesito que mañana esté con el Capi en este restaurante chino a la 1:00 pm y que cuando llegue pida que le den la mesa que está al lado de la ventana del lado derecho. Mañana domingo los restaurantes se llenan y no me gusta estar tan cerca de las puertas.

Hablamos brevemente del «supuesto» negocio de la compra de un avión grande para el cartel y me retiré a descansar al hotel para poder descargar las blackberries y comunicarme con el FBI. Esa fue mi primera llamada.

—Bob, ya he llegado a Quevedo y me reuní con Serpa. Me ha pedido que mañana esté con el Capi en un restaurante chino a la 1:00 de la tarde. Venía con uno de sus trabajadores y me insistió en llevarlo porque, él tiene que saber las especificaciones del nuevo avión para el transporte de la coca desde aquí. Ya llamé al Capi que estaba en la finca con la familia y me dijo de mala gana que interrumpiría su fin de semana solo porque yo había venido hasta aquí.

—Está bien Andrea, ten cuidado. Vamos a ver qué más podemos averiguar. Mantente en contacto.

Dormí como hacía tiempo que no lo hacía. Esa última semana me la había pasado viajando, tratando de conseguir para Alex, entre Ecuador y Colombia, todo lo que se necesitaba para el cargamento que estaban negociando. Apenas había descansado y tras una ducha caliente no me fue difícil caer rendida en los brazos de Morfeo.

La mañana del 10 de marzo del 2013 estaba hermosa, fresca pero soleada. Desayuné en el pequeño restaurante del hotel y subí para mandar varios mensajes, entre ellos, a Alex. Sobre las 12:15 salí con tiempo para el restaurante chino con idea de conseguir la mesa que me habían pedido y tenerla lista para cuando ellos llegaran. El restaurante estaba un poco alejado del centro saliendo por una de las carreteras de acceso al pueblo. Cuando llegué, la mesa que Serpa me había solicitado estaba ocupada por una pareja y tres niños que apuraban su postre. El camarero chino, que apenas hablaba español, me indicó riendo otras mesas, pero entendió que iba a esperar a que se fueran para poder sentarme en esa.

Llevaba diez minutos sentada, cuando el Capi apareció con seis de sus hombres y se sentó en mi mesa:

—Mire, no más qué gusto tenerla por aquí. Esto sí, ha sido una sorpresita mayúscula y muy agradable. Espero que después podamos tener un poco de tiempo pa' que le enseñen Quevedo. Pero, dígame una cosa, ¿cómo así que vinieron hasta «mis dominios» para negociar la compra del avión? Eso sí que me pareció raro, pero bueno, venía usted... Y el «man» qué tiene que venir, ¿no habíamos quedado a la 1:00 pm? Mira que estos «manes» colombianos son impuntuales.

Miré el reloj y ya pasaban más de veinte minutos de la hora acordada y Serpa no había llegado ni había llamado. El Capi, que había venido con todos sus hombres de confianza, estaba visiblemente molesto por lo que, tomé mi teléfono para llamarlo. No había terminado de dejarle un mensaje, cuando un nutrido grupo con más de una docena de hombres vestidos con los uniformes de la policía local, entraron en el lugar y se acercaron a la mesa que ocupábamos, mientras los hombres del Capi sacaban sus armas y eran obligados a bajarlas. Todo pasó en décimas de segundo. Se acercaron al Capi y le golpearon varias veces con un rifle hasta que lo arrastraron fuera del restaurante mientras él gritaba que estaba siendo secuestrado. En ese momento, uno de sus hombres disparó a uno de los «supuestos» uniformados y se armó un lío descomunal que aproveché para tratar de salir huyendo hacia la cocina. Como esperaba, el restaurante tenía por ahí otra puerta de salida a la calle. La abrí, pero en lugar de salir, me metí en el pequeño baño de empleados y me subí encima del inodoro para que no pudieran verme los pies. Al segundo, solo oía voces acercándose.

—¡Busquen y atrapen a la perra! La muy zorra vendió al Capi. Si ellos se lo han llevado, nosotros tenemos que agarrarla.

—Vengan... salió por esta puerta. Rupert, agarre el coche hermano, y ustedes vengan conmigo. Hay que agarrarla y que «cante» quién se ha llevado al Capi. ¡Vámonos!

Tardé en salir varios minutos desde que los oí alejarse. En ese momento, nerviosa y casi sin acertar, encendí la BlackBerry y pude llamar a Alex.

—Alex, ¡van a matarme marica! Secuestraron al Capi y ahora sus hombres me están buscando a mí.

—Verga... Pero ¿dónde está? ¿Cómo así que la dejaron ahí?

—Alex estoy escondida en un baño con todos los celulares porque cuando se llevaron al Capi me dejaron sola aquí y el Rupert y su gente quieren matarme... ¡este es el fin Alex!

—¡Panda de borregos! Mija, no hacen una derecha. Deje que ya aviso para que vayan a sacarla de ahí. Tranquila... y si ve que puede volarse del restaurante mija, despliegue esas alas y vuélese de allí lo más rápido que pueda.

Colgué con Alex y marqué los números de Bob y de Steve, pero nadie contestaba. Era domingo al mediodía, y se encontraban uno en Connecticut y otro en New Jersey con sus familias, de fin de semana. Por fin Bob contestó mi segunda llamada.

—¿Qué pasó Andrea?

—¿Qué pasó? ¡Pues que mandaron un comando armado y me van a matar!

—Andrea, tranquila. ¿Qué fue exactamente lo que pasó? ¿Dónde está?

—Estoy escondida en un baño porque secuestraron al Capi, sus hombres quieren matarme y yo estoy aquí con el pasaporte y todos los celulares. A mí me van a matar, ¡Me van a matar!

—*¡Fuck!* No te van a matar, pero tienes que estar muy atenta. Si te llegan a detener recuerda que no nos conoces, ni trabajas con nosotros. No digas absolutamente nada que nosotros nos encargamos después de sacarte. Trata de ahogar los celulares y borrar todas las evidencias de lo que haces o para quienes trabajas. Aunque no puedas hablar, necesito que me mandes una localización exacta de dónde te encuentras para mandar a buscarte. Cuelga y envíame lo que te pido.

En cuestión de minutos, ambos estaban conduciendo en el pesado tráfico del fin de semana en Nueva York y mandándome mensajes de que ya estaban todos camino a la oficina. La operación, si me detenían, podía estar en serio peligro.

Cuando por fin había avisado al FBI y al cartel, me senté en el inodoro dudando si era el momento de ahogar todos los celulares. Habían pasado muchos minutos y el restaurante se escuchaba casi vacío después del alboroto. Cuando me disponía a asomarme, alguien se adelantó y me tocó la puerta del baño.

—Señorita, puede usted salir. Ya hombres irse y esto es para usted. Hombre darme esto para usted.

Un guion cinematográfico no hubiera sido tan perfecto. En medio del drama solo faltaba el chinito cantonés hablándome como

Tarzán con acento chino, entregándome una bolsa blanca, que al abrirla, descubrí que estaba llena de dinero. Sin duda, ese era el pago por haber sido el señuelo para «pescar» sin saberlo al Capi. Tomé la bolsa y le di varios «rollos» al chinito por haber mantenido silencio sabiendo en todo momento donde me había escondido. El pobre, no había visto tantos dólares juntos en su vida y me agradeció casi con reverencias. Al disponerme a salir, en el salón principal, dos motorizados de la policía habían entrado al restaurante y al verme, me señalaron y se dirigieron hasta mí.

—Señora, necesitamos que nos cuente qué ha pasado. Usted estaba con el señor que los testigos alegan se han llevado secuestrado. Por favor, necesitamos que nos colabore contándonos qué ha pasado y quién era ese hombre. Acompáñenos por favor. Cuando venga la patrulla, necesitamos que nos acompañe.

Esta vez sí eran policías y estaban dispuestos a llevarme hasta la estación de policía a declarar si no se me ocurría algo urgente. Yo era la única que estaba en esa mesa cuando se llevaron al Capi, era colombiana y, para colmo, tenía en mis manos una bolsa con la mitad del dinero que me acababan de entregar. No parecía tener escapatoria. Sin embargo, jugué mi única carta.

—Mire Señor policía, yo le cuento todo lo que usted quiera, pero por favor no me lleven a ningún sitio. Yo si estaba con el señor, pero no sé nada de lo que ha pasado de verdad... yo... Yo soy colombiana, sabe usted y... bueno, vengo aquí un fin de semana sí y otro no... o cuándo me llama el señor porque yo no vivo aquí, pero el señor está casado. Ya sabe usted.

—No, señora, yo no sé nada. Por eso necesito que usted me lo cuente, pero la verdad.

—Es que no me ha dejado terminar señor policía. Es que yo estudio en Colombia y mis padres no se pueden enterar, pero el señor me paga por venir con él... mire, mire justo me había pagado mis últimos fines de semana y una platica para dar la entrada de mi auto. Es que señor... yo soy escort... vamos que soy puta y el señor me paga, pero si quiere yo le dejo a usted y a su compañero esta platica y no digo nada y ustedes tampoco y me dejan ir... por favor señor policía, mis padres no se pueden enterar y su esposa tampoco.

El policía miró a su compañero, tomó la bolsa de mi mano, la abrió y aceptó de mucho agrado el ofrecimiento al punto, que acabó pidiéndome un taxi y dándome un billete de veinte para pagarlo.

—Que le vaya bien señorita. Hoy es domingo y día del Señor, así que dele las gracias y váyase con bien a su casa.

Aún no sé de dónde me vino la inspiración ni como pude tener tanto aplomo, pero a medida que el coche se alejaba, sentí que la sangre regresaba a mis venas. Definitivamente, había sido el día en que el señor terrenal me había usado de carnada y el Señor Celestial me había protegido. El pueblo era pequeño y con total seguridad me estarían buscando. Tenía que salir de allí lo más rápido posible, pero necesitaba pasar por el hotel a buscar mis otros celulares que estaban escondidos en una bolsa de plástico dentro de la cisterna. Me estaba quedando sin batería y necesitaba cambiar las de los teléfonos que estaban cargados en el hotel por las que estaban a punto de «morir». A los tres minutos exactos salí corriendo del hotel y le pedí al taxi que había dejado esperándome en la puerta, que me acercara a la estación de autobuses. Como me habían traído los trabajadores, no tenía ni idea de cómo llegar hasta Quito. Confundida me equivoqué de terminal y acabé por subirme en el autobús «local» en lugar del exprés que salía minutos más tarde. Salí de Quevedo en el autobús de las 3:40 y después de parar por la mitad de los pueblos de la geografía ecuatoriana, alcancé a llegar a Quito casi a las tres de la madrugada.

Ecuador en llamas

En el trayecto, los mensajes iban y venían, entre Alex y el FBI, los cuales no daban crédito a la forma en que había logrado salir airosa de Quevedo. Hasta el Padrino estaba pletórico.

—Ahijada, usted si es bien chingona. Tiene los huevos pero que bien puestos mija... Si ya sabía yo que usted era bien pilas y bien inteligente, pero tan chingona... ¡no mames!

—Amiguita, ¿no quería voltios? Pues ahí los tiene... No y que no quería una vida tranquila de esposa del «güero» aquí en Culiacán y prefería voltios... pues ahí le ha ido la descarga, mijita. Voltios pa' electrocutarse. Póngase de mi parte otra estrella... Ya tiene dos, pero ¿cuántas más quiere? ¿Cinco cómo un general? Jaja ja...

Los mensajes estaban llenos de símbolos de estrellas y el FBI que después tenía que transcribirlos, a veces acababan riéndose por las ocurrencias de Alex. Era realmente imposible que pudiera mantener una conversación con nadie, sin incluir su ironía o particular sentido del humor. Fueron casi doce horas de viaje en las que solo bajé del autobús para ir al baño y comprarme un bocadillo, un refresco y unos chocolates. Pero en Quito aún no estaba en casa. Había terminado de «quemar» Ecuador y mi vida en este país después del secuestro del Capi, siempre iba a estar en peligro.

México tampoco era el lugar ideal porque el Padrino poco a poco también me había ido «quemando» con sus mensajes y «razones» y ya era casi vox populi mi relación con Alex y el cartel. Sin embargo, necesitaba seguir estando en comunicación con ellos para mantener abierta la operación con el FBI que podría ayudarme a conseguir mi libertad. Solo por eso, tenía que volver al D.F. hasta que las cosas llegaran a un punto donde tuviera que abandonar. Aún no había ocurrido. En Quito, el FBI me había reservado un pasaje a las 6:00 am hasta Bogotá. Teníamos que reunirnos allí para poner sobre la mesa con lujo de detalles, todo lo que había pasado en Quevedo. Para el cártel, además, era la coartada perfecta, porque después de las emociones vividas, Alex entendía que necesitara reencontrarme al menos un día con mis padres.

La reunión con el FBI en Bogotá sirvió para que ganáramos en confianza mutua. Ellos, vieron que yo no era solo una «*party girl*» frívola y ambiciosa, como en un momento habían pensado, sino alguien con la sangre fría y el ingenio suficientes para salir ilesa de situaciones como esa. Podía comprobar una vez más que tenían razón y había elegido el camino correcto. Habían sido mi segunda oportunidad en la vida y estaban ahí, incondicionalmente, para cuidar que nada me sucediera. Solo habían transcurrido unas cuantas horas desde el secuestro del Capi y estaban frente a mí, en Colombia, repasando minuto a minuto todo lo que había acontecido.

Como imaginábamos, me confirmaron que yo fui la carnada en el anzuelo. Por las conversaciones intervenidas y transcritas, el Padrino le tenía «ganas» al Capi desde la desaparición del dinero, la droga y la muerte de Raúl. Había estado esperando el momento, pero los contactos del Capi eran invaluables para las operaciones del cartel en Ecuador. Incluso, posteriormente, recuerdo que en una ocasión que le pregunté, Alex me había dicho:

—No mija, a ese Capi ya le bajamos los humos. Le dimos su apretadita para que estuviera ubicado y bueno, ya entendió que quien con fuego juega... termina quemándose.

Ellos lo secuestraron, lo desaparecieron por un tiempo, «le apretaron las tuercas» y aprendida la lección lo dejaron libre. Para el cartel era más útil mantenerlo vivo que muerto porque él seguía siendo el contacto con los otros narcotraficantes que vendían y hacían negocios con el Padrino. De no haber sido así, hubiera aparecido muerto en cualquier cuneta o flotando en uno de los ríos cercanos a su finca. Así operaban ellos y el FBI lo sabía.

Con las informaciones que yo les había aportado durante meses y la cooperación de otras agencias, su detención no tardó en suceder. Trabajó unos meses más con el cartel y un día que esperaba una avioneta cargada con 500 kilos de coca lo detuvieron en las pistas del aeropuerto. Curiosamente, en la avioneta, venían además las lápidas de los dos pilotos del Padrino que se habían estrellado en Pedernales el año anterior. Dos cruces de metal con sus nombres y fechas de nacimiento grabadas, que el Chapo deseaba fueran erguidas en el lugar del accidente. Una casualidad que terminó vinculándolo con la avioneta accidentada en la que se mataron los pilotos, y se encontraron dos maletas con millones de dólares, supuestamente destinadas al pago de una operación de coca.

Nunca más supe de él. Ecuador estaba en llamas y quedarme un día más podría significar morir en la hoguera. Había sido una «etapa» de mi viaje que quedaba cerrada para siempre. Ahora, me tocaba volverme a subir a un tren con destino desconocido en la que solo Dios sabía cuál sería mi estación final de bajada.

Capítulo 8

Desconfianza, la última vez que vi al Padrino

Operativo en mi departamento
Vienen a matarme

Por el momento, mi tren se detenía de nuevo en México. «Quemado» Ecuador y con todo el mundo pensando que yo había entregado al Capi, de ninguna forma podía quedarme en Guayaquil. El D.F. volvía a recibirme con los brazos abiertos. Durante los últimos tres años había sido mi casa y allí es donde tenía lo que podía llamar mi hogar, mis amigos y mi trabajo con el cartel. Aunque cueste trabajo creerlo, en una época el cartel había sido mi familia, y Alex y el Padrino, esa gente amable y buena que siempre se mostraban tan queridos conmigo. Por conseguir poder, era fácil engañarme a mí misma. Me gustaba ser la «intocable», que quienes tenían que saber, supieran que yo estaba con Alex Cifuentes y el «Chapo» Guzmán. Ni siquiera, a esas alturas, me importaba que su poder y su riqueza se hubieran construido sobre uno de los mayores imperios del crimen y el narcotráfico. Tampoco, haberme convertido en una criminal como ellos. Solo quería ser más, crecer en la organización y demostrar que era algo más que una «cara bonita». México fue mi trampolín y el D.F. mi casa. Una casa en la que me quedé por el poder y a la que ahora regresaba para ganarme mi libertad.

Alex seguía en Culiacán junto al Padrino, pero yo continuaba siendo su «secretaria». Sus ojos y oídos en las reuniones donde le era imposible asistir. La persona que se encargaba de hacerles las compras y quien seguía entreteniendo, llevando a restaurantes y clubes a las visitas que venían de negocios. Gracias a este acceso sin precedentes a Cifuentes y a Guzmán, podía seguir entregando información extremadamente valiosa al FBI, sobre dónde se encontraban geográficamente, dónde estaban sus casas de seguridad y las sofisticadas medidas de seguridad que usaban para evitar ser capturados. Como el túnel, que hasta el momento de decirle a Bob, era totalmente desconocido por las agencias. Comenzaba a saber que mi trabajo para mí era un ticket a mi libertad, para muchos era el ticket que les conduciría finalmente a la detención del Padrino.

Desde el último día que, en la casa del túnel en Culiacán, me había dicho que sus contactos en el Humo le habían confirmado que el FBI lo seguía, estaba en un estado de paranoia continuo. Ya no quiso volver a ver a su amiga la doctora porque alguien le había insinuado que podría estar cooperando y había mandado «bajar» a varias personas de las que también dudaba que pudieran traicionarlo. Yo había seguido manteniendo comunicación continua con Alex y el Padrino por las blackberries, pero nunca más, después de aquel viaje, volvería a tenerlo de frente hasta el momento de su sentencia. Alex, estaba cada día más aburrido y el encierro en Culiacán, sin la posibilidad de recibir apenas visitas, comenzaba a pasarle factura. Ya no era la misma persona divertida y alegre. Su confinamiento en la casa del túnel le estaban convirtiendo en un ser infeliz alimentado por los mismos miedos del Padrino.

Yo seguía «quemándome» cada día un poco más con todos los contactos políticos y militares a los que tenía que seguir llevando «razones» del Padrino, y trabajando cada día menos con la Agencia de modelos que hasta ese momento marchaba en piloto automático y bajo la dirección de mi socio. Había desocupado mi departamento de Polanco cuando me mandaron a Ecuador, y por esas primeras semanas, estaba en una casa semi-temporal donde vivían las modelos que no eran mexicanas. Un hermoso departamento, también en Polanco, en el piso de arriba de las oficinas que ocupaban la familia de mi socio y donde también teníamos una recepcionista de la agencia. Solo la cocina y los baños tenían paredes cerradas, el resto de la casa tenía enormes ventanales que daban a la Avenida.

Un jueves sobre las once de la mañana, había llegado de tomar un café con un amigo colombiano que estaba de visita en México, y le había dicho a la recepcionista que si alguien preguntaba por mí, le dijera que no estaba. Subí al departamento y me tendí en la cama con mi colección de teléfonos para empezar a bajar información. No llevaba ni quince minutos, cuando recibí una llamada del piso de abajo.

—Señorita Andrea... que baje por favor que la está esperando inmigración y quieren hablar con usted.

El corazón me dio un vuelco. Ni siquiera le dije nada. Me asomé por la ventana a través de esos vidrios que impiden ver durante el día el interior de la casa y vi estacionado, ocupando casi toda la calle, lo que parecía un operativo en cubierto. Al instante elucubré mi teoría conspirativa que apuntaba al Padrino. ¿Quién más, sino él, podía estar detrás de esto? En aquella época, yo sabía que algunos «asalariados» del Padrino seguían trabajando para él en el servicio de inmigración y no era difícil imaginar que habían venido a sacarme para matarme o para «sacarme la sopa» y que confesara mi doble vida como informante del FBI. Apenas me daban las manos para marcar a Bob, Steve o cualquiera del grupo a quien contarles que venían a matarme. Ninguno contestaba. Lo intenté con el RCMP, la policía canadiense con quien también había aceptado trabajar y me contestaron de inmediato. Ellos se encargaron de localizar en segundos al FBI en Nueva York, y aunque Steve no estaba, pero Bob me llamó al momento.

—Bob, ¡me van a matar! Esta vez sí no hay cómo... Están estacionados abajo y no sé si son de verdad del servicio de inmigración o son hombres del Padrino con esos uniformes. Aunque para el caso sería lo mismo.

Bob no lograba entenderme. Los nervios me habían bloqueado y apenas podía explicarle en inglés mientras localizaban al traductor. Me pidió que me tranquilizara y al minuto me llamó Steve. Comencé a enviarles fotos del operativo porque el video no lograba salir por la mala señal de Internet.

—Steve, me van a detener. ¡Van a romper la puerta y me van a llevar!

—Tranquila Andrea. Ya estamos averiguando, pero tranquila. Sea quien sea, no son tontos. No van a entrar a la fuerza a llevársela de un edificio de oficinas a plena luz del día. ¿Tiene los celulares consigo? Es importante que los ahogue inmediatamente en la cisterna del agua del inodoro. Quédese solo con este y el suyo. ¡Hágalo ya! ¡No pierda tiempo!

Cogí todos los que pude y a la carrera fui metiéndolos todos en el agua. Eran tantos, que se me desbordó el agua que comenzó a esparcirse por el suelo del baño y la entrada de mi cuarto. El corazón se me salía por la garganta.

—Steve, ya lo hice. Los celulares están ya en el agua.

—Bien Andrea, ahora empaque. Escúcheme atentamente. Empaque en una bolsa de viaje solo lo que considere importante. Papeles, pasaportes, información que crea que pueda resultarle valiosa y algo de ropa y un par de zapatos, pero deje todo lo demás. Haga si quiere otra maleta y déjela lista por si luego se puede pasar a buscarla. Quiero que se concentre en eso mientras vemos que está pasando, pero tranquila, si hubieran querido detenerla a la fuerza lo hubieran hecho ya.

Steve tenía razón. Me salvó estar en el piso de arriba del edificio propiedad del papá de mi socio y donde además tenía él su oficina junto a las de sus dos hermanos. Aunque mi socio no estaba, su hermano que había venido de Texas tenía a sus «guaruras», su otro hermano los suyos, y el papa nunca se movía tampoco sin al menos cinco o seis guardaespaldas. Entre todos, había quince hombres armados en el piso de abajo, que podían haber desatado un baño de sangre, si los uniformados hubieran tratado de entrar en la propiedad a la fuerza.

De cualquier forma, tampoco se iban a quedar todo el día. Seguro que iban a esperar a que dieran por terminada la jornada laboral y salieran del edificio para entrar ellos a buscarme. Eso, podía ocurrir en cualquier momento y yo no podía esperar a que el FBI moviera todos sus hilos con su gente de México, por lo que llamé al abogado mexicano con el que había estado colaborando en la campaña de Peña Nieto, que además conocía mi vinculación con Alex y el Chapo, y le pedí que me ayudara. A través de una agencia de seguridad de su propiedad y de sus increíbles contactos logró confirmar que en realidad se trataba de un operativo en cubierto. Sin embargo, dudaba que pudiera tratarse de la policía porque de haber sido así, con una orden de arresto hubieran tumbado la puerta y me hubieran sacado. Solo quedaba entonces una hipótesis. Todo apuntaba a que era la gente del Padrino y que este me había mandado «echar mano».

—¡Me van a matar amigo! Tengo que salir de aquí y necesito que me ayudes. No puedo esperar a que entren por mí y me lleven. Por favor, Gerardo, ¡tienes que ayudarme!

—Andrea, coincido con el FBI. No van a entrar ahora y se van a arriesgar a una balacera donde cualquiera puede salir muerto o herido. Tranquilízate. Vamos a dejar que se cansen un poco y en unas horas mando a buscarte. No te preocupes, que yo tendré listos todos los detalles. Tú solo ocúpate de estar tranquila y no hacer tonterías. Llamaré para que abras el garaje, bajas rapidito y te metes en el baúl de la camioneta. ¿Entendiste?

Llamé a Steve para contarle mi conversación con el abogado. El FBI siempre estuvo al tanto de que Gerardo fue quien me ayudó. Siguiendo sus instrucciones traté de tranquilizarme y comencé a empacar mis cosas. En una de las carreras, resbalé con el agua que se había derramado de la cisterna y fui a caerme contra la cómoda de mi cuarto. Ni siquiera sentí dolor a pesar de que en segundos mi antebrazo derecho comenzó a ponerse de un rojo verdoso. Me levanté como pude, tomé de nuevo toda la ropa que había quedado tirada con la caída y empecé a meterla en la bolsa; mis joyas, todos los papeles, información y fotos de mensajes que guardaba en varias carpetas; casi nada de ropa, dos computadoras portátiles, los pasaportes y la plata de la caja del cartel, que en ese momento tenía conmigo y que bajo ningún concepto iba a dejar allí. Además, dejé hecha la otra maleta por si alguien podía pasar a buscarla. De repente, en mi celular, una llamada de Miami. Era la secretaria de Paul, el abogado que estaba llevando mi caso y que necesitaba hacerme una consulta, porque su jefe estaba esa mañana en la corte representando a otro narcotraficante.

—Angie, dígale a Paul que la policía o unos supuestos policías van a detenerme o matarme. Que ya el FBI está al tanto y estoy esperando para que vengan a sacarme.

No sé el tono en el que se lo dije a la pobre mujer que en cuestión de minutos tenía a Paul al otro lado de la línea.

—Andrea estaba en la corte y he tenido que pedir un receso, ¿qué está pasando? Esté tranquila que la van a sacar de ahí. Usted es ahora responsabilidad del gobierno americano porque está ahí trabajando para ellos.

Estaba tan furioso que llamó a los fiscales para exigirles que se responsabilizaran de mí a como diera lugar. El FBI estaba tratando de hacerlo, pero sin involucrar a la Embajada Americana para no crear ningún incidente diplomático o echar a perder toda la operación. Paul les insistía en que, si no hacían algo rápido, corrían el riesgo de que me detuvieran y esto era México, donde me iban a «reventar» y donde, muy posiblemente, no saliera con vida.

El tiempo transcurría como con cuentagotas hasta qué, pasadas las cinco de la tarde, recibí la llamada acordada del abogado.

—Cuando vuelva a sonar el teléfono, abres la puerta del portón del garaje. Va a entrar una camioneta negra blindada, igual que las que utiliza el padre y los hermanos de tu socio. Yo no puedo dejar la oficina porque estamos con el cierre de Chihuahua, pero te mando a dos de mis hombres de confianza. Métete con la bolsa de viaje en el baúl y espera a que llegues aquí a mi oficina para salir. Todo va a salir bien, confía en mí.

—Está bien Gerardo, muchas gracias. Si esto sale bien te la voy a deber para toda la vida.

Muy nerviosa llamé al FBI que estaban conectados, pendientes de mis mensajes, y les conté que ya mi amigo había mandado a buscarme y me iban a sacar en la camioneta hasta su oficina.

—Andrea, el plan de su amigo está muy bien, pero dígale que la lleve hasta el hotel Ritz de Polanco que ya mismo le reservamos una habitación hasta que podamos sacarla. El hotel es un lugar seguro.

Sonó el teléfono, abrí el portón y bajé por las escaleras hasta el garaje llevando solo mi bolso y un bolso de mano. Abrí la puerta y vi, con el motor encendido esperándome, una camioneta negra con cristales tintados, exacta a las otras que estaban parqueadas. El copiloto bajó y me ayudó a meterme en el baúl y así salimos a la calle pasando entre los autos del operativo que aún seguían estacionados. A las pocas calles, estaban esperando los hombres de la compañía de seguridad de mi amigo. El chofer tenía órdenes de llevarme a la oficina, pero yo le indiqué que dónde tenía que dejarme era en el Ritz por indicaciones del FBI. En medio del «trancón» de tráfico de esas horas y ya cerca del hotel, Gerardo llamó extrañado.

—¿Dónde están Andrea? Deberían estar ya aquí en mi oficina.

—Hola amigo. Sí, perdona, es que te llamé y como no contestabas, yo le dije al chofer que me trajera hasta el Ritz de Polanco como me indicó el FBI. Y pues aquí estoy a punto de hacer ya de que me den la habitación.

—¿Queeeé? ¿Pero a quién se le ha ocurrido esa maravillosa idea? ¿Pero qué piensas y qué piensa la gente que trabaja contigo también... qué esto es un paseo? Con todo respeto Andrea, pero ¿qué sabrá el FBI de cómo se opera en México? Tú con quien tienes que estar es conmigo. Si te están siguiendo y van a detenerte en México, la ley es distinta. Yo meto inmediatamente un amparo y no te pueden tocar estando conmigo por 72 horas. No pierdas más tiempo mija, agarra un coche mismo del hotel, sube tus cosas y vuélate ya para mi oficina.

Informé al FBI la decisión de mi amigo y estuvieron de acuerdo en que tomara ese coche del hotel y me fuera a su oficina. Me tocó cruzar la ciudad con el tráfico de regreso a casa. Aún no había oscurecido cuando tocaba la puerta de su despacho. Llevaba mi bolsa de mano y una bolsa grande de plástico chorreando agua donde había metido todos los celulares que previamente había ahogado en la cisterna, pero que al ver que no subían a detenerme, rescaté llevándome conmigo.

—Andrea, sácalos de la bolsa. Ahora mando a una de mis secretarias que bajen a comprar arroz. Quizá todavía está a tiempo de salvarlos si logramos secarlos por dentro. Necesitas seguir comunicada con Alex y tratar de averiguar si realmente habían querido acabar con tu vida.

El despacho de mi amigo parecía un restaurante de sushi con todos los teléfonos abiertos y cubiertos de arroz. Una escena que me provocaba risa en medio de tanto caos. Mientras tanto, él comenzó a averiguar si había cargos en mi contra. Para ello, mandó a uno de los muchachos de su equipo al aeropuerto y cuando preguntó por mi estatus, se le vino encima una avalancha de federales peguntándole de que me conocía y cuál era el motivo por el que estaba pidiendo esa información. Le tocó jugar al «bobo» y decirles que no me conocía de nada, pero que la oficina de abogados para la que él trabajaba estaba pidiendo un reporte para la renovación de uno de sus documentos en México. No sé si coló el cuento, pero lo que sí coló, fue «la plata» que entregó a uno de los funcionarios para decirnos que había una alerta migratoria y borrarla del sistema.

Tuve que pagar 40.000 dólares a mi querido Gerardo para que borraran la alerta migratoria y poder salir de México en un avión privado que el mismo rentó. Cuando todo estuvo listo, me llevaron al aeropuerto de Toluca para abordar el jet privado hasta Panamá porque por cuestiones de precio, era mejor hacer el trayecto hasta allí, y después tomar un vuelo, comercial hasta Bogotá. Cuando me despedí de ellos en las escalerillas del avión supe que la despedida sería para siempre. México también estaba «quemado» para mí y si quería vivir, mejor no arriesgarme a regresar.

México, por última vez, la desconfianza del Padrino

Sentada en el avión, observé el impresionante Distrito Federal con cierta nostalgia. Las luces serpenteantes de las anchas avenidas y edificios se veían simplemente hermosas desde el cielo. México había sido mi hogar, pero también mi condena trabajando para el cartel. El lugar donde viví la pasión, la traición, el amor y el desamor y donde aprendí las lecciones más duras de mi existencia. Sin ninguna duda iba a extrañar los tacos al pastor del restaurante de la esquina y la amabilidad y gentileza de ese pueblo que no merece la corrupción que azota sus instituciones. El Padrino, el Mayo y muchos de los «grandes señores» de la droga, jamás hubieran pasado de ser los campesinos medio analfabetos que eran, de no haber sido por los «señores del poder» que se lo permitieron. Políticos, empresarios, policías y funcionarios públicos que abrazados a la corrupción y apego al dinero y al poder los convirtieron en intocables.

Me recosté y pensé en Alex. En la posibilidad de que quizá fuera también la última vez que pudiera mirarle a los ojos o sentir uno de sus abrazos. Su situación tampoco estaba siendo fácil estos últimos meses, por la desconfianza del Padrino, que lo tenía prácticamente secuestrado en Culiacán. Necesitaba llamarlo, pero ni siquiera estaba segura quién era la mano negra detrás del operativo en mi apartamento. Si el Padrino se enteraba y había sido él, yo misma me estaba poniendo en bandeja de plata. Por primera vez sentí también, que el FBI me había abandonado a mi suerte y que, de no haber sido por mi amigo, quizá a estas horas no estaría con vida. El vuelo a Panamá se me hizo corto, quizá por la adrenalina de las últimas horas. Sin apenas darme cuenta, estaba ya sentada en el avión, rumbo a Bogotá.

Habían pasado un par de días y ya había retomado el contacto con el FBI y el RCMP. Los canadienses tenían que apurar mis papeles porque ya no tenía más «plazas» por quemar y Canadá era mi única opción. Desde hacía meses llevaban tramitando mi permiso para trabajar como agente del RCMP porque las leyes canadienses no permiten informantes. Ambas agencias sabían que mi única oportunidad de retomar el contacto con el Chapo estaba en Canadá y no podían perder más tiempo. Para volver a acercarme a él, solo necesitaba hacerme la ingenua, y sobre todo ganar varios puntos, porque la misericordia del Padrino se medía dependiendo de cuan valiosa pudiera seguir resultando.

Con esta idea en la mente, fui a hablar con uno de mis amigos narcotraficantes y le convencí para reabrir la oficina del cartel en Bogotá. Mientras se establecía la reunión con otros narcos, me armé de valor y llamé a Alex haciéndome la tonta y tratando de retomar el contacto con el cartel.

—Bendito sea Dios, reaparecieron «mis ojos...» ¿y cómo es ese milagro que me llama después de esta desaparición sin contestar un solo mensaje ni llamada? Ya pensé que se la había comido el lobo, Caperucita.

—Pues más o menos Alex, casi me comen. Tuve que salir del D.F. volada. Estaba demasiado caliente y eso iba a explotar. Primero mataron a Piolo en el portal de mi casa y ahora había un operativo de la policía federal... obviamente el trabajo con la agencia de modelos y los recados del Padrino a tanta gente, me han puesto en el ojo del huracán. Se quedaron esperándome en la calle por horas y eso, Alex, no era una buena señal.

—¿Cómo así mija?... caliente no, recaliente. Usted está ardiendo... Hizo bien en retirarse antes de que el fuego la devorara, pero... espere que el Padrino está aquí y dice que le escriba.

Le conté lo mismo que a Alex, haciéndome completamente la ingenua y asegurando que alguno de sus enemigos podría estar ahora actuando contra mí. Ya estaba muy identificada con él por sus encargos y eso, había terminado delatándome y de alguna forma sentenciándome también. Era creíble.

—Ahijada, pos sí que estás recaliente, mija, aunque tengo que decirte que tienes muy entretenida a la gente y eso es bueno.

—¿Qué gente, señor?

—Pues amiga, a los «azules» y a los «feos», la DEA y el FBI. Creaste un espejo y están encantados contigo y eso me gusta. Me gusta mucho, porque eres un objeto distractor.

—¿Yo, señor? Bueno, si usted lo dice, usted sabe más que yo. Yo no he notado nada extraño excepto este incidente por el que tuve que alejarme del D.F. Yo solo quería contarles por qué me había desaparecido y decirle que estoy a punto de darle la sorpresa de reabrir la oficina de Bogotá.

Tuve que tragar saliva y dominar mis nervios para que no me traicionaran. Alguien, sin ninguna duda, le había dicho que ya el FBI y la DEA me tenían en la mira, pero después de lo que me había contado, no tenía indicios de que trabajara para ellos. Al menos, esa fue mi impresión, por lo que, conociendo su forma de actuar, necesitaba volver a entusiasmarlo con algo, para que me permitiera seguir manteniendo el contacto y mi propia vida. Mientras le fueras rentable, todos los pecados después de una penitencia podían ser perdonados. Si lo había hecho con el «Capi» Telmo, a pesar de creer que había matado a «su muchacho», podía hacerlo conmigo.

—Ahijadita, siempre tan eficiente. Eso sería una gran noticia. Mantenme al tanto.

El juego de volver a ser la efectiva, la ingenua, y sobre todo, la impulsora de reabrir la oficina en Bogotá hizo que volviera a sentir al mismo Padrino amable, educado y querido y no al ser maquiavélico, traicionero y perverso, capaz de matar sin remordimiento. Podía cambiar de opinión sobre alguien de un momento a otro, y justificar su implacable venganza, por la desconfianza pasajera de «mosquitos» que le entraron en la cabeza. Si dudaba de ti, prefería hacerte desaparecer, pero si le traías algún negocio rentable, volvías a estar número uno en su lista de preferencias.

Reabierta la oficina de Bogotá, la comunicación con Alex y el Padrino volvió a ser la de siempre. Seguía negociando para ellos el precio de la coca, encargándome de atender a reuniones a las que no podían asistir y ayudándoles con las compras. En las noches, seguía bajando el contenido de todos las blackberries para el FBI. Un día que Alex me llamó para que le consiguiera una ropa y unos lienzos y pinturas para el Padrino, vi la oportunidad que había estado esperando durante días.

—Mire Alex, yo no me fui porque quise de México sino porque temía por mi vida. Usted sabe lo que es eso... ustedes con sus encargos me habían calentado a un punto que ya era un blanco para cualquiera.

—Escucha muñeca, cuando uno está caliente tiene que irse por patas... y tú no te quitabas «la calentura» ni con una ducha de agua fría... y va a seguir bien calentita por un tiempo mija, así que lo mejor es que inverne.

—¿Invernar? Pues sí Alex, quizá eso sería lo mejor, que me fuera a invernar a Canadá por un tiempo, a poner orden desde allí.

—¿Sabe usted que esa sería una gran idea? ¡Quién mejor que usted, bombón, para poner orden en ese desmadre que tenemos allá arriba y «destapar la olla» de quien está robando!

El FBI no podía estar más feliz. Gracias a mis informaciones y a las comunicaciones interceptadas, cada vez tenían más identificadas geográficamente las casas de seguridad y a quienes se acercaban a hacer negocios con Alex y el Padrino. El paso a Canadá era quizá lo único que faltaba para terminar de asestar el golpe al cartel y ya teníamos el pase para hacerlo. Con los permisos para trabajar como agente, el FBI tenía que hacer mi «entrega oficial» al RCMP. Mi aventura en Canadá estaba a punto de comenzar y esta prometía ser todo menos tranquila. Si mi vida había pendido de un hilo viviendo junto al cartel, una cruz sobre mi espalda pondría precio a esa vida.

Capítulo 9

Canadá, reina de la coca
"Ya soy agente."

Bienvenida a Canadá, agente Vélez

La suerte estaba echada y yo, a minutos de aterrizar en un avión de Air Canadá en Toronto, llegaba con el beneplácito del cartel, pero dos días antes de la fecha prevista en la que ellos me esperaban. En ese tiempo, el FBI tenía que hacer mi entrega oficial al RCMP y estos, prepararme para lo que sería mi vida. Narcotraficante de día y agente de la policía canadiense durante las noches.

El RCMP era extremadamente cuidadoso con todo. Quizá de forma obsesiva, aunque hay que entender que para ellos tener a alguien tan adentro del cartel de Sinaloa y con tantos contactos entre los narcotraficantes era de extrema importancia. Desde días antes de mi viaje, tenían todo controlado. Cuando llegué al aeropuerto de Toronto me indicaron que me dirigiera sola a la terminal de taxis y tomara uno hasta un hotel cerca de la entrada de la ciudad donde Jason, donde uno de los agentes me estaría esperando. Así era, con la precisión con la que trabajaban. Entré en el lobby del hotel, bastante grande y concurrido, y me percaté que había dos salidas. Era fácil perderse porque, además, había un festival africano con jóvenes tocando tambores y danzando, que me sacó totalmente de contexto. Me acerqué a una de las salidas y recibí mi primer mensaje de Jason:

—Te estoy viendo y pronto tú me vas a ver a mí. Entre una salida y otra hay un baño; entra, cámbiate si puedes la chaqueta y vuelve a salir. Cuando lo hagas me vas a ver ahí. No me saludes ni te acerques. Como si nada comienza a seguirme. Yo te voy a guiar a donde debes ir, solo sígueme. Ahora. Ve saliendo ya.

Salí del baño, disimulé y lo seguí hasta un auto negro donde una persona desde el asiento del copiloto me hizo una seña para que entrara, mientras Jason ocupaba el vehículo de adelante. Después de un par de vueltas, volvieron a llevarme al hotel Sandman, que tanto odiaba mi abogado desde nuestra primera visita. Esa construcción de ladrillo fría y austera me hacía recordar un búnker de la Segunda Guerra Mundial. Al entrar, el mismo olor a humedad en las alfombras me hizo recordar mi viaje anterior cuando vine a conocer al RCMP. Este era su cuartel de operaciones fuera de la sede oficial. Estaba nerviosa. De nuevo el mismo piso y la misma suite. Jason tocó y Bob nos abrió la puerta. Sentí un enorme alivio de que Bob, Tim y Scott, el jefe de los agentes del FBI con los que trabajaba, estuvieran ahí junto a Frank, Jaz, Jason y Ken que componían La división O del RCMP. Ambas agencias tenían que estar presentes, porque además de poner sobre la mesa como íbamos a trabajar, tenían que legalizar el proceso. Bob tomó la palabra.

—Andrea, a partir de este momento eres agente canadiense y vas a comenzar a trabajar con el RCMP. Nosotros vamos a seguir la investigación sobre el cartel en conjunto, pero tu día a día será responsabilidad de ellos.

Hablamos de lo que sería mi trabajo y a quién respondería y, al levantarme a ponerme un café, me di cuenta de que, desde que había llegado, todo estaba siendo grabado por una cámara instalada al lado de la cafetera.

—Disculpen que les pregunte, pero si se supone que esto es un operativo encubierto, ¿por qué están grabando esta reunión?

Frank, el español, sin ninguna clase de delicadeza ni filtro, no tardó en contestar:

—Precisamente porque es un operativo encubierto. Necesitamos tener todos los documentos y reuniones grabadas por si te pasa algo o te matan.

Fue tan duro y cruel que perdí los nervios, me paré y me fui al baño a llorar mientras Bob le increpaba molesto que había formas de decir las cosas. Estaba recién llegada después de todo lo que acababa de pasarme en Ecuador y en México, no conocía a esa gente y por muy fuerte que pretendiera ser, esto realmente lograba superarme. Cuando salí, Frank, muy a su manera, trató de disculparse y a los pocos minutos, dábamos la reunión por terminada. El FBI se quedó un par de días manteniendo reuniones con el RCMP y a mí me dejaron todo el fin de semana entrenando y siete días más sin decirle al cartel que ya estaba en Canadá. Mentí a Alex diciéndole que estaba en Bogotá despidiéndome de la familia y curiosamente, después, tanto él como las oficinas dejaron de comunicarse conmigo. El FBI me confirmaría después que desconectaron y bajaron todos los servidores y comunicaciones ante la amenaza de estar cada vez más cercados. Mientras tanto, yo entrenaba con Jason y Jaz para saber por dónde y cómo tenía que moverme. Jaz era india, con unos ojos enormes que cuando miraban, podías asomarte a través de ellos a su interior. Un interior tan hermoso como ella. Surgió una sincera amistad «encubierta». Yo estaba acostumbrada a la frialdad y seriedad del FBI y con Jaz todo eran bromas, alegría y por supuesto... trabajo.

Esos días, fui una agente más. Me enseñaron a moverme en la ciudad y me pusieron a vivir en tres hoteles a la vez. El Delta Downtown, un hotel muy agradable y bien situado del centro de la ciudad, que era la verdadera «casa de seguridad» del RCMP y donde pasaba la mayor parte del tiempo; el Shangri-La hotel que era más sofisticado y moderno y que usaría cuando negociaba con otros narcos o mafias y el St. Regis, que era el lugar donde el cartel pensaba que me quedaba. En realidad, eran tres hoteles de los que entraba y salía dependiendo de las circunstancias. Al poco tiempo después, me darían mi propio departamento, que, al igual que en el hotel, compartía con los agentes del RCMP que hacían turnos para quedarse siempre conmigo.

Por primera vez después de mucho tiempo me sentía tranquila. Cuando confirmé mi decisión de mudarme a Toronto, todos se habían mostrado aparentemente felices. Para convencerlo y aprovechando que tenía los contactos de la oficina de Medellín, yo le había dicho al Padrino que había una nueva ruta que podíamos abrir directamente desde Bogotá. Se trataba de comprar el kilo de coca a $ 2.000 y con transporte y todo incluido a Canadá pagar entre $ 6.000 a $ 7.000. Un negocio extremadamente rentable, teniendo en cuenta que allí se vendía después por $ 50.000. El Padrino, como siempre, estaba encantado de investigar la posibilidad, pero había sido enfático y muy precavido:

—Hágale ahijada. Yo no me voy a meter. Ta' bueno, pero hágalo usted con su gente y a mí me entrega la ruta ensayada y si le funciona mija, pues entonces yo después le hago en cada cargamento con 20 kilos para usted. A mí solo entrégueme la ruta ensayada.

Llevaba días tratando de comunicarme con Alex sin suerte. El silencio era perfecto porque no tenía que seguir justificando mi «supuesta» ausencia, pero al mismo tiempo, preocupante. Hasta ese momento tampoco había hablado con nadie del cartel. Evidentemente, algo estaba pasando porque se habían borrado todos los pins y el acceso a las oficinas, incluidos los de la gente de la oficina de Canadá. Después me enteraría por el FBI de que, sintiéndose cada vez más acorralados, en Sinaloa habían mandado bajar de inmediato todas las comunicaciones, quedando completamente aislados durante días. Afortunadamente, después de buscar la forma de contactar con ellos, en una de mis blackberries encontré el número del Iraní, uno de los narcotraficantes y personalidades del crimen organizado más poderosos en Canadá, que junto a Stephen hacían negocios para el cartel.

—Hola, John, soy Andrea. Ya estoy en Toronto. Llegué hace dos días, pero no he podido hablar con nadie. Aparentemente, tenemos problemas con las comunicaciones y necesito que Stephen sepa que ya estoy acá y que por favor me llame. ¿Podrás por favor contactarlo por mí?

—Hola, Andrea. Claro que sí. Un gusto que ya estés aquí. Sí, ya nos habían informado que llegabas en estos días. Lamento mucho que no hayas podido comunicarte antes. Hemos tenido problemas con los servidores. Ya mismo localizo a Stephen para que se comunique contigo. Bienvenida y a ver si nos vemos pronto.

Recuerdo que era sábado. A los tres minutos, Stephen me estaba escribiendo para decirme que nos veríamos el martes. Quedamos al mediodía y me recogió en el hotel para ir a almorzar a uno de los restaurantes más «fashion» de la ciudad. La noche anterior había estado preparando con el RCMP el encuentro y me habían entregado una especie de agenda negra, con una grabadora en su interior, que me hacía sentir realmente incómoda.

—Hola, Preciosa. Qué gusto tenerte por Toronto. Estás aún más bonita y mira que eso me parecía difícil desde nuestro último encuentro. Va a ser divertido tenerte por aquí y trabajar juntos. Divertido y peligroso, Andrea.

Miré sus profundos ojos azules y me acordé de la última noche que pasamos juntos. Tenía razón, trabajar tan cerca iba a ser una bomba de relojería con tiempo para detonar. Aún me gustaba y, evidentemente, a pesar de lo ocurrido, yo también a él. Stephen no parecía caleño. Sus ojos color mar enmarcaban su rostro de facciones casi perfectas. Era educado y resultaba extremadamente atractivo. Recuerdo que me impactó su presencia la primera vez que nos vimos en el D.F. Su presencia y esa forma mágica de hacerme el amor...

Esa primera vez, Alex me había pedido invitar a unas amigas modelos para acompañar a un grupo de clientes que viajaban de Canadá. Alex, aunque a penas salía, había quedado ese día con una presentadora argentina que le sacaba casi una cabeza y que le hacía parecer una «cucarachita» a su lado. Hicimos la reserva en uno de los restaurantes del exesposo de una conocida cantante y actriz mexicana que además tenía un anexo para la «rumba». Iba a ser una ocasión especial. A mí, Stephen me gustó desde el primer momento y aunque sabía que se iba a casar, ¡qué diablos, yo estaba soltera y no tenía que darle cuentas a nadie! Uno de los gemelos italianos terminó enamorándose de una de mis amigas modelos, el otro, de mi otra amiga y actriz colombiana, que curiosamente estaba pasando unos días en mi casa. El irlandés que fumaba tabaco como un loco se volvió loco con otra de mis modelos y en pleno juego de seducción, Stephen ganó la partida cayendo en mis brazos. Esa noche tiramos la casa por la ventana con los representantes de la mafia italiana que acababan de cerrar el negocio. Los gemelos quedaron totalmente enamorados con las rubias y Alex, el único sobrio por su problema en el páncreas, fue el único que, a pesar de Pamela, no parecía estar disfrutando la «rumba». Pero era obvio, todos teníamos tremenda nota y calentón y el pobre no solo no consumía drogas ni bebía alcohol, sino que la ilustre compañía le había salido medio aburrida. La noche se prolongó hasta bien entrada la madrugada entre botellas de don Perigñon y de Vodka, hasta que el deseo de estar en un lugar más privado fue venciendo a cada una de las improvisadas parejas. Así fue como entre besos y caricias furtivas yo me fui al hotel con Stephen.

Habíamos bebido y sin ninguna inhibición nos devoramos en el coche y el ascensor del hotel. Cuando por fin llegamos a la habitación, nos dejamos caer abrazados apartando la maleta que permanecía abierta sobre la cama. Stephen se quitó la camisa y el pantalón y comenzó a desnudarme. Me volteó y se puso sobre mí besándome el cuello y la espalda hasta hacerme susurrar de placer. Agarró mi ropa interior con la boca mientras jugaba con su lengua y fue deslizándola por mis piernas hasta qué movida por el deseo me dio la vuelta y fui yo quien tomó las riendas. Si algo sabía hacer a la perfección era seducir y volver loco a un hombre y esa noche... no iba a ser la excepción. Hicimos el amor y caímos rendidos, pero renovamos la llama con cada una de sus visitas a México.

Todo marchaba a la perfección hasta que alguien cometió la indiscreción de hacerle llegar la noticia del «romance» al Padrino y este armara la revolución. Por muy difícil que sea entenderlo, una persona que traficaba con drogas, que manejaba uno de los carteles de narcotráfico más peligrosos del mundo, estaba más preocupado en que yo mantuviera un romance con alguien casado, que en las muertes y problemas que acarreaba su negocio. Estaba tan enojado que no solo a mí, sino a Alex, le mandó «al orden» por permitir mi comportamiento con un asociado casado.

—Amiga, esto del caleño, ¡se tiene que terminar ya! ¿Me oyó, mija? Esa calentura suya nos va a traer problemas, así que, se me da una duchita de agua fría y se me apaga la «calentura» porque mi compadre está pero que bien encabronado y me manda decir que, ¿cómo es eso de que la «secre» esté liada con un hombre casado? Que eso no es de «buen ver» y que eso se tiene que terminar ya. Así que ya me oyó muñequita, mande «pal coño a ese man» antes de que las cosas se pongan más serias.

Stephen y yo tuvimos que dejar de disfrutar sexualmente de nuestros encuentros porque no era de «buen ver» y comenzamos una relación, que a partir de ese momento solo sería de trabajo. Que él estuviera en Canadá y yo en México hacía más fácil respetar la orden del Padrino. Pero si mi vida era complicada y una pantomima, la de Stephen tampoco era fácil. Otra doble vida. Otra pantalla. Terminó casándose con una niña canadiense de dinero, con el papá director de documentales y cine, y sus abuelos de dinero. Una familia reconocida y adinerada en la que el esposo de la «niña» tenía que ser un exitoso profesional y empresario. Así fue como creó su pantalla fungiendo como vicepresidente de la compañía de Café de Alex en Canadá. Solo que en esta ocasión se trataba de «café blanco» mucho más rentable que el café tradicional. Tenía que mantener la imagen del empresario al mando de una compañía importadora de café colombiano y se aplicó con tantas ganas, que todos se comieron el cuento. Tanto, que amplió sus empresas a los bienes raíces para justificar su pronta fortuna. «Catboy» como le llamaban, era el perfecto esposo, con la perfecta pantalla, pero una triste ambición. Quería triunfar en la vida a como diera lugar y salir del entorno de mediocridad en el que había pasado muchos años de su vida. Para conseguirlo había demostrado hacer cualquier cosa. Hasta traicionar al Padrino. Esta vez, sin embargo, sus ansias de dinero y poder estaban a punto de jugarle una mala pasada. Yo estaba allí para descubrirle las cartas.

—Hola, Stephen. Ha pasado tiempo, pero sí, creo que va a ser divertido que trabajemos juntos. Me gusta Canadá y estoy segura de que juntos podemos hacer grandes cosas.

—Las cosas no pasan por casualidad, Andrea. Yo estoy seguro de que este reencuentro no es casual. El destino nos tiene algo preparado, a usted y a mí. A los dos. Usted además de bonita es muy inteligente y aquí hay grandes negocios por hacer. Negocios y dinero, mi amiga... porque del placer nos ocupamos solitos más tarde, jajajaja... No me mire así, que era una broma.

Fuimos a almorzar al restaurante Scaramouche. Uno de los restaurantes franceses más exquisitos de la ciudad. Cuando llegamos, en una de las mesas pegada a sus impresionantes ventanales con vistas al Skyline, estaba esperándonos John. Se levantó muy cordial y me dio un abrazo. Había conocido al Iraní en algunos viajes anteriores al D.F. pero no lo recordaba tan dulce. Bien vestido, con su nariz aguileña y unas pobladas cejas que enmarcaban aún más sus enormes ojos negros, se veía atractivo. Stephen también seguía siendo el mismo muchacho atractivo, pero en su mirada había desconfianza. Sabía que yo era los ojos y oídos de Alex y, por ende, del Padrino e intuía que mi presencia allí, significaba tener más cuidado con los negocios que pudiera estar realizando a la espalda del cartel. Alex había sido durante mucho tiempo el encargado de la distribución a Canadá. Tenía sus operadores que hacían tratos directos con el capo de la mafia italiana en Montreal, y con los jefes de la temida pandilla de los Hell Angels. Los motociclistas eran los encargados de mover los cargamentos por todas las carreteras del país, entregándolos a varias organizaciones, entre ellas, la mafia rusa para su venta y distribución.

El problema es que el señor, había dejado de confiar en «esa gente». Había quejas de que Stephen estaba robando producto de la venta de droga y eso era algo intolerable para el Chapo. Con su maquiavélica forma de actuar lo había invitado a México para «apretarle las tuercas» pero este, con mucha diplomacia, había declinado la invitación. Catboy podía ser cualquier cosa menos tonto, y sabía que poner un pie en México podía costarle la vida.

—John, dígame si esta mujer no es bonita... bonita y lista.

—Si lo es hermano. Lo que no sé es, ¿cómo a una mujer así la dejan estar sola? Porque, usted ha venido sola, ¿no, Andrea?

—Oigan, ustedes sí son buena gente y galantes, jajaja... Así es John, he venido solita porque hay muchos negocios que podemos hacer y que quiero contarles. Acabo de regresar de Colombia y tengo un contacto que le entrega al Padrino siete toneladas de la mejor cocaína en consigna. Solo necesitamos moverla. El precio lo ponemos nosotros. Ellos nos la dan por una cantidad irrisoria en comparación por lo que la podemos vender aquí. Si tienen la gente... tenemos el negocio.

La cara de los dos rebosaba felicidad imaginando el margen que cada uno de nosotros podíamos obtener con esta operación.

—Además, hay una nueva ruta que quiero ensayar y que le interesaría al Padrino. Algo similar a lo que hice en Ecuador, pero hasta acá. Ahora que les he contado... ¿Brindamos? Muero por una Champagne.

John ordenó que nos trajeran una botella de Cristal bien fría, unas ostras y un paté de los mejores que he probado en mi vida. Stephen no me quitaba la vista de encima y por instantes me sentí extremadamente incómoda, no solo por el deseo que ardía en su mirada, sino, por esa agenda negra que contenía la grabadora y que siguiendo instrucciones había colocado en el interior de mi bolso.

—Bueno, Andrea, pues cómo que esto no ha podido comenzar mejor, ¿no? Déjeme tantear y hacer algunas reuniones para que conozca a la gente y pa' lante mijo, que el cielo es el límite. Ahora sí, brindemos por todas las cosas buenas que vamos a hacer juntos... Y... por las cosas bonitas... como usted.

Comimos delicioso y me levanté para ir al baño. Frank, había cometido la estupidez de dejarme varias llamadas perdidas. Sin duda alguna, le faltaban un par de «hervores» como agente en una operación de estas características. Le marqué y le dije que por favor no volviera a comunicarse conmigo mientras estaba en un operativo si no era por algo realmente de vida o muerte. Al regresar a la mesa, John había pagado la cuenta y el Chef nos había mandado como cortesía varias botellas de licores caseros y un plato de postres. La sobremesa transcurrió entre risas y anécdotas hasta que, John se levantó apresurado, porque tenía una reunión en la otra punta de la ciudad.

—Ha sido un gusto volver a verla y tenerla por aquí. En cuanto haga los contactos, hablamos para coordinar las reuniones. Estamos en contacto.

Se despidió muy cortes mientras le avisaban de que su coche estaba ya listo y nos quedamos solos Stephen y yo.

—¿Qué le ha parecido Andrea? Yo creo que ha sido un excelente comienzo. Sin duda podemos hacer grandes negocios, pero ¿qué le parece si ahora le llevo a divertirse un poco? Avisé en casa que tenía clientes importantes y posiblemente no llegara para la cena.

Me guiñó uno de sus hermosos ojos azules y salimos del restaurante. Un impresionante coche negro nos esperaba con las puertas abiertas. Subió la música y, con una enorme sonrisa, me dijo que me pusiera el cinturón que lo mejor del día estaba por comenzar.

Cruzamos algunas de las principales avenidas y nos detuvimos en un club que para mi sorpresa era de strippers. Stephen parecía ser un cliente frecuente porque en cuanto dejó el coche en la puerta, los porteros lo saludaron muy efusivamente mientras nos invitaban a pasar a su mesa «favorita». Una mesa apartada del escenario, pero desde la que se veía de forma más privada el espectáculo. Al minuto, el camarero llegó con una botella de Cristal y dos copas.

—Ahora si muñeca, que gusto tenerla por aquí. Brindemos por lo rico que la vamos a pasar usted y yo haciendo negocios.

Brindamos y ahí mismo nos cayeron dos chicas desnudas que comenzaron a contorsionarse y acariciarse entre ellas. Una que parecía conocer muy bien a Stephen, se le sentó en las rodillas y pasó sus manos en sus senos mientras le frotaba los genitales. Aún no había bebido demasiado para ese espectáculo, pero el Catboy parecía disfrutarlo divertido. La chica se levantó y se dirigió hasta mí, pero interpretó rápidamente que no iba a participar del juego y lo siguió con su compañera. Como era de esperar, el barman apareció al momento para saber si necesitábamos algo más y Stephen le pidió dos copas más para las chicas y una botella de Vodka. En medio de la «rumba», Alex me mandó el primer mensaje. Había logrado restablecer los servidores y mi pin fue el primero que añadió a su BlackBerry.

—Amiga que fue, ¿cómo me le está yendo con los renos y los cornudos esos que tenemos por allá...? Ya pensé que se la habían comido.

—Jajaja, Alex, usted sí es cojudo. Me ha hecho reír. Al revés, la que pensaba que se le habían comido a usted era yo, mijo. Estaban perdidos y eso que traté de comunicarme con usted y con la oficina, pero misión imposible. Todos los teléfonos estaban desconectados. Finalmente, pude contactar con Stephen y acá me tiene, ya poniéndome al día de todo. Hoy tuvimos una reunión importante con el Iraní y ahora estaba con él a punto de que me llevara a mi hotel.

—¡Ayyyy...! Eso de ponerse al día con ese «man» me preocupa. Mire que dónde fuego hubo, cenizas queman... Y no vaya a ser, pues, que los dos acaben ardiendo a lo bonzo... porque, eso de estar los dos ahí, tan cerquita y con el frío que hace en esa verraca ciudad... Y a esta hora...

—Ay, ¡ya Alex! Déjese de cuentos.

—Cuentos no mijita, que más sabe el diablo por viejo que por diablo.

—Oiga, Alex y a usted, ¿qué le ha cogido hoy con tantos dichos y tanta filosofía? Aún no me ha dicho qué pasó con los teléfonos... ¿ya tenemos de nuevo red segura?

—Pues mire usted que, Javiercito, el escritor, aparentemente nos salió rana. El Padrino la tomó con que nos la estaba jugando «chueco». Quiso pasarse de listo cuando acabó el libro y el Padrino le puso en su sitio, pero el carajo se medio desapareció y... bueno, ¿se acuerda que le habíamos dicho que el Humo nos había advertido que los «azules» y los «feos» andaban pisándonos los talones? El Padrino cree que más que rana, Javier nos salió sapo y andaba de «bocón» con esos «manes» de la DEA y el FBI.

—¿En serio, Alex? Pero Angie conocía muy bien a Javier y usted. Cuando nos lo presentó, parecía muy seguro de él. Además, yo he trabajado muy cerca y nunca me dio esa impresión.

—Ay, amiguita... ¡cuánto tiene usted que crecer todavía! En este negocio no hay amores ni lealtades. Cuando llega el momento, uno tiene que salvar su propio culo, mija... antes de que se lo lleven puesto. Pero no se preocupe, que ya ese tema se va a solucionar. Ahora lo que importa es que usted me «destape la olla» con esos «cabrones» porque si usted es buena pa' algo mija, es para destapar ollas.

Tuve que tragar saliva porque eso significaba el fin de la «cordialidad» con Stephen en cuanto comenzara a meterme de lleno en los negocios y finanzas del cartel, pero no tenía más remedio que hacerlo si quería complacer a Alex y al Padrino. Tenía que seguir ganando puntos con el FBI y, por supuesto, con mis nuevos compañeros del RCMP que estaban a años luz de la forma de operar de las agencias federales estadounidenses.

—Bueno Muñequita, se me cuida y estamos en contacto. Ya sabe, me destapa la olla, pero, cuidadito con ese pollo... ¡Y dele...! Váyase ya pa' la casa que como que no hace tiempo ni es hora pa' que esté sola con ese «man». Me manda un mensaje cuando llegue al hotel.

—¡Por Dios Alex! Ya me dijo, así que despreocúpese. Mañana mismo me pongo en eso y le voy contando. Un beso...

Llamé al RCMP y les dije que ya quería marcharme. Me indicaron que pidiera un coche hasta una dirección cercana donde ellos me estarían esperando para llevarme al hotel. Pedí a los porteros del club que me consiguieran un taxi y me despedí de Stephen que, entretenido con dos rubias desnudas, insistía que me quedara. Ya estaba bastante pasado de tragos, de «vueltas» y a buen seguro, la «fiestecita» se iba a prolongar hasta bien entrada la madrugada. Yo necesitaba descansar. Tenía que empezar bien complaciendo a Alex, dando por terminada la fiesta y notificar al FBI que había restablecido la comunicación con Alex y el cartel en México. Sin duda alguna, no podía haberme ido mejor, pero, el día siguiente... prometía ser intenso.

Desplegando mis «Wings», la reina de la coca y la fiesta

El RCMP comenzaba las reuniones temprano. Siguiendo sus instrucciones, dejé mi hotel, fui a tomar café a un restaurante cercano y salí por la puerta trasera, donde me esperaba un coche con un par de agentes que me llevarían al otro hotel, el Sandman. Allí ya estaban Frank, Jaz y el resto del equipo esperando a la notaria, que sería una costumbre que siempre llegara tarde. Había un técnico informático que se ocupaba de los aparatos con los que grababan y que reproducían las conversaciones. En todas las operaciones, había envueltas más de treinta personas, pero el equipo de Frank era el que siempre se mantenía más cerca. Los tres o cuatro agentes se mantenían encubierto en posiciones próximas a donde yo me encontraba. Sacaban fotografías y después me pedían identificar ante la notaria a los personajes y poner mis iniciales en las fotos. En otras ocasiones, donde se les dificultaba el acceso, usaban drones para captar esas imágenes, que después, al igual que con las fotos, tenía que identificar y autentificar con mi firma.

Esta primera vez, en el encuentro con Stephen y el Iraní, el sonido era pésimo. Tener la grabadora en una agenda cerrada, que a su vez estaba dentro de mi bolso colgado en el respaldo de la silla, no era la mejor forma de conseguir material de calidad.

—Escuche Frank, yo no me siento cómoda cargando eso. Usted no sabe lo desconfiados que son estos «manes». Además, mire que se escuchan más los ruidos de platos y el bullicio del restaurante que lo que estábamos hablando. Mire «mijo», si son tarjetas yo prefiero llevarlas adheridas al brassier. Déjeme mostrarle...

Me ayudaba mucho que Frank fuera español para poderme comunicar. Aunque mi inglés era razonable, nunca como el idioma de uno para expresarse. Me fui al baño ante la atónita mirada de todos y salí con una de las tarjetas colocada en el brassier.

—Ve... Solo necesito sostenes que tengan «push-up». En el sobrecito saco la almohadilla y meto ahí la tarjeta. Y para que quede aún más bonito y ustedes estén doblemente seguros de las grabaciones, en la otra «teta» me pongo otra tarjetita pa' que quede parejo.

Los canadienses no podían creer como había solucionado de una «las tesis» de dónde colocar las tarjetas. Solo hacía falta una cosa, ir de shopping a comprar sostenes que tuvieran esos «push-ups» de diferentes colores. Solía bromear con Frank preguntándole si hoy me tocaba el de pantera, el del lacito, el rosita o el rojo. Si algo tenía el RCMP era que el dinero no era un problema ante una operación de esta magnitud. Sabían que una «común» de los narcos es la ropa y accesorios de marca y todas las semanas hacíamos shopping para tener la perfecta pantalla. Había dejado todas mis cosas en México cuando tuve que salir de estampida de mi apartamento y las pocas que había cargado conmigo no podía seguir repitiéndolas. Tenían un cuarto para ellos en cada uno de los hoteles donde yo estaba registrada y cuando me mudé al departamento tampoco escatimaron. Eligieron un lugar espacioso, muy bien situado y en un edificio moderno con cámaras y bastante seguridad.

Stephen y John, con la falsa «promesa» de las siete toneladas que el Padrino podía tener disponibles a través de mi contacto en Colombia, no perdieron el tiempo. Desde nuestra primera reunión comenzaron a presentarme a la «creme de la creme» de los mafiosos y narcotraficantes de Canadá. Jefes de la mafia italiana, ucraniana, rusa... Sin embargo, yo no estaba dispuesta a soltarles mi contacto y procuraba que las reuniones terminaran en otra futura reunión para ir ganando tiempo.

Las reuniones con ellos eran auténticas fiestas. Copas, clubes de moda, Strip clubs, mujeres bonitas... Stephen solía acabar con alguna stripper hablando de la vida y desapareciéndose para un baile privado antes de entrar en materia. John tenía una novia muy bonita a la que también le gustaba la «rumba». Esa era una de las grandes peleas con el RCMP.

—Andrea, me parece que te estás pasando «un huevo» con las copas. Tienes que darle un poquito más suave al alcohol. No puede ser que una noche sí y otra también, llegues al departamento con esas notas.

—Ah... Claro.... ¿Y usted piensa que estos «manes» beben manzanilla? ¿Cómo pretende que yo vaya con ellos y sea uno más sin levantar sospechas siendo una monja «mijo»? Muy querido usted con sus recomendaciones, pero como que no da pa' que beba agua bendita.

En el fondo tenía razón, pero cada mafia tenía su esquina en estos lugares donde ellos ni siquiera podían acercarse a los alrededores. Alex fue un gran maestro cuando me decía:

— Amiga, usted les da trago a como dé lugar, Cristal, Vodka, ¡no escatime! Pero... que traguen... y cuando estén con esa nota tan «sabrosita» empieza con la «preguntadera» hasta que le canten La Traviata. Acuérdese del dicho de que, «los borrachos y los niños siempre dicen la verdad».

Él tenía la excusa de dar de tomar a otros sin probar gota por su pancreatitis, pero yo me miraba sana y además a esos «manes» nada les ponía más que darle trago a una mujer para ver si soltaba los miedos y se les hacía más dócil. Lo había visto con muchas de las mujeres que los acompañaban, pero yo ya era perro viejo... Cuando se descuidaban tiraba la bebida o me llevaba el vaso a cualquier otra mesa. Cogía mi punto, pero sabía cuál era mi límite. A Stephen le encantaba tratar de domarme, pero siempre le quedaba grande la montura. Acababa emborrachándose y dándome la información y acceso a los contactos que necesitaba. El Padrino tenía razón, estaba haciendo negocios con muchos de los narcos que me había presentado a espaldas del cartel.

El negocio de Canadá, a pesar de los problemas, era extremadamente rentable, por lo que, el Padrino, una vez más, esperaría el momento oportuno de deshacerse de él cuando encontrara un reemplazo o dejara de hacerle ganar dinero. Así de simple, así era el Padrino. El amor solo existía cuando le eras necesario.

Stephen me contó un poco más en detalle lo que Alex en alguna ocasión ya me había explicado. El negocio estaba perfectamente diseñado. Se usaban «boluditos» unos helicópteros muy pequeños con capacidad para transportar unos 100 kilos y se rentaban casas del lado americano y canadiense que estuvieran a orillas de un lago y tuvieran muelle para transportar con lanchas la mercancía de orilla a orilla.

Era una verdadera oportunidad de negocio. En Colombia un kilo de coca podía costar mil dólares, pero en algunas ciudades de EE. UU. el precio de esta misma droga llega a aumentar hasta veinticinco veces. Mientras el polvo blanco va avanzando hacia el norte, en su paso por El Salvador y México aumentan los gastos. El consumidor final en N.Y. es quien termina pagando los gastos acumulados que requirió sobornar a policías locales y agentes de aduanas para que la droga llegara hasta él. Por eso, los grupos canadienses buscaban acercarse directamente a los carteles mexicanos y así aumentar sus ganancias y sacar a los intermediarios. Alex, junto con Stephen, había comandado estas reuniones para el cartel, coordinando viajes a Cancún, Culiacán, Los Cabos y Puerto Vallarta, haciendo incluso de traductor del Padrino.

Mis días transcurrían acercándome a otros narcotraficantes para el RCMP y los negocios y la nueva ruta para el Cartel. A través de Stephen y de John, fui adentrándome en algunas de las mafias más peligrosas de Toronto, Montreal y Vancouver que hacían negocios con el cartel. También habíamos incorporado al grupo a Fermín. Un muchachito de Culiacán que trabajaba directamente con el Padrino llevando las finanzas del cartel en Canadá. Gordito, de tez oscura y pelo muy negro, estaba estudiando inglés en Toronto con una visa de estudiante. Tenía una novia rusa a la que también le encantaban las fiestas, y aún hoy en día no sé cómo lograban entenderse, siendo tan completamente distintos y sin comprender el idioma el uno del otro. Un día, Alex, que le encantaba estar en misa y predicando, me llamó para pedirme que no me olvidara de Fermín.

—Amiga, mi compadre me ha pedido que me le eche un cablecito al «chamaco». El «man» está muy crudo y necesito que me lo pula un poco. Él es rebuena onda, pero cortito y le hace falta que lo «maleen» un poco. Sacúdalo, mija, pa' ver si me lo despierta.

—Está bien Alex, le llamaré de su parte para vernos y ahí veré que podemos hacer, porque ni Stephen ni John han querido nunca que nos acompañara.

—Pues por eso se lo digo mija, pa' que le cargue las pilas como usted sabe y lo tenga de su lado, porque es obvio que esos «lobos» no van a querer cargar con Caperucita, pero si usted me le afila los dientes, él le puede ayudar a destapar la olla.

Siguiendo las instrucciones del Padrino y de Alex, esa misma tarde quedé con Fermín. De entrada, en lugar de elegir un restaurante como a los que habitualmente iba con Stephen u otros narcotraficantes, eligió el Hard Rock. Cuando llegué al restaurante, no tenía pérdida. De entre todas las mesas, destacaba un joven regordete y engominado, vestido con una camisa amarilla de Versace que se veía a metros a la redonda, un jean tan pegado que parecía que le iba a estallar y una impresionante cadena de oro que le hacía ver el gaznate aún más gordo. Cuando se levantó para saludarme, casi me desmayo al ver los zapatos que completaban su modelito. Unos «chúpame la punta» de serpiente entre blancos y verdes que desde lejos decían «hola, soy narco y además naco» además de una pesada cadena de oro.

—Hola, señora, ¿cómo me le ha ido? Siéntese, ¿le pido algo? ¿Le gusta Toronto? Bueno, me imagino que como yo extraña México. ¿Hamburguesa? Aquí son deliciosas

En un minuto me había hecho siete preguntas sin darme oportunidad de contestar. Le dije que la hamburguesa estaba bien y de una comenzó a hablarme del trabajo que hacía en Canadá para el Padrino. Fermín, más que un financista, era un reclutador. Con la pantalla de estudiante había conseguido una visa y se dedicaba a reclutar gente en las universidades para distribuir en los campus y escuelas superiores la droga del Padrino. Al ser de Culiacán, el Padrino le tenía confianza, pero sabía que, por sí solo, jamás iba a poderse enfrentar a Stephen. Se pasó casi las dos horas que estuvimos reunidos comiendo y hablando del Padrino. Sin ninguna duda lo admiraba. No veía la parte negativa y cruel del narcotraficante, sino, el empuje con el que un muchacho campesino y pobre de las Tunas, había logrado crear uno de los mayores imperios de narcotráfico del mundo. Me mostró la foto de su novia, de sus dos perros y nos despedimos con la idea de volver a vernos en la semana. Estaba deseando salir para marcar a Alex.

—Oiga, dígame por favor, ¿de dónde carajo sacaron a este personaje? Muy querido y noble, ¡pero le faltan las vacas! Alex, a la legua este «man» lleva el cartel de narco en la frente. No me extraña que Stephen y John no hayan querido llevarlo con los jefes de las otras mafias. Asusta, mijo...

—Jajajaja, ya sabía yo que le iba a gustar. Mire, ya tiene algo más en que entretenerse, cámbiele el look.

—Alex, esto es serio. Estar sentada con este personaje, que sí, era muy querido y lindo y muy «apapachable», lo que quiera, pero... es tener a toda la policía de Toronto pendiente de su mesa.

—Bueno Ami, yo sé que se van a llevar bien y que la próxima vez que se vean, como es un estudiante con la «plata» limitada, usted tan generosa, le va a llevar de regalo algunos cambios de mi parte y de parte del Padrino. Confíe mija, que el chamaco, aunque ahora no lo vea, tiene posibilidades... al menos con un par de tallas más de pantalón.

Tan burlón como siempre colgó y me dejó con el «encarguito». Me había caído muy bien y no tenía duda que seriamos amigos, pero en los lugares menos públicos posibles. Stephen, siempre que hablaba de él, también se reía, pero se quejaba de lo mismo. Los mafiosos con los que nos codeamos eran gente de gustos exquisitos y bajo perfil, que hablaban varios idiomas y muy diferentes al Fermín de la cadena de oro y estilo Culiacán... Cuando le dije que lo había conocido y me había caído muy bien y que deberíamos invitarlo, fue enfático:

—¡Ayyyy! No... Qué pereza Andrea. Cualquier cosa que me pida menos cargar con «Pedro el Escamoso» jajajaja...

Stephen me hizo reír con la comparación de Fermín con el protagonista de la serie. Salvando la apariencia física, era la perfecta comparación entre ambos. Pero fuera de la anécdota, lo que si era cierto era que los canadienses no querían salir con los mexicanos del Padrino. Pasaron semanas y semanas y yo cada vez aumentaba mi volumen de contactos y mientras la gente hablaba, yo los grababa. Stephen vivía con su mujer a las afueras de Toronto, pero decidió coger un apartamento en el centro de la ciudad. Una tarde me llamó para vernos, porque quería presentarme a un amigo albanés, que resultó ser un exconvicto ladrón de bancos en Nueva York y refugiado en Canadá. Todo era un disparate tras otro. Salimos a cenar y como Stephen tenía que «fichar» y regresar junto a su esposa, me dejó con el albanés y la novia tomando una copa. Cuando iba a ir al baño, la novia quiso acompañarme y cuando me estaba acomodando el vestido, sin ningún pudor, pasó sus manos por mis senos diciéndome lo bien que me veía.

—Andrea, voy a ir al grano. Tú me gustas y sé que a Sacha también. ¿Por qué no nos vamos a la casa, los tres, y disfrutamos de una buena botella de Champagne helado y unas caricias delante de la chimenea? Estoy segura de que a ti también te gusta sentir el miembro viril de un hombre entre tus piernas y la sensualidad de los labios de una mujer.

—Muy tentadora la oferta Regina, pero me tengo que marchar. Por la diferencia de horas tengo una conferencia ineludible con México en menos de una hora. Te agradezco el ofrecimiento, pero no va a poder ser... ¿me permites? Tengo un coche esperando para recogerme.

Regresé a la mesa, me despedí del albanés que parecía contrariado, cuando vio que había declinado el ofrecimiento, y salí por patas del restaurante mientras llamaba a los agentes del RCMP, que desde otra mesa habían estado pendientes. Me pidieron que caminara hasta la esquina y ahí me recogieron para llevarme al hotel. Por el camino, no tuve más remedio que comunicarme por texto con Alex para contarle. Había salido airosa de la situación, pero me temblaban las piernas.

—Alex, ¿está despierto? Tengo que contarle algo que acaba de pasarme.

—Hola, muñeca. ¿Qué pasó? ¿Está todo bien?, ¿qué tal la cena?

—Pues sí, Alex, estoy bien, pero a la que casi se cenan es a mí. Stephen, aunque tiene su chica, me invitó a salir con una pareja amiga y yo tenía ganas de «rumba». Además, me interesaba la información que pudiera sacarles y... pues le dije que sí. El problema es que me dejó terminando el postre con el albanés y su novia y terminaron queriendo llevarme para su casa a hacer un trío.

—Ahhhh no, mija, eso sí es una falta de respeto de esos «culeados». ¿Cómo va a ser que ese idiota le deja con esos dos buitres degenerados? Ya mismo le cuento al Padrino.

Por muy surrealista que parezca, no habían pasado diez minutos cuando el Padrino se estaba comunicando conmigo. Con su peculiar vocecita chillona se le oía indignado.

—Aló... Aló... Amiga, qué ya me ha «contao» mi compadre y que había dos degenerados que le querían llevar a su casa a hacer un trío o no sé qué, «faltas de respeto». ¡«Chinga su madre»! Par de cabrones... Ya le voy a mandar recado yo al «culeado» de Stephen. ¡¿Por qué «chingados» me la dejó sola...?! Y voy a dejarle encargo al Fermín pa' que siempre la acompañe. Ese chamaco sí es sano y de fiar. No como todos esos «fregados» de las ideas esas enfermas de los tríos.

Estaba indignado y lo cierto es que, por chistoso que sonara, viniendo de quien venía, el Padrino tenía razón. Esa gente solo pensaba en la «rumba» y el sexo. Para algunos de ellos me convertí en la perfecta «party girl» y en el complemento ideal de sus fiestas. Cada vez era más conocida y me tenían más confianza. Seguía yendo con ellos a las fiestas privadas y a esos locales donde solo los «elegidos» podíamos acompañarlos. Era alcohol todas las noches y aunque yo no consumía droga, el polvo blanco era otro de los invitados estrella. Se «empericaban» y tiraban la casa por la ventana. Ella es la ahijada del Chori (como llamaban al Chapo) y comenzaban a llover botellas de las más caras.

Frank, el jefe del equipo del RCMP que estaba conmigo, me seguía recriminando que estaba bebiendo demasiado. Incluso me sugirieron ayuda para dejar de hacerlo... Era surrealista. No se daban cuenta de que, si tenía que beber, alternar o pasar la noche de fiesta, eso era exactamente lo que iba a hacer... Por mi propia seguridad y por mi boleto a la libertad. Además, ¡qué doble moral! Me insistían que me acercara a cuanto narco me fuera posible para conseguir información, me premiaban con bolsos y ropa carísima para estar a la altura, me premiaban con dinero y después cuestionaban mis métodos. No eran malas personas, pero estaban en pañales en comparación con el FBI. Ellos siempre me protegían y si hubieran sabido que mi vida estaba realmente en una situación de riesgo nunca me hubieran puesto allí.

El RCMP era tan exigente con que estableciera esos contactos con las mafias y narcos para poder grabarlos y tener evidencias, que me di cuenta de que me estaba alejando del Padrino. Frank insistía en que siguiera sus instrucciones y sus métodos y yo le discutía cuál era mi forma de trabajar. Las discusiones llegaban a ser tan duras que cada vez que ocurrían me veía obligada a llamar a Bob o a Steve del FBI para que ellos lo pusieran en su sitio. Empacaba mi maleta cada quince días después de estas trifulcas y volvía a deshacerla cuando entendían y me daban carta blanca para seguir haciéndolo a mi manera.

Mis conexiones con mis amigos narcos en Colombia y ser la ahijada del Chori me daban una posición privilegiada para acercarme a estos nuevos narcos y comenzar a hacer negocios. Todos los días me llegaba más y más gente. Sé corrió la voz. Había gente que compraba a $ 30.000 el kilo y conmigo podían hacerlo a $ 2.000 más el transporte. Obviamente, todo el mundo quería conocerme y hacer negocios. Me veían como la «gallinita de los huevos de oro». El secreto para comprar droga a buen precio era estar bien conectado en Colombia y yo lo estaba. Venderla en Canadá, si era a ese precio, prácticamente se vendía sola. Aunque esto solo fuera mi pantalla.

Alex y su hermano eran quienes habían llevado al Padrino a negociar con Canadá. Alex, incluso, había vivido algunos años allí. En aquella época movían mucho dinero según me había contado. Vivían como reyes viendo como Montreal se convertía en la capital de la mafia mundial. En el mayor cartel del mundo.

Yo había ido con el permiso de Alex y el Padrino a establecer dos rutas, pero él me pidió enfático que se las entregara ensayadas. Trabajaban con la mentalidad de los 80-90 y yo trabajaba con la mentalidad del 2000. La gente nueva, las nuevas generaciones de narcos eran mis amigos. El creador de la cocaína rosada, la Pink

Cocaine, mucho más potente que la cocaína tradicional, era un amiguito mío de Medellín. El Padrino no tenía ni idea que era eso, pero tampoco estuvo nunca interesado. En realidad, era una droga sintética extremadamente cara, de gente rica y música electrónica, poco asequible para los consumidores tradicionales. El cartel estaba acostumbrado a manejar toneladas a México en aviones grandes y eso era totalmente diferente a las nuevas rutas a Londres y Europa y que las manejaban «peladitos» de mi edad, que solo enviaban 100 o 200 kilos, pero, aun precio que no es México. Ellos se reían cuando el Padrino les decía que de cien en cien fueran metiendo una tonelada en Holanda.

—Ese «man» tiene mucho dinero, pero no es lo mismo arriesgar 100 kilos que 500, o una tonelada. Ese señor no entiende. Además, que pa' Holanda hay que meterla de «a poquito» o quiere matar a la gente de una sobredosis.

Stephen no tenía buena reputación y además le faltaban los contactos que yo tenía en Colombia. La relación con él se había ido deteriorando porque sabía que la gente me buscaba a mí, y era yo quien establecía los negocios ahora para vender la droga del Padrino. Poco a poco comenzó a tratarme mal, de forma despectiva y extremadamente celoso de mis logros, hasta que un día decidí que no lo necesitaba para nada. Cuando los narcos canadienses se dieron cuenta de la pureza de la coca colombiana que yo les ofrecía y los precios tan ventajosos, comenzaron a querer hacer negocios conmigo.

La coca del Chapo estaba marcada con unas alas, unas pequeñas «wings» que ahora estaban desplegadas por muchas ciudades del país. El Padrino no podía estar más feliz. Además, había descubierto que Stephen no estaba trabajando en exclusiva para él, sino que, estaba vendiendo droga de otros carteles haciendo pasar la suya por «mala».

—Alex, ya destapé la olla. Steven está vendiendo a otros carteles. Uno de los rusos me contó que les ofreció de otra gente porque, «la del Padrino estaba viniendo de muy mala calidad y cortada», pero dígale al Padrino, que no se preocupe. Que ya hablé con ellos y los volvemos a tener como clientes.

—No, si mi compadre pude parecer burro, pero nos da vueltas a todos, mija. Qué razón tenía en decir que ese «hijoeputa...» «marico» era una rata... Con razón Fermín informaba que cada vez vendía más barato ese cabrón.

—¿Cómo más barato Alex? Aquí la «merca» no ha bajado el precio para nada. Él ha seguido vendiendo igual.

—O sea, amiga... que ese cabrón, además de «cagarnos» el «business», ¿nos está robando? Ese «marica culeao» se nos está quedando entonces con una buena lana de cada kilo. Déjeme que ya le digo a mi compadre.

Como era de esperar, mi descubrimiento se volvió un tsunami y Stephen no tardó en enterarse y reaccionar:

—Perra, sapa... «hijaeputa», usted si es una sapa mal nacida. ¡Aparezca si tiene cojones...! ¿Pa' qué le dijo a Alex? Idiota... ¡Es usted una maldita sapa, de la cara...! ¡Maldita sapaaaaaa...!

Con la misma «dulzura», los mensajes se repetían amenazándome e invitándome a dar la cara. Según los recibía, yo le hacía forward a Alex y al Padrino que cada vez se enfurecían más con Stephen. Ahora, mi relación con él estaba totalmente acabada y su reputación en entredicho. Su reputación... y... su vida. Porque el Padrino ya lo tenía marcado con una de sus cruces en la espalda.

Amiga, cuídese mucho, Alex detenido

Ya habían pasado varias semanas desde mi incidente con Stephen, cuando recibí la noticia que estaba esperando y a la vez temiendo, desde que el FBI se cruzó en mi camino. Mi abogado me había llamado para notificarme que en pocos días habían fijado mi audiencia en Nueva York para declararme culpable. Llamé a Bob para preguntarle y logró tranquilizarme. Mientras yo trabajaba codo con codo con el RCMP, ellos habían estado tratando de «triangular» al Padrino con las informaciones que los proveía gracias al acceso a mis comunicaciones con Alex y el cartel.

Estábamos ya en noviembre, pero Alex me había hecho algunos encargos y yo necesitaba comenzar las compras de los regalos que iba a enviar al Padrino y a él por Navidad. En esa época subían a la montaña y comenzaba a hacer mucho frío, por lo que Alex, me había pedido comprarle aquí esa ropa. Los canadienses acostumbrados a las gélidas temperaturas y a la nieve tenían mayor variedad que la que podían encontrar en Culiacán. Por supuesto, Frank y el equipo del RCMP que me seguían cada vez que salía del departamento, tenían que acompañarme y ayudarme con las compras. Nos demoramos casi tres días completos dedicados a los encargos y a mis regalos y, como en esa época a las cuatro de la tarde casi era de noche, después regresábamos al departamento para seguir trabajando y prepararme para el viaje a Nueva York.

Recuerdo que ese 18 de noviembre, un día antes de viajar a N.Y. a declararme culpable, la mañana estaba especialmente fría. Miré por la ventana y vi que la nieve se amontonaba sobre las copas de los árboles, mientras la gente que caminaba por la calle, trataba a toda prisa de protegerse del viento helado que azotaba sus caras. Era uno de esos días que uno no quiere moverse de la cama. Me llamó la atención que no había nadie en el departamento. Creo que era la primera vez que me dejaban sola. Llamé a Frank y no me contestaba, y Jaz tampoco. Tenía tres cajas enormes que tenía que armar para enviarlas al D.F. y me apresuré a acomodar todo sobre la cama para ir ordenando lo que era para cada uno. Solo las dos ropas de invierno ocupaban una de las enormes cajas. Para el Padrino ropa de camuflaje, unos jeans, perfume, varias películas, series y un libro en español sobre la mafia italiana. Alex tenía gustos más refinados. Le gustaba la ropa de marca, cualquiera menos Versace, por lo que estaba enviando un par de camisas, pantalones cómodos y camisetas de Gucci, un cinturón de Ferragamo a juego con los zapatos y varios suplementos de batidos y pastillas para adelgazar y estar en forma.

Había tantas cosas sobre la cama que me pareció divertido comenzar a hacer fotos y enviárselas a Alex.

—Baby, pa' que vea que aún lo quiero jajaja... Esto es para el Padrino y para usted... para que se vean bonitos estas Navidades y renueven el pulguero ese que deben tener.

—Usted siempre tan linda, mi muñequita. Gracias, amiga. Esto se le va a devolver, ¿oyó? Ha gastado mucha plata... Estoy deseando recibirlo porque será como tener un poco de usted.

—Bueno Alex, hablamos después, tengo que salir a comprar «tape» para sellar las cajas y poder enviarlas hoy mismo.

Volví a llamar a Frank y no contestaba. Agarré mi abrigo y mi bolso y bajé con ese frío inmenso a la tienda a unos siete bloques de la casa. No me demoré más de veinte minutos y cuando subí, la BlackBerry de Alex tenía prendida la señal de mensajes.

—Amiga, yo no me voy a poder poner ya esa ropa. Cuídese mucho y «pilas» que de aquí en adelante esto va a ser duro. Muñequita, acuérdese siempre de mis consejos, y mire siempre por detrás de su hombro. No voy a alcanzar a ponerme esa ropa tan linda... Cuídese mucho y que Dios la bendiga.

Algo estaba pasando. Ese no era el tono jocoso de Alex que de todo sacaba un chiste. ¡Eso era una despedida! Sonaba a un último mensaje.

—Alex, baby ¿está bien? Alex... me dejó asustada con ese mensaje. ¿Pasa algo? Conteste por favor... ¿Está todo bien con usted?

Los mensajes estaban llegando, pero no hubo respuesta. Me senté en la cama y comencé a empacar las cajas tratando de sacar los malos pensamientos de la cabeza y como a la media hora, insistí de nuevo sin suerte. Cuando sentí la puerta salí de inmediato hacía Frank y Jaz que llegaban de una operación encubierta.

—Frank, ¿dónde estaban? ¿Por qué no respondían...? Algo ha pasado, creo que han detenido a Alex.

—Andrea, tranquila. No nos podíamos comunicar contigo porque estábamos en pleno operativo, pero había dos agentes abajo vigilando. A ver, ¿de dónde sacas eso?

—Estábamos hablando, salí a comprar «tape» y cuando regresé me encontré este mensaje. Desde entonces no me contesta. Algo me dice que le pasó algo.

Frank miró los mensajes e hizo un par de llamadas.

—Andrea, el FBI no sabe nada. No ha habido ninguna operación, ni información de que Alex haya sido detenido. Creo que estás un poco alterada por tu viaje a Nueva York mañana. ¿Qué te parece si pedimos comida y te relajas un poco mientras comemos y repasamos todo?

Quizá Frank tenía razón. Mi viaje a Nueva York para declararme culpable me había quitado el sueño la última semana y tenía mucho stress acumulado. Sin embargo, algo en mi interior seguía insistiendo en que algo grave acababa de ocurrirle a Alex.

Me declaro culpable, Señoría, el ictus del Padrino

Recuerdo ese 19 de noviembre como uno de los más terribles de mi vida. Mi peor pesadilla estaba por hacerse realidad y estaba aterrada. Mi vuelo de Toronto a New York era el primero de la mañana. Jaz y yo nos levantamos muy temprano y a los pocos minutos llegó Frank con Jason y Ken, que traían unas bolsas de desayuno. Apenas había podido dormir y mi estómago estaba tan revuelto con los nervios, que lo que menos me apetecía eran dónuts calientes. Los saludé y tomé uno de los vasos de café mientras terminaba de arreglarme. Frank me dijo que ya había hablado con el FBI para que todo estuviera coordinado y que él se comunicaría conmigo para darme las últimas instrucciones. Bob no tardó en marcarme.

—Andrea, ya todo está listo para que te declares culpable en la última audiencia de la mañana para que tengamos tiempo, por si hubiera cualquier retraso con tu vuelo. Te vamos a estar esperando en el aeropuerto. Frank me ha dicho que estabas muy ansiosa. Tienes que estar tranquila, todo va a estar bien. Paul, tu abogado, estará ya esperándote en la oficina cuando te traslademos de allí hasta la corte. No te pongas botas, ponte un zapato cómodo de poner y quitar y no traigas ninguna joya. Nos vemos en un rato. Que tengas buen vuelo.

Me llevaron al aeropuerto e hicieron toda la documentación hasta la sala de embarque. Me despedí de ellos y abracé a Jaz con los ojos llenos de lágrimas. Estos meses había hecho mucha conexión con ella. Era dulce y alguien con quien podía compartir muchas de las cosas que me estaban pasando. Quizá ese vuelo que iniciaba podía no tener retorno, pero mis cartas estaban echadas.

Durante el vuelo, apenas pude dejar de pensar en que, tal vez, era la última vez que los veía. A ellos y a mis padres a quienes había llamado la noche antes para que mi madre me diera la bendición. Mi cabeza iba y venía, cuando sin apenas darme cuenta, ya estaban anunciando el descenso. Con él, también yo bajaba de mi nube para, por primera vez enfrentarme al contacto con la tierra.

Bajé de las primeras del avión, y entrando en inmigración, al primero que vi fue a Bob acompañado de un agente que no conocía. La esposa de Steve se había puesto de parto y estaba esperando en cualquier momento la llegada de su hija. Volver a ver a Bob en esta situación y sin Steve, me causó un shock que me hizo ponerme a llorar sin poder contener las lágrimas. Estaba tan quebrada, que hasta uno de los oficiales me preguntó si estaba bien. Bob se acercó mientras el otro agente terminaba de mostrar una documentación al agente de aduanas y me pidió que me calmara. Comenzaba un proceso que tenía que ser resuelto y no había forma de eludirlo. Lo mejor era estar tranquila y cooperar.

Salimos por una de las puertas laterales del aeropuerto, que ya a esas horas, estaba repleto de gente y me introdujeron en un vehículo negro que conducía otro agente. La mañana estaba muy fría, pero hacía un sol radiante. En el trayecto de la guardia a la oficina del FBI en el Southern District, Bob volvió a tratar de tranquilizarme sin mucho éxito.

—Andrea, sé que estás asustada, pero créeme que has hecho lo correcto y que todo va a salir bien. Yo no miento. Nunca pude prometértelo, ya que solo a un juez le corresponde decidir, pero has cooperado y nos has ayudado a mantenernos cerca del Chapo y su entorno y ahora estás ayudando al RCMP. Te prometí esas cartas de recomendación, y la nuestra y la del RCMP las tienes. Lo que has hecho habla por sí mismo. Cuando lleguemos, hay que tomarte las huellas y completar otros procedimientos habituales antes de ir a la corte... Tu abogado estará ahí para asistirte.

En medio de la tormenta que se me avecinaba nunca había visto a Bob hablarme con tanta cordialidad. Atravesando la ciudad y sorteando el tráfico, llegamos a las oficinas del FBI. Antes de bajar, insistí a Bob en que estaba segura de que algo le había pasado a Alex, porque los mensajes llegaban al destinatario, pero no había respuesta. Eso era algo totalmente extraño en una persona que se la pasaba horas y horas aburrido con el único entretenimiento del teléfono. Ellos eran más que conscientes porque desde hacía mucho tiempo tenían interceptadas todas nuestras comunicaciones. Volvió a efectuar un par de llamadas y me dijo, que estuviera tranquila, que no tenía ninguna confirmación de operaciones donde Alex hubiera sido detenido.

El coche entró por un lateral del edificio que hacía esquina. Me ayudaron a bajar del auto y entré en el edificio. Me tomaron las huellas de los dedos de las manos, me pusieron delante de un computador para tomarme el iris y me hicieron fotos. El proceso duró como una hora. De ahí me bajaron al sótano.

—Andrea, terminamos en la oficina. ¿Comiste algo? ¿Quieres que te traigan algo de comer? Aún tenemos tiempo.

—No, Bob, muchas gracias. No tengo hambre, solo necesito chequear mis celulares. Por favor, estoy segura de que a Alex le pasó algo. Déjeme, le muestro... Mire... ¿ve...? Los mensajes le están llegando, lo que significa que el pin aún está operativo, pero no me contesta desde ayer. Ustedes saben que en Alex eso es totalmente impensable. Bob, créame que algo me dice que paso algo grave.

Miró mis mensajes y la falta de respuesta alejándose por unos minutos de la habitación donde estábamos, un pequeño cuarto con una mesa de madera y una barra metálica en la pared donde esposan a los detenidos a los que le toman declaración. Por suerte nunca la usaron conmigo. La puerta se abrió y Bob llegó acompañado de otro agente.

—Andrea, para tu tranquilidad, hemos hecho un par de llamadas y como te dije, no hubo ningún operativo para detener a Alex Cifuentes. Ahora vamos para la corte. Esto es en el edificio de atrás, pero se comunica con este por el túnel. Ahora sí, no tengo más remedio que ponerte las esposas. Pon tus manos para atrás. No te preocupes, eres mi VIP y no te voy a poner las de los tobillos. Por favor, Andrea, coopera conmigo y ya verás que pronto este episodio ha terminado. ¿Te aprietan? Ves que no te las he puesto muy apretadas. Vamos al coche y no olvides que cuando lleguemos a la corte no vas a poder tener contigo ninguno de los celulares.

—No soy capaz... ¡Necesito agua, no puedo respirar! Esto no es lo que usted me prometió, no es lo que me dijeron... yo... ¡Me van a meter presa!

—Andrea, por favor, ya te he dicho... nunca te prometí nada que no haya cumplido. Solo necesitas tranquilizarte y cooperar... Por favor.

Nunca imaginé una situación tan angustiosa como sentir cerrarse las esposas en mis muñecas. Me sentí impotente, acusada sin haber sido aún juzgada y con un terror indescriptible de pasar el resto de mis días en una cárcel. No podía dejar de llorar. Me bajaron en el ascensor hasta el túnel, donde me esperaba un vehículo negro, que ya tenía abiertas las puertas de detrás. Bob me ayudó a subir, entró conmigo y el otro agente, cuando el coche se puso en marcha por el túnel hasta los bajos de la corte. No tardamos ni tres minutos. Las puertas se abrieron y aparecieron dos Marshalls que venían a custodiarme. Uno de ellos de muy malas maneras le dijo a Bob:

—Ella tiene que subir completamente esposada. No tiene las esposas de los tobillos. Ya saben las reglas.

—Conozco las reglas a la perfección, pero no va a subir a la corte con esposas en los tobillos. Ella es mi VIP y yo soy quien responde. ¿Algún problema oficial?

A Bob no le había gustado en absoluto la forma en la que el agente se había dirigido a nosotros. Se acercó a hablar con alguien y como por arte de magia, el Marshall antipático desapareció de la escena y pasó a acompañarnos otro con aspecto más «humano». Estaba totalmente traumatizada. De repente el mundo desapareció ante mis ojos. Sentía paz, pero a la vez, un miedo que difícilmente podría describir. En el ascensor, alcé la vista y lo primero que vi fue un cartel de «Sexual Harassment» que invitaba a denunciar cualquier situación, donde el detenido sintiera que estaba siendo abusado o intimidado sexualmente. Sentí terror e impotencia y ni siquiera alcanzaba a ver a Bob, mientras pensaba, cómo serían mis días en una prisión Federal de los EE. UU.

Se abrieron las puertas y vi que Paul, mi abogado, estaba sentado esperándome. Al verlo, volví a llorar desconsolada. Se acercó a mí y me dijo que me tranquilizara, que todo iba a estar bien. Quizá tenía razón, me tenía que calmar. Pero era peor que cualquier película que hubiera visto, porque estaba pasando en realidad, y yo era la protagonista. Mi audiencia estaba prevista para ser la última y que me diera tiempo a llegar desde Canadá. Habían ordenado una «Seal Court». Una audiencia completamente privada donde toda la información y lo que allí ocurriera, tenía que quedar expresamente protegido del dominio público. Nadie, a excepción de los que allí estábamos, podía saber lo que estaba pasando. Mis testimonios y la documentación aportada al juez eran demasiado valiosos y peligrosos para que pudieran filtrarse.

—Andrea, Bob tiene razón. No es momento para hacer las cosas difíciles. Por favor, tranquilízate. Me dicen que no has comido nada, ¿quieres que traigan un jugo o un café? Esta es la traductora que te va a asistir. Necesito que te concentres para que sepas exactamente lo que tienes que contestar.

—Pero no puedo Paul. No es que no quiera, ¡es que estoy bloqueada! No sé dónde tengo que contestar... estoy muy asustada y no soy capaz. Además, lo de Alex me tiene mal. No aparece desde ayer y estoy segura de que lo detuvieron

Paul salió como un diablo a cuestionar a Bob y pedirles garantías de que Alex Cifuentes no estuviera detenido. Cuando regresó comenzó a repasar conmigo los cargos en los que tenía que declararme culpable o inocente, pero no entendía. En eso que Bob se acerca corriendo porque se confirma que Alex había sido detenido, pero no por ninguna agencia estadounidense, sino por la policía mexicana. Obviamente por agentes que representaban intereses distintos a los del cartel de Sinaloa y eso era un riesgo para su vida.

—¡Se lo dije! Yo sabía que algo malo le había pasado a Alex. Tenía una vocecita interna diciéndome que estaba en peligro.

Bob ya me había advertido que después de hablar con Paul, mi abogado, habitualmente hay un periodo de tiempo en el que tienen que meterte, como en una especie de jaula, a esperar para entrar en la sala. Estaba totalmente aterrada. Sin embargo, la confirmación de la detención de Alex hizo que se cambiaran de forma radical todas las reglas. Me llevaron a un salón para que pudiéramos trabajar y me trajeron todos mis celulares para comenzar a recabar información. Ese episodio del salón «oficialmente» nunca existió.

Al momento de entrar en la sala, el Marshall se acercó a mí y me dijo que tenía que quitarme los cordones de los zapatos de deporte. Fue tan amable que él mismo me ayudó. Sentía que el corazón se me iba a salir de la caja torácica. Me llevaron por una puerta lateral y quedé totalmente impresionada. Cuando me leyeron el «indictment» o acusación, el traductor, que era un señor viejito cubano, no sé si fue por los nervios o por la forma en la que me traducía, no pude entender nada de su español. Llegado el momento de responder mi abogado fue el que tuvo que indicarme a cuál de las acusaciones declararme culpable o inocente. Seguí sus instrucciones. Me declaré culpable al cargo de «Drug Conspiracy» por conspirar para violar las leyes de narcóticos. Me impusieron una fianza de cinco millones de dólares con el respaldo de Washington, pero la orden nunca llegó.

Finalmente, y para resumir la escena, entre el alboroto de la confirmación de la detención de Alex y los alegatos de mi abogado con el fiscal, me dejaron ir con una fianza simbólica de cien dólares, que para colmo, nunca me cobraron.

Mientras esto ocurría, Bob y Steve solo hablaban en código, pero se les veía extremadamente molestos porque los marines mexicanos habían hecho su «movida» sin su consentimiento. Habían usado toda la información compartida para detenerlo por su cuenta, poniendo en serio peligro la operación completa. Un operativo que después de años de esfuerzo estaba a punto de llevarse a cabo y que significaba, no solo la detención de Cifuentes, sino la del mismo Padrino y otros de sus más importantes asociados en el cartel.

Cuando terminó la audiencia y me vi libre hasta el día en que dictaran sentencia, no podía parar de llorar, pero esta vez de la alegría. Había cometido serios errores con mi vida, pero el juez reconocía mi trabajo para enmendarlos. Me abracé a mi abogado y en la cara de Bob y de Steve pude ver una media sonrisa de satisfacción, porque ese reconocimiento a lo que había hecho, nunca hubiera sido posible sin ellos.

Salimos de la corte por el mismo túnel, pero esta vez, el coche salió del recinto por una de las anchas avenidas neoyorquinas. La ciudad se veía hermosa con el ambiente prenavideño. Llegamos al hotel intercontinental y bajamos del auto. Hasta el aire frío en mi rostro se sentía de otra manera. Los rayos del sol eran una caricia que ahora podía disfrutar sintiéndome más libre. Siendo libre, aunque, hasta que me dictaran sentencia, aún no lo estuviera.

Steve se acercó a la recepción y me reservaron una suite. Me acompañaron mientras me acomodaba y prácticamente salieron corriendo.

—Andrea, ya saliste de esto que tanto te agobiaba, podemos dar por terminado este capítulo en tu vida, pero desgraciadamente, aún hay muchos que tienen que terminar de escribirse. Tenemos que irnos. Salimos para México en dos horas. No puedo darte ninguna información todavía, pero necesitamos que estés pendiente de los celulares por si logras establecer comunicación. Comunícate conmigo de inmediato si tienes alguna información. La vida de Cifuentes corre peligro. Que tengas buen viaje a Canadá. Estamos en contacto.

Se cerró la puerta del cuarto y saqué varias de mis blackberries para tratar de comunicarme con las oficinas. Todas las comunicaciones en ese momento estaban caídas. No había duda de que el Padrino y el cartel ya sabían lo que había ocurrido con Alex. Tiempo después y cuando por fin pude volver a comunicarme con él, tras ser extraditado de Colombia, él mismo me contaría los pormenores de su salvaje arresto.

En efecto, la última comunicación que mantuvo, su último mensaje fue a mí. Ese mismo que yo ya sabía que enviaba a modo de despedida. Alcanzó a escribirlo y enviarlo antes de que más de una docena de hombres armados entraran en la casa donde se encontraba en Culiacán y lo metieran a golpes en un convoy hasta la Ciudad de México. Fueron dos días hasta que el FBI por fin tuvo confirmación de su captura y pudo salir a rescatarlo, pero él había perdido la noción del tiempo. Recordaba que le golpearon sin piedad tratando de conseguir información sobre el Padrino y sus finanzas. Lo dejaron sordo de un oído, perdió totalmente la visión de un ojo, el cincuenta por ciento del otro y le arrancaron las muelas, una a una, con un alicate. Me aseguró que perdió el conocimiento en un par de ocasiones y cuando despertaba, seguían torturándolo.

—Amiga, yo aguanté las golpizas. Pero el último mensaje fue a usted, ¿si entendió? Me sacaron «la madre» pero nunca me dejé violar.

Yo pude obtener esta información de sus propios labios después de un año cuando fue extraditado. Alex me contó que, cuando estaba a punto de morir, solo recordaba que llegaron hablando en inglés, discutieron acaloradamente con los policías que le estaban golpeando y cuando ya cerraba los ojos, lo sacaron de allí y despertó en una especie de hospital. Bob, Tim, Steve y el equipo del FBI llegaron a tiempo para que no lo mataran.

En un país como México no existen leyes y si las hay, dependen de cuándo, dónde y sobre todo para quién. La corrupción tiene demasiados tentáculos y la impunidad, también. Cada cual usa los métodos que quiere para conseguir sus fines sin necesidad de justificar o responder por sus acciones y todo se puede «arreglar». Me tiré sobre la cama pensando las veces que yo misma había tenido que llevar sobornos, «regalos» o «encargos» del Padrino a todos esos personajes de amplios *curriculums* y mejores posiciones. En las maletas cargadas de fajos de billetes que servían para comprar conciencias y cargos políticos. Nosotros en el cartel éramos delincuentes, pero resultaba irónico que el dedo que nos acusaba públicamente era el mismo que contaba nuestros dólares en privado.

¡Qué diablos! Nada iba a cambiar. Lo único distinto era mi libertad y esa tenía que celebrarla. Casi vacío el minibar. Hacía siglos que no pasaba por Nueva York, pero aún conservaba amigos de mi época de «Au Pair» en la que estudiaba y cuidaba una niña. Llamé a mi amiga y quedamos en vernos en un *night club* de Manhattan. Ella seguía estudiando y haciendo lo mismo. Yo ya tenía un Máster honoris causa en la universidad de la vida. Esa noche solo quería olvidarme de todo y disfrutar al precio que fuera.

—Andrea, ¿está segura? ¿Cómo vamos a pedir una botella de Champagne? Son trescientos dólares, ¿está loca?

—¿Loca? Ya lo creo, mijita, pero de la felicidad. Le dije que pida lo que quiera que yo invito. Dele a esa botellita de champagne y,

¿sabe qué? Que sea también una de Vodka. Se me antojó... y, mire a ver si nos pueden traer algo de picar.

Mi amiga me miraba como si fuera una extraterrestre. Antes, cuando salíamos, teníamos que esperar a que algún galante caballero nos invitara a una copa, o ya metidas en la «rumba», a varias. No podía imaginar cuan bien me había ido en mi trabajo para gastar de un plumazo casi mil dólares en una sola noche y pagar además con cash. Nos reímos, bailamos y hasta me permití coquetear con un par de guapetones que en plan seductor se acercaron para saber cómo me llamaba y de dónde era. Nada original, excepto que esa era mi noche y todo era especial. Pedimos dos taxis porque mi amiga vivía en Nueva Jersey y yo estaba deseando regresar al hotel para ver si había noticias de Alex. Nada. Silencio sepulcral. Me recosté y con la misma ropa me quedé dormida.

El peso de las emociones me hizo descansar la noche entera de un tirón. Sonó el despertador y aún tuve que frotarme los ojos para comprobar que todo lo que había pasado era real, que estaba libre. Eran las ocho y cinco y sentía que había descansado años. Pedí un café, un jugo, una canasta de panes con huevos revueltos y me metí en la ducha mientras subían mi desayuno. Saliendo, escuché el sonido de mensajes de una de mis blackberries. Era Bob, ya estaban en México y me mandaba una foto.

—Hola, Andrea, espero que hayas descansado. Desde el primer momento no te engañó tu intuición. A Alex lo detuvieron segundos después de ese mensaje que me mostraste. Ahora, necesito que me identifiques a la persona de la foto. Por favor, dime si la reconoces y me confirmas que esta persona es Alex Cifuentes.

Tenía golpes y heridas por todos lados, pero sin ninguna duda era Alex. No quería imaginar por las que tuvo que haber pasado.

—Sí, Bob, ¡por supuesto! No me cabe ninguna duda. Es Alex Cifuentes. ¿Está bien? Dígame por favor que no le han matado.

—No, Andrea, no lo mataron, pero faltó muy poco. Logramos sacarlo a tiempo. Está muy golpeado, pero saldrá adelante.

—Bob, escuche, yo me quiero regresar a Toronto y a ser posible hoy mismo. Esto está muy lindo, pero no quiero estar sola y prefiero regresar al «trabajo».

—Está bien Andrea, ya mismo coordino con la oficina que te saquen un ticket para regresarte hoy mismo a Canadá. Una sugerencia: no importa lo que el RCMP le pida, es imprescindible que trates de retomar el contacto con el «Chapo» Guzmán. En algún momento van a volver a conectarse a los servidores. Tenemos que seguir ahí. Ya estamos muy cerca… Hablamos cuando llegues.

La cruz en la espalda, «Corre Andrea… un millón por tu vida»

Nueva York había sido una bocanada de oxígeno, pero tenía que regresar a Canadá. En los meses que llevaba trabajando allí como Agente del RCMP mi vida había sido un acumulo de vivencias, experiencias y gente nueva de lo más «variopinta». Había estado con varios hombres de forma casual, pero hacía un par de semanas, rumbeando con mi amiga Claudia, había conocido a Eugenio. Estábamos en una discoteca y cuando salía del baño, me abordó este «pelón» tan dulce, que no pude resistirme. Era canadiense. Tenía la carrera de ingeniero ambiental y trabajaba para una empresa del gobierno. Era la única vez en mi vida que salía con alguien que no tenía nada que ver con el crimen o el narco. Bailamos, nos invitó a las copas, y me pidió si podíamos volver a quedar. No era el «voltio», ni la super relación, pero no tenía a nadie más. Estaba sola y ese hombre, desde el primer día se enamoró de tal forma, que no le importaba casarse para darme los papeles y que pudiera quedarme para siempre en Toronto. Pobrecito, estaba a años luz de mis «malos», pero me servía para estar acompañada. No tenía ni idea de con quién estaba. Recuerdo que el pobre no entendía como me desaparecía por horas, sin poder contestar un teléfono, o por qué nunca podía acompañarme a mi casa. Siempre terminaba «tragándose» mis mentiras de que estaba en clase o tenía una compañera de piso muy antipática.

Una tarde, en unos grandes almacenes, después de terminar unas compras, vi que estaban firmando libros. Me acerqué y compré uno que la autora me dedicó con «mucho cariño». Era sobre una prisionera en una cárcel. Aparentemente, Netflix estaba pasando la serie y yo le rogué al bueno de Eugenio que la viéramos juntos. Tanto me identifiqué con la protagonista, que Eugenio me preguntó cómo era posible que llorara tanto con una presidiaria. Me sequé las lágrimas, lo miré fijamente y le dije que había muchas posibilidades de que yo también fuera a la cárcel. Le conté por encima y el hombre casi sale corriendo. Lo detuvo el que de verdad me amaba, pero su cara se transformó solo con el quince por ciento de mi historia. Al menos, aunque no supiera todo, ahora sabía lo que hacía y para quién trabajaba.

Cuando llegué al aeropuerto, Jaz y Jason, dos agentes del equipo del RCMP, me estaban esperando. Nos fuimos a un bar a tomar unas copas y a contarles los pormenores de lo que había pasado en Nueva York.

—Bienvenida, agente Vélez. Hoy tú invitas. Creo que tienes buenas razones para pagar, ¿no?

—Si Jason, yo invito hoy. Quiero agradecerles ahora que estamos juntos el haber sido parte de mi libertad. Gracias por esa carta y gracias por estar siempre pendientes de mí.

Jaz se levantó para abrazarme. Compartía muchas horas con ella y había llegado a convertirse en una especie de confidente. Con el FBI nunca compartí un solo almuerzo fuera de la oficina. Bueno, solo uno con Bob, pero fue demasiado rápido. Con el equipo del RCMP parecíamos una familia. Disfuncional, pero nunca me dejaban sola. Brindamos, cenamos y nos retiramos al departamento. Había seguido insistiendo en comunicarme con las «oficinas» después de la detención de Alex, pero no lo había logrado. Frank me avisó de que algo más había pasado.

—Andrea, te vas a demorar un tiempo en volver a comunicarte. Además de la detención de Alex, pasó algo con el Padrino. Tenemos información por llamadas que fueron interceptadas, de que al Chapo le dio una especie de ictus cuando se enteró de que a su compadre se lo habían llevado a Ciudad de México y lo estaban interrogando. Tuvieron que atenderlo porque se le medió paralizó una parte del cuerpo de la impresión. De inmediato bajaron todos los servidores y ahora son los «secretarios» los únicos que pueden comunicarse siguiendo instrucciones. Esto va a demorar semanas.

La relación con Stephen estaba totalmente quebrada y con Fermín seguíamos hablando, pero a veces pasaban semanas sin saber uno del otro. Seguía ayudando al RCMP con los otros objetivos, obteniendo información de otros narcotraficantes, hasta que más o menos un mes después, Bob me llamó para darme una idea.

—Andrea, necesitamos retomar el contacto con el Padrino. No podemos perder la oportunidad de volver a acercarnos. No creo que el negocio de la droga sea algo que pueda causarle interés en este momento. Sin embargo... si hay algo que le apasiona, es poder ver convertido en realidad el sueño de su película.

—No puedo estar más de acuerdo Bob. El Padrino siempre ha soñado con que el mundo conozca su metamorfosis. Cómo ese niño pobre de las Tunas que vendía naranjas logró tener comprado un país y manejar uno de los mayores imperios de droga del mundo. ¿Pero cómo le hacemos? Con Alex detenido y Javier el escritor desaparecido, yo ya no tengo más contactos.

—Hollywood, Andrea. Nosotros le vamos a facilitar los contactos, pero es importante que puedas deslumbrarlo y que sienta que se está tocando base con gente importante que puede hacerlo posible. Esta... Esta es ahora nuestra única baza y solo tú puedes convencerlo.

De forma impecable el propio FBI me abrió las puertas de Hollywood. Me consiguieron el acceso a un famosísimo actor y tuve que viajar a L.A. para reunirme brevemente con uno de sus productores en el mismo aeropuerto, antes de que salieran a Japón a grabar un comercial de automóviles. Por supuesto, el Padrino mordió el anzuelo y a través de uno de los trabajadores envió rápidamente un mensaje.

—Amiga, me ha dado una gran alegría con esta reunión con gente tan importante.

Le envié varias fotos de la reunión y el Padrino no podía creerlo. Estaba feliz y de inmediato me volvieron a añadir al sistema.

—Si ya le había dicho yo a mi compadre, que usted ahijada, sí nos había salido «requeteguena...» Usted mija sí tiene «cojones» pa' hacer las cosas y llegar donde sea. Es muy lista y con ese inglés tan bonito... pa'que le cuento... Pa'lante mija.

Volvía a tener comunicación directa. Había sido una pantalla, pero queríamos ver cómo reaccionaba y había funcionado. Una semana más tarde, me volvieron a coordinar una reunión en Hollywood con uno de los productores de *Breaking Bad*. El hombre pensaba que estaba bromeando hasta que le dije que, si esperaba un poco, porque siempre se demoraban en contestar, yo misma le ponía al Chapo al teléfono.

—Mire es que el señor quiere saber cuánto costaría que usted hiciera su película. Él se demora en contestar ¿sabe?, pero si quiere tómese un Whisky o un tequila que con toda seguridad le contesta.

Ante la incredulidad del productor, le mostré varias fotografías que avalaban mi relación con el cartel y mandé el mensaje al Padrino:

—Padrino, qué pena molestarlo, pero estoy con uno de los productores de *Breaking Bad* para lo de su película. Señor, ¿será que usted puede contestar para que le haga las preguntas que necesita? Perdón, pero es que estoy aquí con él y... bueno, sería muy importante que usted mismo pudiera decirle.

El Productor estaba impaciente. Ya casi me estaba despidiendo, cuando a los veinte minutos recibimos el ansiado mensaje de vuelta:

—¿Qué «hubo», ahijadita? Qué bueno, que está con ese señor de Hollywood tan importante. Le manda saludos de mi parte y dígale, por favor, que cuanto «ocupa».

Sin más preámbulos, el Padrino estaba preguntando cuánto dinero necesitaba el productor para encargarse de su película. Quedamos en seguir hablando y enviar un acuerdo de confidencialidad previo al manuscrito de la historia, pero nunca progresaron las conversaciones.

Seguía conectada al sistema y hablando con Fermín, pero las comunicaciones directas con el Padrino eran cada vez más escasas. Cada vez se sentía más acorralado. Yo sabía que quienes escribían eran Nariz o alguno de sus otros trabajadores, porque el Padrino no usaba puntuaciones y solía escribir tal y como hablaba, con innumerables faltas de ortografía. No es que sus trabajadores fueran hombres letrados, pero el estilo de escribir era totalmente distinto. Nariz solía referirse al Padrino como «el Gerente» por eso sabía que era él quién escribía, los demás simplemente lo llamaban señor. Jamás, como se veía en las series televisivas sobre su vida, nadie se dirigía a él llamándolo «Chapo». Eso le causaba risa y para quienes estábamos en su entorno sabíamos que hubiera sido interpretado como una provocación.

Mientras tanto, los negocios con las mafias seguían floreciendo y el RCMP cada vez obtenía más información y evidencias contra muchos de sus capos. Frank no cesaba de decirme que lo manejara con cuidado, porque con Stephen fuera de la jugada, yo me estaba convirtiendo sin quererlo en la competencia del Padrino. En aquel momento, Fermín no estaba recibiendo los fondos que necesitaba para manejarse por parte del cartel y sus negocios cada vez eran más escasos. Era como si la oficina se estuviera diluyendo.

El 14 de febrero siempre estará en mi memoria. No por ser el día del amor, sino porque una amiga me salvó de una muerte segura. Había estado haciendo un «undercover» tratando de sacar información con un amigo que trabajaba para Fermín y que acababa de adoptar a una bebé. Cargada de regalitos y una botella de champagne, había ido con la «pantalla» de conocer a la criatura, para ver si me «soltaban la sopa» de dónde y cómo estaba Chuki, el trabajador del Padrino en Montreal. Necesitaba conectarme con Fermín o con él, para saber qué estaba pasando, pero no conseguí mucho y decidí marcharme. Abajo, a unas calles, me estaban esperando para llevarme al departamento. Eran más de las nueve y media y noche cerrada.

Miré mi teléfono y vi un par de llamadas perdidas de mi amiga Rosa y un aluvión de mensajes. Era colombiana como yo, de hecho, fue uno de mis amigos en Colombia, el que me había puesto en contacto con ella, para que me conectara con la gente «importante» de la ciudad. Era modelo, muy hermosa e increíblemente conectada. Estaba casada desde hacía unos años con un policía corrupto con el que tenía una hija, pero estaba enamorada de un narcotraficante serbio, tatuado y de los «duros». A través de ella pude llegar a conocer a muchos de sus «socios» y gente de otras mafias. Nos gustaba pasar tiempo juntas, ir a rumbear, de fiestas y nos habíamos convertido en buenas confidentes y amigas.

—Amiguita, ¿qué está haciendo? Necesito que nos veamos super urgente donde usted quiera.

—Please Ami, conteste que es muy importante. Sé que es tarde y hace un frío de madre, pero así sea para tomarnos un vino, necesito verla sin falta hoy.

—Andrea, por favor, ¡TENGO QUE VERTE YA! Llámame en cuanto veas estos mensajes.

Estábamos ya regresando al departamento cuando le dije a Frank que Rosa me había estado tratando de conectar con insistencia. La llamé y no me dijo nada por teléfono, excepto que era muy importante que pudiéramos vernos y que la había tenido con el «alma en un puño», casi al borde del infarto, cuando no contestaba sus mensajes. Sin duda, algo estaba pasando, ya que sonaba angustiada por verme. Ese no era el estilo de Rosa. Frank me dijo que lo que fuera debía ser muy importante para que casi a las diez de la noche de un día de San Valentín, insistiera en dejar todo para que nos viéramos. Tenía que ir.

El problema es que Eugenio, que era un angelito y al que le faltaba todo lo que a mí me sobraba, llevaba días preparando una cena para sellar «nuestro» amor. Se había visto obligado a cambiar la hora dos veces y hacía quince minutos que me esperaba en el restaurante. Aunque no tenía un solo «voltio» y no me volvía loca, me daba paz y me cuidaba. Era San Valentín. No podía fallarle.

Rosa, seguía insistiendo y Frank me dijo que ellos me dejaban cerca, pero que debía saber qué estaba pasando. Ante tal insistencia, no tuve más remedio que decirle al pobre Eugenio, que se me había complicado porque Rosa me había llamado para vernos con cierta emergencia y que mejor pasara a buscarme cuando hubiera terminado de hablar con ella. Mi amiga tuvo que conducir cuarenta minutos desde su casa para vernos en Air un Pub al que solíamos ir y que estaba a mitad de camino entre su casa a las afueras, y la mía.

—Andrea, me tuvo aterrada cuando no me contestaba. Se tiene que ir. Ya sé todo... Esta tarde Iván estaba tomando unos tragos y haciendo negocios en una reunión a la que suelen acudir otros jefes de otras mafias y mamita, ¡me dijo que estaban «rodando» tu foto!

—Cómo así Rosa, tu amante me vio en una foto... ¿y qué dijeron? ¡Por favor, dime!

—Amiga, era su foto. Iván la tuvo en sus manos. Era usted y estaban diciendo que «el señor de México está ofreciendo un millón de dólares a quien dé «de baja» a esa perra...» Y esa perra es usted, mija.

—¡Mierda, amiga!... Rosa, perdóname... Siento no haberte dicho toda la verdad, pero no podía. Todo esto es una pantalla. ¿A qué hora fue eso? ¿Qué más dijeron?

—No, Andrea, no se preocupe. Todos tenemos secretos... pero a usted, si no corre, ¡la van a matar! Dijeron que usted era una colombiana medio mexicana que se la pasaba en los gimnasios y de rumba cerca de gente importante, y que posiblemente, usted fuera una «sapa» a la que había que «cerrar para siempre la boca».

—Rosa, ¿cuándo pasó? ¿Cuándo se lo dijo?

—Amiga, eso ocurrió anoche... pero esta tarde cuando lo vi, me dijo textual: «Esa pelada con la que andas, dile que corra... que se vaya porque la van a matar. Abrieron la caza a los «gatilleros» que quieran plata y le ofrecieron el encargo directamente a los *Hells Angels*. Su foto ya está rodando y su cabeza tiene precio. Si no corre y se larga de aquí, lo que quede de ella, lo van a sacar en bolsas de plástico».

No cabían más dudas. El Padrino me había puesto la «cruz en la espalda». Había ofrecido un millón de dólares por mi vida a uno de los grupos de sicarios motociclistas más temidos del mundo, a quienes se habían unido varios «gatilleros» o asesinos a sueldo, para tratar de matarme.

Me temblaban las piernas. De un momento a otro, sentí el peso de las miradas de todos en mi espalda y corrí al baño.

—Frank, ¡tengo miedo! Ya sé por qué Rosa necesitaba verme con tanta urgencia. Me acaba de confirmar, ¡que ofrecieron un millón de dólares por mi vida y que los Hells Angels me están buscando con otros sicarios para matarme! Estoy escondida en el baño. Frank... ¡¡¡Van a matarme!!!

—¿Qué? Andrea, no te muevas de donde estás. Quédate en el baño y espera cinco minutos. Pasado ese tiempo, quiero que salgas de ahí, te sientes en la mesa por unos cinco minutos más, te despidas de Rosa y salgas a la puerta. Ahí mismo te estaremos esperando. Tranquila.

Cuando me senté en la mesa, Rosa, mirándome a los ojos, agarró mi mano.

—Andrea, tiene que venir conmigo. Mi esposo es policía y estamos fuera de la ciudad. No quiero que se vaya a ningún sitio sola, por favor, amiga, véngase a mi casa... Al menos estará más segura por esta noche.

—No, Rosa, usted ya ha hecho demasiado por mí. No voy a poner ni su vida, ni la de su familia en riesgo. Me tengo que ir. Agradezca a Iván por advertirme y usted, por favor, amiga sea feliz. Si lo ama, siga su corazón, pero use también su cabeza. Algún día sabrá mi verdadera historia. Hoy solo puedo decirle que esté tranquila, que voy a estar bien. Amiga, la quiero muchísimo... Cuídese mucho, por favor.

Me despedí de Rosa con lágrimas en los ojos. Sabía que quizá nunca más nos volveríamos a encontrar y la estaba profundamente agradecida. Esperé el tiempo que me dijo Frank y cuando me disponía a salir a la calle, con el coche ya esperándome en la puerta, el bueno de Eugenio entraba feliz con un impresionante ramo de flores. Como sabía que estaba con Rosa y no lo llamaba, pensó en sorprenderme y pasar a buscarme. La sorpresa no podía ser más inoportuna, o acertada si quería verme por última vez. Lo saludé desencajada, y mientras se sentaba confundido en la mesa, regresé al baño para contarle a Frank que me demoraría unos minutos en salir porque había llegado Eugenio sin previo aviso.

—Andrea, no hay tiempo para pensar en Eugenio ahora. No puedes regresar a la mesa, ni volver a acercarte a la salida. Busca la puerta trasera y ahí te estaremos esperando. Hazme caso. ¡No mires atrás, no regreses... sal de inmediato! ¡Hazlo ya!

Ni siquiera me pude despedir de Eugenio. Lo miré de lejos sentado entre sus flores y una cajita de regalo. En la puerta trasera, Jason con Frank me estaban esperando. Me agarraron de un brazo y a toda prisa me metieron en el coche. Por primera vez activaron las sirenas, y detrás, otros dos coches nos custodiaron hasta el hotel Sandman, el horrible hotel que les servía de centro de operaciones. Estaban blancos como sus paredes. Sin importar la hora, allí estaban ya esperando Jaz y el resto del equipo. Si lo que Rosa me había contado era cierto, tenía medio Montreal y Toronto buscándome y a ellos se les había pasado inadvertido. Frank estaba tan aturdido y desconfiado que llegó a pensar que la cita con Rosa había sido algo preparado por el amante mafioso para seguirme. Estaban descontrolados y más asustados que yo.

Para una agencia de inteligencia con los millones que invertían en interceptar y quebrar el entorno de los narcotraficantes y mafiosos, no saber que habían puesto precio a mi vida decía mucho de su forma de operar.

Capítulo 10

Entrega oficial al FBI, Escondida en Nueva York

Operativo rescate de Toronto a Nueva York

Mis cartas estaban echadas y no había tiempo que perder. El propio Frank llamó a Bob del FBI para contarle lo ocurrido, aunque yo, por mi parte, ya les había enviado un mensaje.

—Bob, quiero avisarte de que hay una seria amenaza contra Andrea. Su vida está en serio peligro. No puede seguir aquí por más tiempo. La operación queda total e irrevocablemente cancelada. Aquí son casi la 1:30 am, pero mañana recibirán toda la documentación firmada. Andrea ya no es más responsabilidad nuestra. Creemos que, dada la situación, lo mejor es que salga del país de inmediato y que vuelva a ser responsabilidad de ustedes.

Por un momento, me sentí como un *pedazo de algo*. La habían «fregado» y limitaban su responsabilidad tirándosela a otros. Sencillamente, sabían que mi vida estaba en serio peligro y no querían ser los responsables. Tenían pensado meterme en un avión y mandarme directa a Nueva York, pero el FBI insistió en venir a buscarme... y no por avión. Bob consideraba muy importante no dejar ningún registro. Los aeropuertos iban a ser, sin duda, los primeros lugares donde estarían buscándome. No quería arriesgarse. Decidieron que lo mejor era sacarme por carretera y hacer el «traspaso de responsabilidades» en la frontera. Se quedaron conmigo en el hotel y muy temprano me dieron tres horas con Jaz para regresar al departamento y empacar. Salimos en una *Navigator* negra con los vidrios polarizados y otros dos coches siguiéndonos hasta la frontera.

Bob y Tim, habían llegado temprano y me estaban esperando. Nunca me había alegrado tanto de verlos. Con ellos me sentía protegida. Sabían y me habían demostrado que mi seguridad estaba por encima de todo; hasta el éxito de la operación, si eso significaba poner en peligro mi vida. Sin embargo, también sentía que decir adiós a Frank y al equipo que había convivido por casi un año conmigo en Canadá era apartarme de mi familia. La entrega oficial y protocolaria, fue grabada con una cámara corporal para dejar constancia de que me entregaban viva.

—Agentes en presencia del notario y de los aquí presentes, aquí les entregamos a Andrea Vélez. A partir de este momento, ella deja de ser agente del RCMP en todas sus funciones y a partir de este momento vuelve a ser responsabilidad del FBI.

Me despedí del RCMP con lágrimas en los ojos y con las Cataratas del Niágara como testigo, crucé con Steve y Bob la frontera hacia EE. UU. Una frontera sin frontera y sin vigilancia. Eran como las cuatro y la tarde comenzaba a caer. Miré por la ventana y vi apagarse lentamente el sol mientras cruzábamos hermosos paisajes hasta Nueva York.

—Bueno, Andrea, a partir de ahora tu vida en Nueva York va a ser muy diferente. Te vamos a dejar en un hotel seguro. Trata de descansar. Nosotros nos encargaremos de todo, de tu estadía y tus gastos. Estaremos vigilando que nada te ocurra, pero no viviremos aquí. Nosotros no trabajamos como el RCMP.

¡Quería morirme! Estaba tan asustada de que me fueran a dejar sola que le pregunté si podía regresar a Canadá. Al menos allí pasaba las veinticuatro horas rodeada de agentes, pero en Nueva York, con un millón de dólares por mi vida y sola, el trance era difícil de tragar. Entramos en Manhattan completamente de noche. Las luces de los rascacielos reflejadas en el suelo mojado se veían realmente hermosas. Bordeamos Hyde Park y paramos en el Park Lane, un imponente hotel con impresionantes vistas sobre el parque nevado. Me ayudaron a bajar mi equipaje y me acompañaron por el amplio pasillo vestido de mármol y grandes lámparas de cristales hasta la recepción. Mi habitación estaba reservada en el cuarto piso, alejada de los ascensores. Me preguntaron si quería comer y me mostraron dónde quedaba el restaurante.

—Andrea, tenemos que irnos. Sé que han sido dos días muy largos, pero aquí estás segura. No vamos a dejar que nada te ocurra. Envíanos un mensaje o llama en el momento que lo necesites. Nosotros estaremos pendientes. Tenemos que regresar a la oficina, porque quizá podamos darte una mejor noticia. Descansa... Hablamos mañana.

Cerré la puerta con cadena y me sentí completamente vulnerable. Revisé las posibles salidas desde la habitación y empujé como pude la cómoda del cuarto hasta la puerta. Puse encima mis maletas y me tumbé en la cama con una botellita de vodka del minibar, mientras prendía la tele y preparaba la ducha. Bob tenía razón, habían sido cuarenta y ocho horas de infarto y necesitaba descansar, pero estaba aterrada. Podía pensar que Stephen Tello estaba detrás de la orden de matarme, pero él no tenía un millón de dólares para hacerlo. Solo había una persona. El mismo ser maquiavélico que me trataba con dulzura, pero hacía tiempo me tenía en la mira. Ya no había dudas que él fue quien estuvo detrás de la operación en mi departamento en México y quien ahora me hacía responsable de la detención de Alex. Desde aquel día que dijo mirándome a los ojos que tenía muy entretenidos a los «azules» y a los «feos», él intuía que yo podía ser la informante.

Pero más allá de las sospechas no tenía la evidencia y a diferencia de los que se desaparecían para salvar su vida, como Cristian el informático o Javier el escritor, yo siempre volvía a serle útil y darle la cara. Eso lo descolocaba, pero no al punto de pasarlo por alto si yo estaba realmente detrás de la detención de su compadre. Hacía algún tiempo que me había puesto ya la cruz en la espalda. Cada vez más asediado, sentía que era hora de cobrármela.

Apenas pude dormir esa noche. Cada ruido me despertaba y sentía que estaban entrando por mí. Eran casi las siete de la mañana y los primeros rayos de luz se colaban por mi ventana. Abrí las cortinas y el parque, de día nevado, se veía aún más hermoso. Bob me llamó y también lo hizo Steve. Querían saber cómo había amanecido y si necesitaba algo. Me dijeron que tratara de distraerme y no quedarme en el cuarto.

—Andrea, trata de entretenerte, baja a la calle, a conocer el barrio, o a comer fuera del hotel. Créeme que donde estás, estás segura. Hoy, posiblemente, no podamos volver a comunicarnos, porque tenemos una asignación importante y no sabemos cuánto puede demorar. Si es una emergencia, manda un mensaje, que alguien del equipo te responderá enseguida.

—Gracias, Steve, trataré de seguir tu consejo y bajar a conocer el barrio... Es solo... que siento que todo el mundo es un sicario que viene por mí.

Colgué, me puse el abrigo y bajé a repasar las salidas de emergencia y las dos puertas principales del hotel que daban a distintas calles. El edificio estaba rodeado de pequeños negocios. Una licorería, tiendas de souvenirs, un spa, varios restaurantes y un pequeño establecimiento de sándwiches Angela's, que de inmediato adopté como mis favoritos. Era tan pequeño, que solo había dos mesas, pero era ideal para pedir la comida, recogerla y subir a comerla al hotel. Dando vueltas, me distraje elaborando un plan de fugas, conociendo las entradas de metro y los lugares donde podía ocultarme o podía escapar de ser necesario. Era 17 de febrero y hacía un frío intenso que cortaba la cara. Aunque no era tarde, comenzaba a apagarse el sol y decidí regresar al hotel antes de que la noche cayera. Entré en mi cuarto y volví a colocar el pesado mueble delante de la puerta. Saqué la comida que había comprado y una botella de vino y viendo una película me quedé profundamente dormida. El alcohol y el estrés me ayudaron a caer rendida hasta que, a las seis de la mañana, decidí levantarme. Pedí el desayuno y nada más encender la tele, estaban dando la noticia de que, posiblemente, había tenido ocupados a Bob y a Steve esa noche.

A las cuatro y media de la mañana, en una fiesta habían detenido a Nariz, el tedioso trabajador y hombre de extrema confianza del Padrino, que siempre desconfió de mí y me tenía tanta manía. La Marina mexicana guiada por agentes de la DEA habían entrado en una fiesta buscando una BlackBerry con un número determinado, porque habían interceptado las comunicaciones procedentes de ese dispositivo. Encontraron el teléfono y a Nariz, qué acto seguido, guio a los agentes a las casas y túneles por los que habitualmente transitaba el Chapo. Ver la foto de quien tanto odio me tenía esposado y detenido, me dio cierto alivio. Inmediatamente, mandé un mensaje a Steve:

—¿Es cierto? ¿Detuvieron a Nariz? Estoy viendo las noticias.

—Sí, Andrea. A Nariz y a Picudo. Habíamos estado por meses compartiendo información con la DEA. Gracias a que tú nos habías descrito muchos de esos lugares y facilitabas los números de acceso, pudimos tener siempre las comunicaciones interceptadas y muchos de los lugares identificados. Estábamos listos para cazarlo, pero se nos voló por uno de los túneles en el último minuto.

Después supe que compartían la información con Washington y con otras agencias. Desde hacía una semana, justo el tiempo en el que ya no conseguía establecer contacto con el cartel, habían comenzado a tratar de acabar con la infraestructura de casas y túneles que usaba el Padrino en Culiacán, para obligarlo a no regresar a la ciudad. Aparentemente, habían interceptado una comunicación de Nariz pidiendo que llevaran una carne en salsa para «el gerente» al número cinco. Ellos sabían que ese era uno de los nombres en clave del Padrino y que el cinco, era una de las casas donde se encontraba. Dieron con Nariz, y él los llevó por todos los lugares de Culiacán donde solía estar el Chapo. En uno de los túneles se escucharon las voces, pero los efectivos de la marina no llegaron a tiempo de agarrarlo. Otro de los hombres de confianza, el Picudo, también sería detenido minutos más tarde. Este contó a los agentes que en la mañana había llevado a su jefe al turístico Mazatlán, también en Sinaloa.

Si esto era así, después de tantos años, ¡por fin tenían realmente cercada a su presa! Según supe después, si la marina mexicana no se hubiera precipitado en la operación, ese mismo día lo hubieran cazado. Pero era cuestión de tiempo. Con Nariz y Picudo detenidos y Alex en la cárcel, había muchas probabilidades de que ya tuvieran información que antes desconocían. Además, no podía regresar a Culiacán y ya sabían dónde estaba.

¡Agarramos al Chapo!

Una semana después, mientras estaba fuera de la casa, recibí una de las noticias más felices de mi existencia. Era un mensaje de Bob:

—Andrea, prende la tele. ¡Lo agarramos! ¡Tenemos al Chapo!

Acto seguido comenzó a sonar mi teléfono. Era mi madre para decirme que en Colombia ya había escuchado la noticia y estaba llorando de la emoción.

—Andrea, ¿sí escuchó la noticia mijita? Están diciendo que detuvieron a ese hombre y están pasando imágenes. Mamita, Dios ha escuchado mis oraciones... Su papá y yo estamos felices y sabemos que muy pronto va a terminar esta pesadilla.

—Sí, mamita, Dios es bueno. Tengo que dejarla porque necesito ver que está pasando. Mami, la amo. Dígale a papi que muy pronto vamos a vernos y abrazarnos. Los amo mucho, mamita. Hablamos después.

Fueron momentos de locura. Estaba tan feliz. Detener al Chapo significaba el boleto final para mi libertad. Salí corriendo y en el pequeño restaurante, María Antonieta Collins, estaban dando la noticia. La gran noticia. En la madrugada del 22 de febrero, sobre las cuatro y media de la mañana, el Chapo había sido detenido en el Hotel Miramar, en Mazatlán. La operación había sido realizada por un grupo de élite de la marina mexicana con el apoyo de la DEA y la información del FBI. El Padrino se encontraba en ese momento durmiendo en una suite, en el cuarto piso con su esposa Emma y sus gemelas. Confirmada su identidad, los bajaron al sótano y de ahí lo trasladaron a Ciudad de México, donde apareció esposado y escoltado por marines mientras era trasladado a un helicóptero de la Policía Federal, para ingresar en el penal de máxima seguridad del Altiplano, en Almoloya de Juárez.

Tenía que frotarme los ojos. Ni siquiera podía contestar las llamadas del reducido grupo de personas que sabían esta parte de mi historia. Las imágenes de su detención borraron como arte de magia mis miedos. Salí del restaurante, pasé por la licorería, me compré una botella de Vodka y regresé al hotel para seguir la noticia y celebrar como nunca cada detalle de su captura.

Bob, Steve, Tim, Scott, Gigi y todo el equipo del FBI del Southern District, estaban viendo recompensados tantos años de esfuerzo. Aunque ellos no comandaran la operación sobre el terreno, la cooperación entre agencias fue fundamental. Sin la información que desde adentro yo venía aportando al FBI no hubieran podido cercarlo. Jamás tuvieron a alguien tan cerca trabajando desde adentro para ellos. Cada vez que destruían los sistemas de comunicación, yo estaba ahí para darles los nuevos números e identificar quién era quién, en el sistema de claves. Así siempre pudieron tener interceptadas las conversaciones e identificados a los personajes. Yo descubrí la casa del túnel y sin esa información, les hubiera sido difícil saber cómo el Chapo se les volaba siempre en el último minuto. Conmigo adentro, sabían de la película, las operaciones y quienes hacían negocios con el cartel. Yo fui los ojos y las alas de Alex y a su vez, los del FBI.

Esta detención no era solo un mérito de quienes ahora salía en las fotos trasladando al Chapo. Ese mérito les correspondía también a ellos. Era el resultado de un trabajo en equipo donde a veces el ego de querer sobresalir sobre los otros impide compartir y reconocer el éxito del que te acompaña. Yo fui testigo del trabajo silente e incansable de Bob y su equipo, de sus noches de insomnio, de las veces que tenían que dejar de asistir a acontecimientos familiares importantes, por estar ahí, firmes y sin tirar la toalla. Bebí y celebré por mí y por ellos, porque de no haber sido por su dedicación y la oportunidad que me brindaron, quizá hoy estaría muerta.

Ese día fue el comienzo de mi nueva vida. Esperaba ansiosa mi comparecencia en la corte para escuchar mi sentencia, que con el Chapo ya detenido, podía ser tan favorable como ansiaba. Estaba pautada para abril, pero después me informaron que se había aplazado hasta septiembre. Cansada del hotel, inestable y psicológicamente muy agotada, el FBI me consiguió un departamento, pero era tan pequeño que les pedí cambiarme porque mis padres iban a venir por primera vez a verme y no tenía sitio donde ponerlos. Me sentía encerrada, sola, sin papeles aun para trabajar y esperando mi sentencia. Necesitaba estar al menos unos días cerca de mis padres.

Mamá y papá llegaron a la Gran Manzana y fue una gran alegría. El FBI los puso en un hotel en el que yo también me quedé para acompañarlos. Fue solo una semana, pero sentirlos cerca y poder abrazarlos volvió a recargarme de optimismo. No salíamos mucho, ya que, viniendo de un clima tan cálido en Colombia, acusaban mucho el frío. Además, papá rozaba los noventa, aunque muy bien llevados, y mamá no le seguía a mucha distancia. La semana se voló sin apenas darme cuenta. El FBI ya les había sacado el ticket de regreso y tenían que volver a casa. Por fin, iban a poder sentirse tranquilos. Antes de la detención del Padrino, dormían con tres bolsas listas por si tenían que salir corriendo. Por seguridad los habíamos mudado de apartamento y ciudad en dos ocasiones y los pobres vivían en una zozobra de la que solo yo me sentía responsable.

Cuando se fueron pude mudarme a un pequeño estudio en East Side en el que estuve tres meses. No era espacioso ni lujoso, pero era lo más parecido a un hogar. Con un nuevo aplazamiento de mi sentencia volví a mudarme a un lugar más espacioso con un cuarto en el West Side. En este tiempo seguía manteniendo contacto con alguno de los mafiosos de Canadá, porque muchos casos del RCMP en los que había trabajado, aún estaban abiertos. Entre ellos con Iván, el serbio amante de Rosa, que me advirtió de que habían puesto precio a mi vida. Él, seguía necesitando mis conexiones en Colombia para comprar la coca más barata y yo era su «gallinita de los huevos de oro». No me iba a exponer porque perdía millones de dólares en ganancias. Sin decirle jamás qué había sido de mi vida, simplemente volví a conectarlo con mi gente en Bogotá y a cambio, él me contó detalles que hasta ese momento desconocía.

Supuestamente, meses después de salir de Canadá, un sicario ruso se le acercó para preguntarle si Rosa había vuelto a ver a la perra de su amiguita. Se llamaba Tácito y según le contó, llevaba siguiéndome los talones dos días antes de mi huida, mientras esperaba su oportunidad para matarme. Una oportunidad que nunca llegó porque las cámaras que después se revisaron de los lugares que había frecuentado testificaron que Tácito estaba allí, pero siempre aparecía el RCMP y le dificultaban la jugada. A pesar de todo, la policía canadiense nunca lo detuvo.

Exonerada de los cargos, es usted libre, Miss Vélez

Una mañana Paul, mi abogado, me llamó para decirme que no había más aplazamientos y la audiencia en la corte para recibir mi sentencia se había fijado en un par de semanas. Comencé a preparar todo con gran nerviosismo y esmero como si fuera la fecha más importante de mi vida. Compré un traje de sastre azul muy oscuro, unos botines de tacón y uno de mis mejores bolsos. Cuando llegó el gran día tenía todo listo. Ese 19 de noviembre amaneció gélido. Apenas había podido dormir pensando en la decisión del juez y orando para que Dios impusiera lo que para mí debía ser su justicia divina.

Paul pasó a buscarme con Carlos, el investigador que trabajaba a su lado y llegamos con mucha anticipación a la corte. Era todo muy similar a la vez que había pasado por allí para declararme culpable, pero esta vez no tuve que pasar por la oficina del FBI ni comparecer esposada. Bob, Tim, Steve y parte del equipo del FBI ya estaban allí y también llegaron al momento Frank y otros miembros del RCMP. Había una terrible tormenta de nieve en Canadá y eso ocasionó el primer chiste para romper el hielo por parte de mi abogado:

—Increíble el equipo A... Y, ¿cómo lo han hecho para poder salir, vinieron en renos, sacaron los trineos...?

Rompieron a reír y acto seguido nos saludamos muy afectuosamente. Frank me preguntó cómo estaba, y en seguida, viendo que ya estábamos todos, me preguntaron si estaba de acuerdo en que estuviera el RCMP y Carlos el investigador y les dije que sí. Entramos en la sala y nos acomodamos. Sentía que el corazón me iba a estallar. Algo me decía que todo iba a ir bien, pero tenía miedo. ¡Mucho miedo! A pesar de tener a casi todos los presentes de mi lado.

Cuando el juez entró en la sala, recordó por qué estaba allí y comenzaron las alegaciones. La fiscal que anteriormente me veía como una delincuente y una narcotraficante suavizó su discurso, y ahora parecía estar excusándome. Acto seguido habló Paul, mi abogado, que recordó que si bien había cometido un crimen había puesto mi vida en juego para retribuir a la sociedad por mi error. El momento más duro fue cuando yo tuve que levantarme y leer mi discurso. Pedí perdón por haberme equivocado y les di las gracias, porque a pesar de no tener nada, tenía mi vida.

Terminé enjugándome las lágrimas y el juez tomó la palabra:

—Bueno Srta. Vélez, tengo que admitir que llevo muchos años impartiendo justicia y manejando casos y nuca hasta hoy había visto acusaciones tan serias contra una joven de su edad y a la vez, cartas de recomendación como las que tengo en mis manos. Agentes, ¿alguno de ustedes en el RCMP o en el FBI me pueden decir si estas cartas que me han remitido son en serio, o son un guion cinematográfico? Si lo que apuntan es realmente lo que usted ha hecho, Srta. Vélez, tengo que tomarme la licencia de felicitarla. Usted ha demostrado poner su vida en peligro para que hoy la sociedad de este país se pueda ver libre de individuos que la desangran. Por eso, es mi decisión, exonerarla de todos los cargos, pero quiero que se aproximen el fiscal y su abogado para determinar su sentencia.

Paul y la fiscal se aproximaron al juez y tras unos minutos el juez reiteró:

—Srta. Vélez, por el poder que me ha sido otorgado y tomando en consideración las recomendaciones de los agentes canadienses y del FBI, he decidido exonerarla de todos los cargos. Dadle la libertad inmediata e imponerle tres años de probatoria, en los que tendrá que seguir colaborando con las agencias para concluir algunos de los procesos que ya están iniciados. Está libre. Felicidades. Pueden retirarse.

Sentía que me temblaban las piernas. Me abracé a Paul y a Carlos para, justo después, salir de la sala. Afuera, Bob, Steve y Tim me esperaban para darme la enhorabuena. Estaban felices. Bob mirándome a los ojos me dijo:

—Andrea, nunca pudimos prometerle lo que el juez acaba de dictarle, pero sabíamos que si colaboraba tenía grandes posibilidades de poner en cero su vida. Felicidades.

Salimos y me despedí también de Frank y la gente del RCMP. Ellos iban a ir a celebrar por su cuenta y yo salí con Paul y Carlos. Ahora, sí me sentía libre sin ningún condicionante; me había ganado la libertad. Llamé a mis padres. De la emoción, los dos querían hablarme al tiempo por el mismo teléfono:

—Mamá, papá, no los escucho... estoy en la calle, recién salgo de la corte. Sí, mamá, estoy libre, no voy a ir a la cárcel.

—Andrea, le dije que Dios siempre va a estar a su lado y que él impondría Su Justicia Divina. Mijita ahora tiene una oportunidad para cambiar. Nunca quiso escucharnos, pero ahora lo vio por usted misma. Sea una persona de bien, imponga los valores que su papá y yo siempre quisimos inculcarle. Bueno mija, sé que no es momento de sermones, pero la amamos y siempre vamos a estar aquí para usted. Bendiciones.

Colgué el teléfono y me puse a llorar de la emoción. Tenían razón, mi vida volvía a estar en cero y necesitaba cambiar. ¿Podría llegar a cambiar?

Amor en la gran manzana, la boda que nunca se dio

Los meses siguientes en Nueva York siguieron sin grandes cambios. Me buscaron un trabajo en el spa de unas rusas al lado del hotel donde me había quedado recién llegada junto a Central Park. Seguía en contacto con varios mafiosos para reforzar algunas investigaciones y acumulando evidencias para el RCMP, que les permitieran llegar a procesarlos. Me pasaba la vida en el gimnasio, en la casa y saliendo de vez en cuando con un amigo diseñador que vivía en mí mismo barrio. Aburrida, había creado una identidad falsa en una de esas páginas «online» para buscar pareja. Me había cambiado el color del pelo, la nariz, había retocado mis pómulos y mis labios. Puse una foto semi desenfocada en mi rostro y enfocada especialmente en mi cuerpo y cambié mi nombre al de Amanda. Los pececitos no tardaron en picar.

Me divertía leyendo los chats. Era increíble como sin conocerte, la gente era capaz de contar tantas intimidades. De entre ellos, hubo alguien que especialmente llamó mi atención. Era muy atractivo y con esa picardía de los «malos» que tanto me gustaban. No especificaba a que se dedicaba. Solo que trabajaba en Wall Street. Durante algunos días había estado dándole largas para quedar, pero una tarde decidí aceptar su invitación y vernos en un acogedor restaurante, que insistió, tenía que conocer. Cuando llegué me estaba esperando con un bellísimo ramo de rosas que coronaba una mariposa. Nos miramos y nos gustamos al instante.

—Te imaginaba bonita, pero no tanto. ¿Dónde has estado todos estos años sin que yo te conociera? Eres colombiana, ¿no?

—Jajajaja... Donde no he estado diría más bien. Sí, soy colombiana, de Medellín, pero he vivido en muchos países. Si hubiera sabido que alguien como usted podría estar buscándome, me hubiera dejado encontrar... jajaja.

Me miró con sus profundos ojos negros y me señaló con el dedo. Si algún juego conocía a la perfección era el de la seducción y no me iba a dejar intimidar. La cena estuvo tan deliciosa como la compañía. Nos reímos, brindamos por habernos conocido y en un momento de la sobremesa yo le conté sin darle detalles que era una mujer libre que amaba la libertad. Su respuesta solo podía confirmar lo que inconscientemente me había hecho escogerlo:

—Sí, yo también amo la libertad Andrea. Aprendí a amarla cuando salí de la cárcel.

¿Qué? Como no... Barry era de los míos, era otro de mis «malos». Sabía que había algo en él que me atraía y me volvía loca sin saber que era. Me reí y sin pensarlo dos veces le pregunté;

—Ahhh, ¿estuvo en la cárcel? ¿Por narcotráfico?

—Pues no exactamente. Por qué lo dices, ¿me ves cara de narco? A mí me metieron al «bote» por fraude.

—Noooo, Barry, disculpe... es que me traicionó el subconsciente... es una historia muy larga. Pero créame que usted y yo tenemos mucho en común.

Salimos del restaurante y nos fuimos a Tribeca a tomar unas copas a un par de clubs. Tenía un cochazo espectacular y cuando llegamos pidió una botella de Cristal. Notaba que volvía a sentirme la mujer pudiente e importante que era al lado de Alex, y no «la pelada» sin apenas recursos en la que me había convertido. Además, físicamente Barry y Alex se me parecían mucho, y los dos me hacían reír. Cayeron varias botellas y con ellas cualquier ápice de inhibición. Nos comimos a besos y bien entrada la madrugada, Barry me acompañó y subió a mi departamento. Ni siquiera sé cómo logré meter la llave en la cerradura. El lugar, además por obvias razones, tenía varias cámaras de seguridad a las que ni siquiera prestamos atención. Nos tiramos sobre mi cama e hicimos el amor hasta quedar desfallecidos. Cuando me desperté estaba sola.

—Hola, Baby, ¿qué pasó, por qué te fuiste?

—Hola, Andrea, ¿cómo amaneciste? Perdona, pero tenía que volver a mi casa para sacar a Paisa. No me gusta dejarlo solo. Ya lo vas a conocer. Os vais a caer muy bien, tanto como tú a mí.

En ese momento y con el «guayabo» de las copas no entendí mucho, pero esa misma tarde lo iba a conocer. Paisa pasó de ser su bebé, a ser mi bebé. Era un Pitbull de más de 90 libras, con cara de pocos amigos al que le gusté desde que entré en su departamento. Un impresionante penthouse en pleno Manhattan. «Paisa» tenía el mismo aspecto que él, no en vano dicen que los perros se parecen a sus dueños. Barry, era fuerte por fuera, pero un niño por dentro. A las pocas semanas me pidió que me mudara a su apartamento y me convenció para que estudiara. A pesar de ser un apartamento impresionante de tres dormitorios y amplios espacios, no dejaba de ser la casa de un «marihuanero». Porque, si un problema tenía Barry, era que desde que se levantaba hasta que se acostaba estaba fumando «hierba», y en otras muchas ocasiones, inhalando cocaína.

Como nada en mi vida podía serme sencillo, a los pocos días de mudarme con Barry, el 22 de diciembre extraditaron a Alex a Colombia. Él estaba detenido en la misma prisión que el Chapo en Almoloya de Juárez, pero consiguió que lo dejaran libre. El Padrino iba a mandarlo a la montaña, a Culiacán a «seguir el negocio» pero esta vez, con la firme intención de matarlo. El mismo día que salió, la abogada, anticipándose al macabro juego, tuvo el coraje de quitar a Alex de manos de sus custodios en la misma puerta de la cárcel y montarlo en su camioneta. Lograron llegar con vida al aeropuerto de Ciudad de México y se montaron en un avión para entregarse a las autoridades de Colombia. Por azares del destino, demoraron en informar al Padrino o este se demoró en reaccionar, pero dos horas después, a punto de abordar, la abogada recibió una llamada de uno de los abogados del Padrino.

—Doctora, nos acaban de informar que Alex salió y lo estábamos esperando. ¿Qué pasó? ¿Dónde está?

—Sí, señor, finalmente salió, pero decidimos que no se quedase en México. En este momento está siendo extraditado a Colombia.

—¿Cómo así? Ese no era el trato. Usted sabe que no era el trato y nosotros no somos gente de juegos. Deje le dé una razón: Usted, Alex, la perra de su secretaria y todo lo que provenga de Alex tienen una cruz en la espalda. ¿Me oyó? Qué le quede bien claro.

Llegaron a Bogotá y se entregó a las autoridades. La abogada me llamó para decirme que ya estaban allí y que me consiguiera un celular nuevo porque Alex quería comunicarse. Como era de esperar en Alex y sintiéndose como pez en el agua en Colombia, esa misma tarde recibí el primer mensaje:

—Amiga, ¿cómo está? Rico escuchar su voz de nuevo, ¿cómo me le fue? Vamos a ponernos al día, necesito que me ayude a conectar con alguna gente, pero no se preocupe, que aquí en esta cárcel en Colombia estoy seguro... mándeme si puede una foto suya, así puedo mirarla cuando le hable.

Nos habíamos cruzado un par de cartas con la abogada mientras estaba en Almoloya, pero a partir de su llegada a Colombia, volvió a retomar la costumbre de bombardearme a mensajes. Tenía que disimular, porque Barry comenzaba a molestarse. Un día me armé de valor, me bebí varios Vodkas y aterrada ante la reacción que pudiera tener, decidí contarle la verdad:

—Barry, tengo algo importante que decirle. He estado buscando la forma de hacerlo desde hace mucho tiempo, pero tengo demasiado miedo a perderlo.

Le conté todos los pormenores de lo que había sido mi vida como narco al lado de Alex y el Chapo, además de como informante y agente para el FBI y el RCMP. Le dije que había sido procesada y tenía tres años de probatoria en los que tenía que seguir colaborando. En una situación normal, había muchas posibilidades de que la persona saliera corriendo, pero en el caso de Barry reaccionó de la forma más inesperada.

—Okay, Baby. Tampoco hay que hacer un drama... no pasa nada. Tú te equivocaste, yo me equivoqué... tú estás en probatoria, yo también... ¡Vivamos felices nuestras probatorias...! Oye, sí es verdad, que teníamos más cosas en común de las que al principio hubiera imaginado. ¿Salimos a cenar? ¿Quieres tomar algo?

—Pero Barry, ¿usted escuchó lo que le acabo de contar?

Me besó y se levantó a ponerse un whisky. Yo me había consumido en vida, desde que lo conocí esperando este momento y él se lo había tomado como si nada.

Seguí en comunicación permanente con Alex y reactivada con el FBI que volvía a seguir todos sus movimientos a través mío. A veces, en la soledad de una celda, quería conversación, pero yo estaba con Barry, y este cada vez estaba más molesto por los mensajes de Alex y mi trabajo como informante.

En un fin de semana a Miami, y en un restaurante con una impresionante vista del atardecer sobre la bahía, Barry pidió una botella de champagne y me dio una cajita. La abrí y casi me desmayo cuando vi los destellos de un impactante diamante. Se levantó de su silla, tomó el anillo y sosteniendo mi mano me preguntó:

—Baby... Me traes loco desde que te conocí. ¿Aceptarías ser mi esposa? ¿Quieres casarte conmigo?

—Sí, ¡Siiiiiiii...! ¡Sí, quiero! Lo amo... es usted lo mejor que me ha pasado en la vida.

Rompí a llorar y me colocó el anillo. Lo abracé mientras miraba el brillo del enorme diamante en mi dedo tornarse del mismo anaranjado del cielo. Me sentía completa con Barry, que era todo lo que había estado esperando. A pesar de sus defectos y sus vicios, con esta acción demostraba que yo le era importante... me amaba y me veía como algo más que un deseo sexual o la amante de turno. Estaba feliz y deseando llegar a Manhattan para mostrar mi anillo a los agentes del FBI.

No tuve que esperar mucho para hacerlo. Al día siguiente, horas antes de salir de Miami, recibí varios mensajes pidiéndome pasar urgente por la oficina. Tenían algo importante que contarme. Tal fue su insistencia, que a primera hora entraba en el edificio del FBI orgullosa con mi anillo, y con el discurso listo para decirles, que terminada mi probatoria, quería realmente dejar todo esto atrás y rehacer mi vida. Lo había estado ensayando desde que salí de Miami y estaba convencida de que quería ser una mujer casada, tener hijos y una vida tranquila al lado del hombre que amaba. Sin embargo, como un golpe bajo del destino, en la oficina no solo estaban Bob, Tim y Steve, había otra gente que no conocía y me pidieron que me sentara... No anticipaba nada, yo estaba feliz por mostrarles mi anillo.

—Tengo que darles una gran noticia... miren mi mano. Me caso... Barry me pidió matrimonio y...

La Señora me interrumpió abruptamente mientras Bob bajaba la mirada. Tomó mi mano y mirándome fijamente a los ojos me dijo:

—Andrea, necesito que nos escuches con atención. Ha habido un problema y por cuestiones de seguridad vamos a tener que hacer ciertos «arreglos» a la forma en que has estado viviendo hasta ahora. Los canadienses revelaron tu verdadera identidad. Tu nombre ya es público y todo el mundo que te conoció ya puede tener acceso a saber quién eres realmente. No sabemos por qué lo hicieron. Estamos averiguándolo, pero mientras tanto, sería pertinente que te vayas con Barry de vacaciones mientras evaluamos las consecuencias. Nosotros pagamos ese viaje.

—Pero... ¿cómo es posible? Yo firmé una serie de documentos con ellos y me prometieron que mi nombre y todo lo que había hecho allí como agente, nunca iba a ser del conocimiento público. ¿¡Cómo es posible...!? Y ahora... ustedes lo solucionan así... ¿pidiéndome que me vaya de vacaciones?

—Entendemos cómo te sientes. Nosotros también estamos enojados, pero ahora lo importante es tu seguridad. Deberías irte a un hotel con Barry. Tranquila, nosotros nos encargamos... pero no es seguro que andes por la calle como si tal cosa, al menos hasta que estemos seguros y el RCMP nos cuente que diablos ha pasado.

Regresé rota. Llorando, volvía a sentir la cara de Tácito, el sicario, en cada persona que veía. Barry me preguntó, pero no pude contarle. Me levantaba llorando por las noches y no quería salir de la casa. Así duré varios días hasta que, Barry, muy preocupado, me preguntó qué estaba pasando.

—Amor, estoy muy asustada, pero tiene razón, no puedo seguir callada. Los canadienses hicieron público mi nombre. Mi verdadera identidad está ahora al alcance de cualquiera. El FBI está averiguando, pero me aconsejaron que nos fuéramos de vacaciones o a un hotel. Me preguntaron si quería que instalaran cámaras o mudarnos a uno de sus lugares seguros, pero no sé... Barry... ahora tengo triple amenaza. Los Hell Angels operan también en Nueva York. ¡Estoy muy asustada!

—¿Y cómo han sido tan brutos para hacer algo así? ¿Eso está bien? ¿Pueden hacerlo? Imagino que ellos tendrán que «limpiar su cagada». Pero bueno, no te preocupes. Si es por seguridad aquí tenemos un hombre que te ama y un pitbull... jajaja. Y, si quieres, mañana mando colocar cámaras para que te sientas más segura... pero mudarnos... no, no lo creo. En este barrio, no creo que vayan a venir a buscarte.

Barry me hizo reír con la ocurrencia de Paisa y me hizo sentir más tranquila, pero lo que estaba a punto de ocurrir terminaría literalmente con mis nervios.

Se voló el Chapo

En aquella época yo aún mantenía dos iPhones y dos BlackBerries. No había pasado una semana, cuando el domingo temprano me estaba bañando para ir a la iglesia y comenzaron a entrar varios mensajes en la BlackBerry del FBI, y acto seguido en la de Alex. Barry me tocó la puerta molesto.

—Andrea, ni siquiera en domingo te dejan en paz. Mira la hora que es, son las ocho y media y pretendía dormir... «¡Fuck!» estoy cansado de oírla hablar como una monja encerrada en un confesionario, así no hay quien duerma.

Salí con una toalla enrollada, Barry tomó mi lugar en el baño y visiblemente molesto, cerró la puerta. Con quien hablaba era Eric McGuire, otro de los agentes especiales del FBI.

—Andrea, este tipo es increíble. Realmente no se puede creer. ¡Se escapó...! ¡Se les esfumó en sus narices...! Esto es difícil de creer, pero se desapareció de un minuto a otro de su celda... Ponga la tele... ¡Increíble!

Alex también había recibido ya la noticia y como solía hacer siempre, a pesar de la distancia, no perdía su papel de querer ser el primero en informarme:

—Ami. ¿Ya vio...? Jajajaja... Se les voló mi compadre. Ese cabrón se les volvió a volar y en su propia jeta. Esta sí estuvo fuerte, mija, se largó... Ponga la tele.

—Amiga, conteste, llámeme, que esto está de sacar palco... se les voló por un túnel. Construyeron el túnel hasta la mismísima ducha de su celda, jajaja... Esto es lo mejor que he visto en mi vida... Vamos a ver cómo le cae esa ahora a Enriquito. Porque ese pinche presidente ya estaba rumbo a Francia y creo que de antemano se le atragantaron los croissants. Esta es la mejor parte de la película, mija... A ver cómo justifican ahora que en ese pinche país no hay corrupción. De madre...

Prendí a toda prisa el televisor y ahí estaban todas las cadenas dando la noticia de la fuga. Las imágenes de las cámaras, que tenía veinticuatro horas monitoreando su celda, mostraban al Padrino acercándose de madrugada a la ducha y acto seguido desaparecía completamente de la vista. No se informaba cuánto tiempo había pasado hasta que los guardias decidieran entrar en su celda. Solo decían que, al prolongarse la no visibilidad del interno, el personal del penal había encontrado un hueco que comunicaba con un impresionante túnel. En su interior, encontraron instrumentos de construcción, tanques de oxígeno, incluso una motocicleta sobre rieles para mover la tierra que se excavaba. El túnel desembocaba en una finca ubicada al suroeste del penal, donde habían encontrado diferentes enseres que indicaban la presencia de varios trabajadores. Dieciocho oficiales de la prisión habían sido trasladados a la procuraduría especializada en investigación de delincuencia organizada, para tomarles declaración por su posible vinculación con la fuga... Treinta y cuatro personas fueron detenidas.

Miraba las imágenes y no podía creerlo. El colmo de la osadía era construir un túnel que diera hasta su celda y largarse como Pedro por su casa. Si había sido capaz de comprar a los oficiales de prisión para permitirle hacer eso, con el impresionante ruido de las cavadoras ya casi al lado de la celda y con una cámara monitoreando todos sus movimientos, ya sí no me quedaba ninguna duda de lo que siempre me decía: «ahijada recuerde que con plata todo se compra...» y el gobierno, una vez más tenía mucho que ver. Alex tenía razón. Esta fuga era un terremoto para el gobierno y la justicia de México porque desnudaba a gran escala la gigantesca corrupción que sacudía al país y que a mí misma me había tocado vivir.

Esta no era la primera vez que el Padrino se les volaba. En el 2001 también había logrado fugarse de otra prisión de alta seguridad, Puente Grande, y nada menos, que escondido en un carrito de lavandería. Él siempre se jactaba contando la anécdota:

—Y que son tan duros y listos... y tan cabrones, mija, porque me costó unos cuantos «madrazos» pero que me volaba... Me volaba... A ver, a listo, ¿quién me gana entonces? Con lana en este país todo se teje.

¡Y qué verdad tenía! En aquel momento, arregló la fuga pagando y estuvo trece años libre, evadiendo a la justicia y pagando para ser «invisible». El niño de las Tunas, si de una cosa estaba seguro, es que todo o casi todo se podía comprar.

Barry salió del baño y yo seguía desencajada mirando las noticias. Tuvo que sacudirme porque estaba inmersa en mi mundo. Solo pensaba en la amenaza que pesaba sobre mí con el Padrino suelto. Llamé a Bob y me pidió que me calmara, pero como yo, tampoco salía de su asombro. Esa huida del Padrino tiraba por tierra muchos años de trabajo para conseguir verlo en una prisión de EE. UU. Ahora había que volver a empezar de cero. Conociendo al Padrino aún había posibilidades de que tratara de comunicarse con Alex o alguna de las personas que los dos conocíamos. Si era así, me necesitaban para saberlo.

Fueron unas semanas terribles, en las que soñaba por las noches que me perseguía Nariz, el Padrino y Tácito, el fantasma ruso. Me despertaba sobresaltada y comenzó a caérseme el pelo y a dañarse mis dientes. Tuvieron que darme medicación porque estaba paranoica. Para colmo de males, sabía que Barry me estaba engañando con otra y por fin tuve el valor de enfrentarlo. Había descubierto en su teléfono una foto con su nombre y a través de Facebook pude entrar en su perfil y saber más de ella. Era una brasileña, de aspecto tosco y vulgar y dudoso oficio. Le dije que sabía que estaban juntos, me pidió perdón y lo perdoné. Quise creerlo, hasta que un domingo por la noche, la amante se apareció en la casa y nos tocó el timbre de la puerta. Había mentido al portero en el lobby del edificio diciendo que quería darnos una sorpresa. Barry abrió la puerta y cuando lo escuché hablando bajito con ella y pidiéndola que se fuera, salí descontrolada a gritarle que, qué hacía en mi casa. Estaba arreglada como salida de un Strip club y me miraba desafiante mientras Barry insistía que se fuera. Estaba descontrolada, bebida... y cuando quiso entrar yo la empujé para que se marchara. Jamás hubiera imaginado una escena con tal desfachatez en mi vida. Aunque él insistió en que no había nada y que solo lo había hecho por molestarnos, ese fue el principio del fin.

Volver a respirar... Misión cumplida: El Chapo recapturado

Un poco repuesta del shock emocional de la fuga del Padrino y el descubrimiento de la brasileña en la vida de Barry, decidí envolverme aún más en mi trabajo con el FBI. Ellos fueron mi gran apoyo en esos momentos. Sabiendo que estaban ahí, me sentía protegida. La fuga del Padrino de la cárcel de máxima seguridad seguía siendo tema de conversación... y de burla. Muchos grupos norteños comenzaron a sacar sus famosos narcocorridos alabando «las huevas» del Chapo haciendo un túnel hasta su propia celda y criticando la corrupción que le permitió hacerlo. Recuerdo que una mañana estaba a punto de salir y en uno de los programas de un canal en español estaban hablando del disco que acababa de lanzar Lupillo Rivera.

Al Padrino siempre le gustó Lupillo y era obvio por el corrido, el que Lupillo también sentía cierta simpatía por el Chapo. En algunas conversaciones, cuando estábamos en Culiacán, siempre escuchaba decir que «el pelón si es de buena madre...» porque el Padrino estaba muy agradecido cuando Lupillo le compuso otro corrido a su hijo Edgar al que acribillaron a balazos unos años atrás. Me quedé escuchando lo que decían y en el fondo, más allá de sí los narcocorridos eran buenos o malos, el trasfondo era la corrupción de la que yo misma había sido testigo y la impunidad para castigarla. No había podido escuchar completa la canción, pero me interesaba.

El programa estaba tan interesante que me perdí el comienzo de mi clase de inglés. Al Padrino le encantaba que hablaran de él y que los mismos artistas se los cantaran en sus fiestas y celebraciones especiales. Eran sus propios himnos, porque según decía, «contaban la mera verdad».

A los pocos minutos de enviárselo a Alex, ya estaba recibiendo el mensaje de respuesta.

—Amiga, ¿pero usted cree que la gente es tonta? Lo que hizo mi compadre no fue solo una «cabrona» obra de ingeniería, lo que este «man» hizo fue la mejor «verraca» campaña de relaciones públicas. Dígame ahora, ¿cómo «mierdas» justifican lo que pasó?

—Por cierto, Ami, ya la abogada le va a dar razones. Pero pronto quizá me manden ya pa' «Gringolandia».

Jorge, el hermano de Alex, había sido extraditado y estaba tratando de convencer a su hermano de que negociara con las agencias de EE. UU. Mientras tanto y desde la cárcel en Colombia, Alex había retomado el tema del libro con Javier Rey, el escritor. Cuando el Padrino mandó matar a Javier, él solo había entregado una parte del manuscrito a su sobrino. Alex, sin embargo, tenía la gran parte del contenido. Javier logró terminarlo y para tratar de venderlo titularon el manuscrito *The God-Son* (El ahijado). El que tenía el Chapo se llamaba *The Godfather* (El Padrino).

Las negociaciones para vender y publicar el libro no fueron fáciles. A pesar de ser un documento totalmente inédito y basado en los testimonios del propio Padrino, alguno de sus hijos, su exesposa doña Griselda y muchos de sus asociados, no se pudo concretar. Los Cifuentes trataron de venderlo a una de las mayores editoras de libros en español, a través de un conocido periodista radial colombiano. Este les sirvió de enlace, pero «designaron» como escritor a un tal Mario, que resultó estar en la lista OFAC con la que el Gobierno de los EE. UU. impide que, las personas que hayan cometidos delitos que afecten a los intereses de su país, puedan hacer transacciones o negocios con sus empresas. Sus intentos quedaron en el aire como también le pasó al Padrino. Cuando un tiempo después, a través de sus abogados le entregaron los derechos de su historia a Kate, no habían calculado que su cliente acabaría siendo un criminal convicto, y, por tanto, imposibilitado por la misma lista OFAC a negociar con ninguna empresa estadounidense. A través de un poder a la abogada de Alex, terminé siendo yo quien trató de negociar los derechos para una serie en Hollywood que, de igual manera, nunca llegó a progresar.

Durante todo el tiempo en el que Alex estuvo en la cárcel en Colombia, mi comunicación con él seguía siendo 24/7. Incluso llegué a pensar que esta relación telefónica, casi enfermiza entre los dos, fue el detonante de la ruptura de mi futuro matrimonio. En su celda colombiana, vivía como un rey. Yo le había hecho llegar sus blackberries además de ropa, libros y cualquier cosa que necesitaba. Me permitían hacerlo porque era una forma de estar al día con todo lo que manejaba desde la prisión. Allí todos los presos lo respetaban y lo querían, convirtiéndolo en toda una institución. El apellido Cifuentes y haber sido el brazo derecho del «mexicano», del «Chapo» Guzmán, le habían otorgado una gran popularidad. Todos los conflictos entre los reos más importantes pasaban a través suyo para su resolución. Incluso me contó que había puesto en marcha un plan «semilla» para ayudar a los reos más pobres y necesitados, convirtiéndose en el Robin Hood del penal.

Por muy difícil que parezca, desde allí también mantuvo comunicación con los abogados del Padrino que trataban de avanzar con el tema de la película. Todo iba sobre ruedas, hasta que sufrió dos atentados dentro de la cárcel, uno de ellos con una granada. Salió ileso, pero convencido de que su compadre podría haber sido la mano negra detrás de los mismos. En una de nuestras conversaciones me contó que el Padrino quería reactivar el tema de la película y que desde antes de fugarse había instruido a sus abogados para que avanzaran en las negociaciones con la actriz Kate del Castillo, de la que se había hablado en varias ocasiones mientras éramos «una familia feliz». Estoy segura de que Kate nunca supo nada de los antecedentes porque, además, Kate tampoco era el amor del Padrino como tanto se ha especulado. A él le había caído muy bien el comentario que ella había puesto en su cuenta de Twitter, en el que aseguraba «confiar más en él, que en el gobierno de su país y le invitaba a traficar con el bien». El Padrino en aquel momento pensaba que Kate «tenía cojones pa' decir una verdad bien dicha». Además, la participación de la actriz en la Reina del Sur terminó por desatar una gran admiración y simpatía en el Chapo. Pero nada más.

En muchas ocasiones, de puertas para adentro, se había pensado en Kate como protagonista, pero el propio Padrino no terminaba de definirse. A veces quería a alguien «como Angelina Jolie» porque su película iba a ser «la más chingona con gente de Hollywood», como en otras pensaba que necesitaba un perfil más bajo para no atraer tantas miradas. Cada mes quería algo diferente. Cuando yo tuve que huir y alejarme de lo que hasta ese momento había sido mi tarea de sacar adelante el libro y la película, decidieron que Kate sería una sustituta perfecta para terminar de definir y dar luz al proyecto. Kate, además de ser una atrevida defensora de lo que considera justo, sin miedo a denunciar la corrupción y la impunidad, es una mujer muy talentosa y extremadamente inteligente. Muy bien conectada en Hollywood, mexicana y un personaje de la vida real que había logrado generar la admiración del Chapo, y por sus comentarios, la antipatía del gobierno de Peña Nieto, que conociendo la forma tan sucia en la que se movía, buscaría cualquier excusa para hacerle pagar «la insolencia» de haberlos criticado en público.

A través de mis comunicaciones con Alex y otra gente en Canadá, el FBI seguía recibiendo información de los movimientos del cartel. En ese momento se trabajaba en mayor colaboración entre todas las agencias estadounidenses con el objetivo de recapturarlo lo antes posible. El Padrino estaba cada vez más cercado. Hubo varias operaciones y en una de ellas cayeron gran parte de su escolta. Según me contó uno de los clientes canadienses con los que hacían negocios, el Padrino había estado primero en Querétaro y estaba de vuelta en Sinaloa. Ahora, desde la caída de mucha de su gente de confianza habían extremado las medidas de seguridad y jamás se quedaba dos noches en el mismo sitio.

Mientras tanto, la idea de casarme con Barry seguía en marcha. Estábamos en plena época navideña y había pedido un permiso especial para traer a mis papás. Quería tenerlos a mi lado, aunque solo fuera para abrazarlos y pasar con ellos la Navidad. Estaba en un departamento hermoso, con una persona a la que amaba, mientras seguía colaborando y estando protegida por el FBI. Pocas veces había estado tan estable... o al menos... eso creía.

Los días se me pasaron rápido con los preparativos de la llegada de mis papás a la gran manzana. Por primera vez, las compras que siempre hacía para Alex para decorarle su casa, las estaba haciendo para mí. Era la primera vez en mucho tiempo que iba a poder volver a pasar estas fechas con ellos y me emocionaba. Por fin llegó el gran día

—Mamá, papá. ¡Qué alegría verlos! Mamita usted está muy linda. Y usted papito, está lindo también... Dejen que les presento a Barry. Él no habla nada de español, pero ya verán que se van a entender.

Se saludaron con Barry y conducimos directos hasta el departamento. Mis Papás aún eran de esas personas que preparaban los viajes con semanas de anticipación y les gustaba estar en el aeropuerto varias horas antes de la salida de su vuelo. Para venir a Nueva York desde Colombia, llevaban casi once horas dando vueltas y se sentían realmente cansados.

Mi mamá no me soltó la mano en todo el trayecto. En las calles ya se hacía sentir el espíritu navideño y los comercios engalanados con luces, bolitas y guirnaldas le daban un atractivo especial a la ciudad. Mamá miraba por la ventana del auto y con una media sonrisa y lágrimas en los ojos se volteó para decirme.

—Mi negrita, cuánto le pedí a Dios poder volver a sentir su mano como ahora en libertad, libre de todo mal. Yo siempre quise verla feliz Andrea, desde que era una bebé y la pusieron en mis brazos, su papá y yo siempre quisimos lo mejor para usted.

Me recosté en mi mamá y suspiré cerrando los ojos acordándome de las noches en que pensé que yo tampoco volvería a abrazarlos, pero ahora los tenía aquí conmigo. El FBI había traído a mis papás y ese era mi mejor regalo.

Llegamos al departamento, dejaron las cosas y bajamos al restaurante de debajo del edificio, donde Barry bromeaba tratando de hacerse entender y pidiéndome que extendiera mi mano para que les mostrara el anillo. Mis papás estaban felices y así pasamos la Navidad. Entre risas, compras y celebraciones, logré apartar de mi memoria el fantasma del Padrino y la cruz que había puesto sobre mi espalda. Alex seguía pegado al teléfono llamándome como siempre a cada rato. En la prisión de Colombia donde estaba, su celular no era el único privilegio y bromeaba contándome que se había convertido en «el rey del patio». Le había pedido que limitara las horas a las que me llamaba, pero sus mensajes entraban en la BlackBerry sin descanso, incomodando a Barry.

El 8 de enero, estaba sola con mis papás y el perro, porque Barry había tenido que salir la mañana anterior de viaje a Atlantic City. Mi mamá había cocinado, pero yo me levanté a la cocina a buscar unas tostadas. A punto de saltar la tostadora, la BlackBerry del FBI comenzó a notificarme un mensaje tras otro. No me había dado tiempo a verlos cuando me llamaron por teléfono.

—Andrea. ¡Lo tenemos! ¡Ahora sí... ahora sí lo tenemos y no se nos escapa! ¡Recapturamos al Chapo! Ponga la televisión. Hablamos luego... Ahora sí... Lo tenemos y por nada del mundo se nos vuelve a escapar.

Salí como una loca a la cocina y prendí el televisor. Todos los canales estaban hablando de ello. El presidente Peña Nieto estaba ante las cámaras reconfirmando la noticia:

—Misión cumplida: lo tenemos. Quiero informar a los mexicanos que Joaquín Guzmán Loera ha sido detenido.

Arely Gómez, el entonces titular de la Procuraduría General de la República, confirmaba además lo que el canadiense me había contado y yo misma le había dicho al FBI sobre el posible paradero del Padrino. El trabajo que incansablemente seguimos realizando desde su fuga, ubicándolo en el triángulo dorado, había dado sus frutos. Desde hacía algunos meses tenían monitoreados todos sus escondites, solo era cuestión de tiempo. Las autoridades habían detenido ya a muchos de sus hombres y a través de ellos tenían información muy precisa. El domicilio de los Mochis en Sinaloa tenía vigilancia permanente.

Según me contaron horas después, se monitoreó minuto a minuto la operación llevada a cabo por miembros de élite de las fuerzas armadas mexicanas y la DEA, pero con la información suministrada por Washington y el FBI.

El Día de Reyes, el 6 de enero, se había observado movimiento inusual en la casa. Al día siguiente, detectaron un vehículo llegando y se identificó al Padrino. Esperaron hasta la madrugada para entrar en el domicilio, pero los hombres del Padrino los recibieron con disparos de armas de fuego de alto calibre. En el fuego cruzado resultó herido un miembro de las fuerzas armadas, cinco guardaespaldas del Padrino resultaron muertos y seis más fueron detenidos.

Como en otras ocasiones, el Padrino trató de escapar con el Cholo e Iván por uno de sus túneles, pero esta vez la posibilidad estaba más que estudiada. La marina tenía toda la información suministrada por sus propios hombres de confianza anteriormente detenidos y por supuesto, del FBI y otras agencias estadounidenses. Cuando decidieron salir por una alcantarilla y robar un vehículo para huir, el paseo no los llevó muy lejos. El auto reportado como robado fue interceptado en la carretera de los Mochis-Navojoa y el Cholo y el Padrino fueron detenidos.

Ante la posibilidad de que el Chapo o el Cholo hubieran podido informar y más hombres vinieran en su ayuda, lo trasladaron hasta un motel cercano donde pidieron refuerzos. Reconozco que volver a verlo, sentado en el borde de la cama, con la camiseta sucia y esposado, me devolvió la sangre al cuerpo.

Me puse a hacer zapping tratando de encontrar más información canal por canal, pero todos mostraban lo mismo. Las mismas imágenes que la marina se había jactado en dar a los medios y todo el material de archivo de sus anteriores capturas y fugas. Mis padres, pobrecitos, no podían con la alegría. Mi mamá se puso a llorar y abrazada a mi papá le daban gracias a Dios por escuchar sus súplicas. En cuestión de minutos comenzaron a sonar todos los teléfonos de la poca gente que sabía mi relación con el Chapo. Llamé a Bob y a Steve, pero no contestaron. Todos en el edificio Federal de Manhattan estaban celebrando. Todos menos Barry.

—Hola, amor, ¿dónde estás? Tengo una gran noticia que darte. Por favor, comunícate conmigo en cuanto escuches este mensaje. Baby recapturaron al Padrino...

—Baby, please, please... Llámame. Estamos felices, mis papás no pueden creerlo. Todo va a ser diferente a partir de ahora. Por favor, amor, llámame.

Me cansé de llamar. Estaba demasiado emocionada y obviamente la primera persona con la que quería compartir mi felicidad en ese momento era con mi futuro esposo. Pero pasaron las horas y Barry nunca me llamó hasta qué, horas más tarde y preocupada, comencé a bombardearle con mensajes y llamadas. Algo debía haberle ocurrido... Finalmente, me contestó con un escueto mensaje:

—Baby estoy bien. Estuve reunido todo el día. Excelente noticia. Lo celebramos a mi regreso.

Sin duda algo estaba pasando. Después de ese mensaje no volvió a contestar. ¿Cómo era posible que con mis papás aquí y en una situación de alegría como esta, Barry ni siquiera se pusiera al teléfono?

Al día siguiente volvió a casa como si nada, pero la relación estaba por demás tirante. Mis papás regresaron a Colombia y aunque la situación cambiaba por completo con la detención del Padrino, me invadía la tristeza por saber cuándo volvería a verlos. Al llegar a casa, tiré el bolso y mirándole fijamente a los ojos, pregunté a Barry que había pasado con esa misteriosa desaparición durante su viaje. Le increpé que estaba consumiendo demasiada droga y gastaba demasiadas cantidades en el juego y eso no era sano para la relación. Tuvimos una agria discusión. Además, algo me decía en el fondo de mi corazón, que esa mujerzuela brasileña estaba de por medio y eso aceleraba mi pulso. Si se iba a casar conmigo, lo menos que esperaba, era alguien sincero a mi lado.

—Bueno, y ahora que estamos solos, ¿me va a contar con quién estaba en ese viaje? ¿Usted me ha visto a mi cara de pendeja? ¿Cree que no sé qué estaba con la «puta» esa carioca? Seguramente tan ocupado con el «perico» y la «tiradera», qué ni siquiera tuvo un minuto para conversar conmigo. ¿O es que ese lugar si tiene recepción para enviar y recibir mensajes, pero no para llamarme dos segundos? ¡Conteste de una vez y deje de ser tan cobarde!

Lejos de intimidarse y darme una explicación, me miró desafiante con los ojos encendidos en cólera y se levantó del sillón dejando caer su Whiskey en la alfombra.

—¡Me tienes cansado Andrea! Eres demasiado negativa. Estás loca... ¡Loca de remate! ¿Quién te crees que eres para juzgarme? ¡Déjame en paz y no sigas metiendo tu nariz en mis asuntos! ¡Preocúpate de los tuyos y déjame de una buena vez en paz! Estás mal... definitivamente estás desquiciada... muy mal.

Se fue a la cama furioso y cuando me acosté a su lado quise borrar lo que había ocurrido y lo abracé con fuerza. Con todos sus defectos, lo amaba y no quería perderlo. Pensé que el sueño sería suficiente para dejar lo que había ocurrido en el olvido, pero cuando abrió los ojos y me miró acostada a su lado, me observó fijamente y me dijo algo que jamás hubiera pensado escuchar de sus labios.

—¿Sabes qué? He estado pensando. Tienes razón. No voy a seguir dando largas a esto. Tú y yo somos muy diferentes y en verdad necesito mi espacio. Me cansé de tus escenas. No creo que casarnos sea una buena idea, pero puedes quedarte con el anillo. Ahora por favor, te pido que te vayas de mi casa. A ser posible hoy, te quiero fuera de mi casa.

Sentí que el mundo se terminaba de derrumbar a mi alrededor. ¿Cómo era posible que la persona con la que me iba a casar me pidiera con esa frialdad que desapareciera de su vida? Perdí los papeles y me abracé aterrorizada suplicando que me perdonara, pero no quiso escucharme. ¿Cómo era posible que estuviera dejándome de esa manera cuando era él quien tendría que haber suplicado mi perdón? Tomé mi bolsa llorando y llamé a una amiga. Estuve casi quince días sin ropa porque Barry cambió la cerradura y nunca pude pasar por mis cosas. La brasileña tardó exactamente tres días en mudarse a la que hasta entonces había sido mi casa, y en el colmo de la desfachatez y la indecencia, llegó incluso a usar mis vestidos y mis bolsos. Con el tiempo supe que, como era de esperar, Barry nunca había estado en Atlantic City. Había ido a una fiesta y pasado esos días con ella. Mi intuición no me había fallado. Estaba destruida... humillada... ¿Cómo era posible que el hombre amoroso y tierno con quien me iba a casar me hubiera cambiado por alguien como ella? La vida volvía a golpearme fuerte y donde más me dolía. Alex en la cárcel y yo sola, sin un peso y sin un lugar donde vivir.

Quizá era el momento de aceptar irme a «witness» pero someterme al programa de protección de testigos que me ofrecía el FBI, significaba desaparecer por completo. No volvería a ver jamás a mis padres, mis amigos, mi familia.

Aunque el Padrino fue trasladado de nuevo a, *el Altiplano,* la cárcel de máxima seguridad de dónde se había fugado, sabía que el gobierno de los EE. UU. comenzaría de inmediato los trámites de su extradición. Iba a ser una larga batalla con sus abogados y por supuesto, también iban a ser días difíciles para mí. Tenía que prepararme. Las agencias estadounidenses no iban a perder la oportunidad de que el Padrino respondiera ante un tribunal de este país por los crímenes cometidos. Menos aún, que su dinero y poder pudieran volver a comprar su libertad. Era cuestión de tiempo, pero yo necesitaba comenzar a prepararme para lo que muchos vendrían a llamar, «el juicio del siglo».

Había vivido demasiadas vidas en una. Había logrado escaparle a la muerte y ganarme mi libertad. El narcotraficante más buscado del planeta ya estaba tras las rejas y yo había ayudado a las autoridades a llegar hasta él. No sabía lo que podía depararme el destino, pero hoy, apartada del mundo y convertida en sombra, necesitaba que al menos alguien contara mi historia. Mi verdadera historia.

Capítulo 11

El juicio del siglo

Sobrevolando el circo, si los periodistas supieran...

Los abogados del Padrino trataron de hacer lo imposible para evitar su extradición a los EE. UU. Con el FBI, seguíamos paso a paso cada jugada legal esperando las decisiones de la corte. Todas las cartas estaban echadas y sabíamos que las nuestras nos harían ganar la jugada. Sin embargo, tratándose del Padrino y con los antecedentes en México, no podíamos dejar de pensar que tal vez tuviera un as en la manga.

Durante ese tiempo y con permiso del FBI, me di a la tarea de seleccionar a la persona que pudiera contar mi historia. Hablé con varios periodistas y escritores expertos en temas de narcotráfico, pero solo una entendió que esta no era otra historia del Chapo. Sobre él, ya había demasiadas escritas.

Después de una conversación telefónica en la que se mostró muy escéptica, finalmente arreglamos vernos personalmente. Nuestro primer encuentro fue en Miami. Fue una cita organizada en el último minuto por cuestiones de seguridad. Una amiga me la recomendó con mucho entusiasmo, ya que había leído sobre ella y recordaba haberla visto en varios programas de noticias. Me gustó su forma de escribir, pero más aún, su bajo perfil a pesar de ser un nombre muy conocido para el público hispano en los EE. UU. Cuando por fin la tuve de frente me sentí intimidada. Acostumbrada a manejar todo tipo de situaciones, quise llevarla a mi terreno, pero me puso el freno a los pocos minutos de estar conversando.

—Y, bueno... esta es mi historia a grandes rasgos. Tengo varios periodistas y gente con las que han hablado mis abogados que estarían interesados en escribirla o llevarla a Hollywood... pero...

—Andrea, si ya tienes tanta gente con la que han hablado tus abogados, creo que sería prudente que no siguieras dando vueltas a este asunto. Esta no es la clase de historia que puede ir de boca en boca, por tu propia seguridad. Además, y sin faltarte al respeto, a mí se me acerca muchísima gente con historias increíbles, pero nada me dice que sean ciertas. Yo necesito una prueba, al menos una, de que lo que tú me has contado es verdad.

—Intuía que me la pedirías y te traje esto. Solo tú puedes leerlo. Son documentos oficiales, mira por quienes están firmados y lo que dicen.

Leyó los documentos que le mostré y cuando terminó, levantó la vista y mirándome a los ojos me dijo:

—Demasiado impresionante. Sin duda, una historia que merece ser contada. Es muy fuerte todo lo que has vivido, a lo que te has arriesgado siendo tan joven. Tu vida es el guion perfecto para una novela. Sin embargo, tenemos que saber tejerla porque no es solo la tuya. Involucra muchas situaciones y, además, hay una enorme verdad de trasfondo. Muchos jóvenes, como tú, se ven tentados por el dinero y el poder. No miden las consecuencias de sus actos ni el dolor que causan a otros. Solo miran para sí, hasta que, como tú, se ven en un laberinto donde la única salida es morir o sobrevivir. No es un juicio, pero es necesario que a través de tu verdad se ponga de manifiesto esa otra realidad, que difícilmente exponen las narco series de ficción, donde los protagonistas son seres invencibles, y el negocio de las drogas parece maravilloso. Tu historia es una historia real donde una joven no sabe lo fuerte que puede llegar a ser, hasta que ser fuerte es su única opción para seguir con vida.

Mientras me hablaba, una lágrima rodaba por mi mejilla. Intentaba resumirle algunos de los episodios más increíbles que me había tocado vivir, y sentía, que no era ni un diez por cierto de lo que en realidad había sido mi vida. Ella tenía razón. Con tantos guiones de narco series de televisión donde el protagonista es siempre el héroe que sale ileso y triunfante de cada historia inventada, era difícil pensar que lo que le estaba contando era realidad. Mi terrible realidad.

—Tu historia, Andrea, es también la historia que has marcado en la vida de otros. Tú eres solo una víctima de tus propias decisiones. Pero no la única. Esa es la realidad, no puede ser de otra manera. Nadie te obligó a entrar en ese mundo. Durante mucho tiempo viviste la vida que querías, sin importarte quienes llevaban las riendas. Pasaste por alto el dolor y las advertencias de tus padres y de los amigos que te querían simplemente por abrazar el poder, hasta que tuviste que elegir. La vida te dio una nueva oportunidad y supiste aprovecharla, pero entonces valoraste todo lo demás en retrospectiva. Nadie puede quitarte los méritos por estar como estás ahora y haber trabajado más de lo que esperaban de ti, pero no se puede tapar el sol con un dedo.

—Creo que lo que deberíamos conseguir con este libro son tres cosas: La primera, que el público conozca tu impactante historia. Segundo, que a través de esta, el lector también sepa del trabajo incansable de ese grupo del FBI que te sostuvo de la mano como informante... y tercero, e igualmente importante, que podamos cuestionarnos al cerrar el libro, ¿quién hace realmente poderosos a personas como el Chapo, en sistemas donde la corrupción y la impunidad dificultan saber quiénes son los verdaderos delincuentes?

—Yo no soy «chapóloga», ni me interesa hacer un libro sobre el Chapo, pero sí siento la responsabilidad de poner en tela de juicio a través de tu historia a «quienes ahora lo señalan con el dedo, pero antes comieron y siguen comiendo de su mano». La misma historia de corrupción e impunidad que se vive en muchos de nuestros países.

Aunque era fuerte, yo misma sabía que tenía razón y que mi historia era la suma y la resta en la vida de otros. Pero, sobre todo, no una historia de narcotráfico, sino una lección de vida aplicable a aquellos que desean acariciar el poder sin importarles las consecuencias. Nos despedimos y quedamos en que estaría haciéndole llegar el material para que pudiera completar las investigaciones, elaborar la historia, hacer las entrevistas y ponerse a escribir. Solo teníamos un problema. En las reuniones que mantuvo con la gente que me protegía, se decidió que podíamos avanzar con el trabajo, pero no hacer absolutamente nada público hasta no terminar el juicio y tener una sentencia. Ella estuvo de acuerdo en guardar silencio para no comprometer ninguna información o prueba que pudiera estar sujeta a aparecer en la corte. Durante más de un año, yo la llamaba desde distintos teléfonos y hablábamos por horas. Por seguridad, yo era siempre la que la buscaba. Nos encontramos en al menos cuatro ocasiones, siempre bajo medidas de seguridad y en distintos lugares de la geografía de los EE. UU. Las reuniones se concretaban en cada lugar pocos minutos antes de los encuentros y después volvía a desaparecerme.

Pasaron los meses y cuando finalmente el Quinto Tribunal Colegiado en Materia Penal de la Ciudad de México negó el amparo al Padrino para evitar su traslado, ya no había más salidas. Rodeado de fuertes medidas de seguridad, un día después compareció finalmente ante la Corte Federal de Brooklyn, donde le leyeron los cargos en su contra. EE. UU. se comprometía a otorgar garantías para que no recibiera la pena de muerte y en caso de ser impuesta, que no fuera ejecutada.

Verlo esposado, con su uniforme y el terror proyectado en su mirada, era la prueba inequívoca de que esta vez todas las cartas estaban sobre la mesa y aquí de nada le iban a servir sus ases. Ese día pude dormir. Sabía que vendrían semanas o meses complicados, pero con el Padrino en una cárcel de máxima seguridad en los EE. UU. por primera vez en muchos años, me sentí segura.

Después de varios meses de ser defendido por abogados públicos, finalmente el Padrino contrató a Jeffrey Lichtman, quién había representado al jefe de la mafia John Ángelo Gotti. Los cuatro juicios que enfrentaba por asociación delictiva terminaron siendo nulos y así ganó la libertad para su cliente. Esto, sin duda, era una esperanza para el Padrino que se enfrentaba a diecisiete cargos, que después, quedarían depurados a diez, manteniendo su inocencia. Solo el primero por dirigir el Cartel de Sinaloa, podía implicarle la cadena perpetua.

Hasta que esto ocurrió, fueron semanas de muchas emociones. Con Alex en la cárcel seguíamos haciendo Skype, videoconferencias y me tenía al tanto de todo. Un día me llamó para decirme que necesitaba que le hiciera urgente un favor y saliera a comprarle un «outfit» de Hugo Boss que me mostró en una foto. Iban a extraditarlo en pocos días a los EE. UU. y quería ir vistiendo esa ropa. En ese momento jamás hubiera imaginado lo que verdaderamente era Alex Cifuentes. Para mí, seguía siendo el amigo incondicional, el amor irrealizable y eterno, el hombre inteligente y divertido por el que seguía viviendo, sin saber que mi vida para él no valía nada.

Lo extraditaron a EE. UU. y siguiendo los consejos de su hermano comenzó a colaborar con las autoridades. Me escribió solo tres correos, pero por consejo del FBI, no volví a mantener ningún contacto directo con él. La hermana de Andrés López, el escritor del cártel de los Sapos, me contactó en una ocasión para decirme que Alex estaba preocupado por mí. Otras veces, sabía por la familia de su hija y eventualmente por la que había sido su abogada, que preguntaba cómo estaba «la sobrina», como también me llamaba.

Mientras tanto, los preparativos del juicio del Chapo iban a mil por hora. Una de las tardes que pasé por la fiscalía, dos de los fiscales estaban comentando que el juez Brian Cogan, a cargo del caso, se había negado a garantizar que los honorarios de los abogados privados del Padrino no fueran a ser incautados. Aparentemente, los letrados tenían miedo de trabajar en la defensa y a la hora de que el Chapo fuese a pagarles sus costosísimos honorarios, las autoridades retuvieran ese dinero o les congelaran sus cuentas bancarias. El juez, sin embargo, los invitó a decidirse rápido a tomar el caso sin ninguna garantía porque no tenía en mente aplazar el juicio. La fiscalía estaba buscando incautar al Padrino unos 14.000 millones de dólares obtenidos en su imperio criminal... Pero si como decía el Chapo, él ya no tenía dinero, ¿de dónde iban a salir los millones de dólares que costaba su carísima defensa?

Sus abogados no perdieron el tiempo. Comenzaron a elaborar mil argucias para condenar la «deplorable situación» en la que el Padrino vivía prácticamente incomunicado en la prisión de Nueva York. Solicitaron incluso una evaluación psicológica. Basados en su presunción de inocencia, exigieron que tuviera acceso a toda una serie de posibilidades previstas por la ley, como reuniones con sus abogados, llamadas telefónicas o recibir y enviar correos. Las autoridades lo concedieron, pero bajo ciertas restricciones. Podía comunicarse con sus familiares treinta minutos al mes o hacer dos llamadas de quince minutos, pero debía facilitar antes los números e identidades para revisión. Así mismo, podía hablar con su abogado, recibir documentos legales y tener acceso a correo ordinario, libros y revistas, aunque antes debía ser revisado también por las autoridades. Podía contar con una Biblia y recibir la visita de un sacerdote de la prisión.

Yo, mientras tanto, seguía repasando todo el material que durante años el FBI había obtenido gracias a mi trabajo como informante. Había pasado tiempo y aunque estaba clavado en mi memoria, necesitaba volver a tenerlo tan fresco como el primer día. Había muchas posibilidades de que fuera llamada a declarar, aunque me habían dicho que el testimonio de los que un día fueron sus principales clientes y aliados, eran suficientemente fuertes como para poder inculparlo. Además, tenían otro testigo protegido, Cristian, el técnico informático que desarrolló su sistema de comunicaciones y miles de horas de conversaciones y mensajes intervenidos. Eran miles de evidencias. No tenía escapatoria, pero por cualquier eventualidad, yo seguiría en «Stand-By» por si necesitaban subirme al banquillo.

Una semana antes de dar comienzo, los abogados de la defensa, el juez Brian Cogan, el equipo de la fiscalía y el acusado, se reunieron en la Corte del Distrito este de Nueva York para elegir a los doce miembros del jurado. Doce personas que fueron cuidadosamente seleccionadas después de meses de trabajo, y miles de cuestionarios de 120 preguntas enviados al azar a los ciudadanos de Brooklyn, Queens, Staten Island, Suffolk y Nassau. Un total de doce miembros y seis suplentes, entre los que había once mujeres y siete hombres. Once de ellos eran afroamericanos y cuatro hablaban español. Sus nombres y datos personales se mantendrían en el anonimato y todos los días serían custodiados por alguaciles en su ida y venida de la corte, además de sometidos por orden del juez, a no hablar del juicio.

La fría mañana del 13 de noviembre del 2018 dio comienzo el circo. El mismo que yo presencié desde la altura del trapecio y sin ninguna red bajo mis pies. Sabía que en algún momento mencionarían mi nombre y no iba a poder hacer nada más que observar el efecto. Cerca y lejos; ausente, pero presente, en cada minuto del juicio.

Cuando a las 7:00 am, se abrieron las puertas de cristal, ya los reporteros habían estado relatando las peripecias para entrar por primera vez a cubrir este juicio del siglo. No había podido conciliar el sueño y me levanté a las cinco de la mañana. Me puse un café y me arropé mientras iba de un canal a otro tratando de obtener desde el comienzo la mayor información posible de lo que estaba ocurriendo. Llamé a mi mamá y también estaba despierta siguiendo los detalles. Me dio la bendición y me tranquilizó sabiendo que, aunque lejos, seguían más a mi lado que nunca.

Las imágenes de los alrededores de la corte eran realmente impresionantes. Entre monumentales medidas de seguridad, se había formado una larga cola desde primeras horas de la madrugada para conseguir acceso a la sala principal, la 8D. Los otros tendrían que hacerlo desde una sala habilitada en el tercer piso. El despliegue de seguridad por el traslado a la corte del Padrino se extendía a los catorce testigos, de los que, a muchos de ellos, se les habían puesto en celdas especiales, y a los miembros del Jurado. Aunque en EE. UU. se les hace más difícil, las autoridades temían que el cartel y el Padrino pudieran usar su red de sicarios para secuestrar o asesinar a quienes se atrevieran a hablar en su contra.

Como en las audiencias previas al juicio y por los cuatro meses que duró la comitiva de seguridad del Chapo, el camino a la corte se convirtió en un dolor de cabeza para los neoyorquinos que utilizaban el puente de Brooklyn, debido a la proximidad a la cárcel donde el Chapo aguardaba su juicio en Manhattan. El puente se cerraba por horas, mientras se preparaba y duraba el recorrido del convoy de coches blindados y policías fuertemente armados, custodiados por una ambulancia, varias patrullas y un helicóptero que seguía el movimiento desde el aire.

Desde donde yo me encontraba podían escucharse a lo lejos las sirenas. Me parecía mentira ser parte principal de esta historia, y por primera vez no estar en primera línea. En esa primera audiencia ocurrió lo que ya la fiscalía venía augurando. La defensa trató por todos los medios de desmontar el mito del Chapo, como el mayor narcotraficante del mundo y de ser el líder del cartel de Sinaloa, dejando caer su responsabilidad en Ismael «el Mayo» Zambada, que se encontraba en libertad y nunca fue detenido, en una carrera delictiva que se extiende por más de medio siglo. El equipo legal del Padrino se afanaba por demostrar, que él era el verdadero operador y líder del cartel.

Casi me atraganto con el café, cuando además y sin pelos en la lengua, el abogado del Padrino, Jeffrey Lichtman, quiso inculpar al presidente Enrique Peña Nieto y el expresidente Calderón de haber recibido millones de dólares en sobornos, por parte del cartel. Algo que para mí no era nuevo, pero que más adelante, en el juicio, el propio Alex se encargaría de hacer destacar. Dichos que tuvieron una inmediata respuesta en México, donde ambos mandatarios negaron radicalmente la noticia, aunque dejaron sembrada la semilla de la duda en la opinión pública mundial.

Si de algo podía estar segura es de que mucho del dinero que entraba en las arcas del cartel se iba para pagar nóminas de policías, militares y funcionarios de muy alto nivel para proteger al Padrino. Aunque en febrero Peña Nieto se había adjudicado la operación de captura del Chapo, a nadie se le escapaba la escandalosa fuga del penal de máxima seguridad con el túnel construido hasta su misma celda. Ni ese detalle, ni las sospechas del origen de la financiación de sus costosísimas y astronómicas campañas políticas.

Esto no había hecho nada más que comenzar y el juicio era ya titular de los diarios más importantes del planeta. Todo el mundo hablaba del Chapo y de los increíbles personajes que cada día desfilaban por esa corte. Sin embargo, yo esperaba con ansias el momento en que tres testigos estrella se subieran al banquillo, porque yo formaba parte de sus testimonios.

Como si de una narco novela se tratara, decenas de personajes reales permitieron una mirada indiscreta y surrealista en la ventana, hasta ahora solo conocida por pocos de nosotros, a la misteriosa vida del Padrino. Miles de folios, cientos de fotografías, miles de horas de conversaciones telefónicas y vídeos se presentaron ante el jurado para apoyar las acusaciones. Era triste comprobar que la mayor parte de sus socios, amigos y compañeros de andanzas, criminales y narcos confesos, lo traicionaban bajo juramento para salvar su propio pellejo. Convertidos en colaboradores de las agencias, muchas de esas personas con las que también yo había compartido, no tuvieron el mayor reparo en declarar contra del Padrino para reducir sus propias condenas. Hasta una de sus examantes puso el dedo en la llaga declarando sus amoríos delante de Emma, su última esposa, que como cada día, estaba presente en la sala. Conociendo a Emma y a pesar de su aplomo, tenía que estar sufriendo. Era una especie de escarnio público donde la gente solo hablaría de la infidelidad, pero pocos lo harían del verdadero amor que por ella sentía el Padrino. Porque, aunque cueste creerlo, y muchos se cuestionen dónde está el amor cuando se traiciona y se engaña, el Chapo amaba a Emma y a sus gemelas, y siempre fueron su prioridad. Su presencia en este juicio aseguraba la dosis de morbo que muchos esperaban de este espectáculo circense y ella no perdió la oportunidad de dejar muy claro quién era la mujer que representaba al Padrino.

En la mañana en la que el agente del FBI, Steven Marston, tuvo que declarar, quise ver de cerca el circo. Steven había sido mi sombra y mi salvador junto a Bob desde el día en que me habían interceptado en el aeropuerto y aceptado convertirme en informante. Ellos habían tenido acceso a todas mis comunicaciones desde entonces y habían sido testigos de primera mano de esta increíble historia. Sabía que en cuanto subiera al banquillo, Steven tenía que hablar de mí y de mi trabajo, y de alguna forma, necesitaba estar presente ese día, aunque fuera de forma indirecta.

Por eso y sin que ninguno de los periodistas se percatara, quise acercarme hasta la entrada de la Corte donde Marián estaba acreditada para poder seguir el juicio. Como el proceso del Padrino no era el objetivo, ella solo quiso estar presente en algunos de los testimonios que consideró claves para el libro. La declaración de Steven, la de Alex y la de Cristian, el técnico informático convertido también en testigo protegido, eran, de alguna forma, parte de mi propia historia y testimonio.

Recién pasado el receso de Navidad, con un intenso frío y cubierta por un gorro y una enorme bufanda, llegué haciéndome pasar por productora hasta la corte. El edificio estaba rodeado de impresionantes medidas de seguridad. Me temblaban las piernas cuando bajamos del vehículo. Curiosamente, muchos periodistas se conocían entre sí, pero yo tuve que presentar como «Silvia» ante algunos de ellos. La escena parecía sacada de una película. Era impresionante ver el despliegue de efectivos por un hombre de poco más de metro y medio, nacido en un rinconcito de Badiraguato. El cartel podía ser irracionalmente atrevido construyendo un túnel hasta su celda en una prisión de máxima seguridad para liberarlo en México, pero... no eran comandos suicidas para enviar un grupo de sicarios a liberar al Padrino en medio de la Gran Manzana.

Tras los pertinentes saludos, nos explicaron cómo colocar nuestro nombre en una improvisada lista para poder acceder a la sala y nos presentaron dos personajes que me parecieron extremadamente peculiares. Madre e hija, rubias, de pelo largo y aspecto descuidado, habían sido desde siempre las dibujantes de la corte hasta que se les permitió el acceso a los dibujantes independientes. Una competencia que calificaban de «desleal» y que las había empujado a convertirse en una especie de anfitrionas o encargadas de las listas de acceso a la sala, a quienes ofrecían de primera mano sus dibujos. Prohibidas las fotos, esos bocetos eran la mejor aproximación a lo que cada día pasaba en el interior de la corte.

Mientras se abrían las puertas, escondida tras mi bufanda y mi gorro, escuchaba entusiasmada a los periodistas que hablaban sobre el juicio. Muchos de ellos esperaban ansiosos el testimonio de Alex Cifuentes y señalaban el de «chupeta» como uno de los más entretenidos. Ninguno sospechó nunca quién era. Nada hacía presagiar que ese día, las declaraciones de Steven fueran a ser tan impactantes para la prensa.

Para mí, sin embargo, lo que pasó ese día en la corte, ocasionaría un daño irreparable que pudo costarme la vida. Un gravísimo error en la sala me lanzaría desde el trapecio y sin red, para vivir el circo desde la arena como carnada para los leones. Mi nueva pesadilla estaba a punto de comenzar.

Una foto filtrada, mi vida en peligro

Desaparecí cuando se abrieron las puertas de la corte. Sabíamos que durante varias horas íbamos a estar incomunicadas, porque era indispensable para acceder a la sala no tener ningún tipo de teléfono, computador o tecnología. Yo me subí al vehículo que me esperaba frente al edificio y ella subió junto a sus compañeros a presenciar el testimonio de Steven. Regresé a la casa y comencé a tratar de seguir la noticia por los distintos canales. Tenía un presentimiento y quizá por eso tenía más frío de lo habitual. Me preparé un café y miré por el inmenso ventanal frente al río. Había amanecido, pero la mañana estaba plomiza y el vapor de los autos y los barcos pintaba una bucólica postal.

Mientras tanto, en el edificio de la corte, Marián había pasado ya el primer detector de metales. Uno de esos como el que hay en los aeropuertos. Los oficiales habían exigido a todo el mundo quitarse los abrigos, botas, cinturones, relojes y entregar los teléfonos antes de acceder al octavo piso, donde esperaría otra fila para pasar el último filtro de seguridad. Pasados los baños, un nuevo detector de metales y Knight, un hermoso y simpático labrador negro del escuadrón antinomias al que acompañaban dos jóvenes militares. Aunque era indispensable mostrar la acreditación, no necesitó mostrar más que su licencia. Su nombre ya estaba incluido por el FBI en la audiencia. Cuando por fin logró acceder a la 8D no había lugar para más de cincuenta personas. Separadas por un pequeño pasillo, había dos bloques de tres filas de cada lado. Las primeras estaban reservadas para el gobierno y en el otro lado para la defensa. En las otras restantes uno se sentaba según iba llegando y si alguien salía de la sala perdía su espacio.

Cuando por fin el Chapo apareció por una de las puertas del costado de la sala escoltado por dos policías y vestido de traje, hubo un momento donde sus ojos se cruzaron con los de Marián y se le quedó mirando. Una mirada tan penetrante, pero a la vez afable, con una media sonrisa que hizo que otra de las periodistas asiduas a la Sala le advirtiera:

—Impresionante, ¿no? Se fija en todo. Absolutamente en todo. Sabe quiénes somos los que habitualmente estamos en estos bancos.

Tu cara quizá le suena conocida, pero sabe que es la primera vez que vienes. Él es muy amable con todos los periodistas y siempre saluda. Si le pareces atractiva verás cómo, y además sin reparo, no te quita el ojo de encima.

En efecto, él se fijaba en todos los periodistas que habitualmente llenaban las tres bancas, y se percató, de que Marián era la primera vez que visitaba la sala. Durante el testimonio de Steven, la buscó con la mirada en varias ocasiones, incluso tras el receso, hasta encontrarla en un banco detrás del que ocupó en la primera parte de la jornada y le volvió a sonreír. Esta vez Marián contestó el gesto con la misma sonrisa. A la izquierda de las bancas estaba Emma Coronel, su esposa, vestida con unos ceñidos pantalones y unos tacones negros de aguja. Con ella intercambiaba sonrisas, saludos y besos.

En su declaración, Steven aseguró que el FBI había interceptado miles de llamadas y más de 200 conversaciones del Padrino, tras infiltrarse en su sistema de mensajería cifrada. El jurado pudo escuchar algunas de esas llamadas en las que dijo que la voz del Chapo era perfectamente identificable por su tono «agudo y nasal». La mayoría, habían sido grabadas con socios, sicarios y oficiales mexicanos corruptos, que se hicieron posibles por la colaboración de Cristian Rodríguez, el ingeniero encargado de encriptar sus comunicaciones y una vez descubierto Cristian, a través de mi trabajo como informante.

La conversación telefónica más surrealista que se escuchó ese día fue una charla a gritos con su jefe de seguridad, el «Cholo» Iván, uno de sus hombres más violentos, que provocó escalofríos a los presentes. El Cholo disfrutaba en la conversación de golpear a los policías, y pese a la petición del Padrino al que él llamaba jefe, insistía en torturarlos.

—¿Les pegaste a los policías?

—Les di una patada en el culo a todos, a los locales, los federales…

—Pues no seas tan duro, mijo.

—Bueno, me pediste que sea como un lobo, recuérdalo y así es como me gusta.

—No... No... No... deja a esos policías. No los persigas. Son los que nos ayudan. Solo rétalos, no los pegues más. Habla con ellos con calma porque pueden llamar a los soldados. Oye... ya los «machucaste» una vez. No más, mijo...

Para terminar la escalofriante grabación, el Padrino le pedía al Cholo que cuando secuestrara y tuviera atadas a sus víctimas, lo llamara para, textualmente: «asegurarnos de no matar gente inocente».

La fiscalía hizo escuchar al jurado decenas de trozos de conversaciones nunca escuchadas y hasta un video donde se veía al Padrino interrogando a un hombre esposado y atado en un árbol.

Tras esas imágenes, ocurrió lo que jamás estaba previsto que ocurriera. Antes de comenzar el proceso, el juez había sido preciso al indicar que no podría salir de la corte ninguna foto de los testigos o colaboradores por cuestiones de seguridad, solo dibujos. Sin embargo, nada más concluir la jornada, Marián llamó al número que la había facilitado ese día para contarme que, al reproducirse una grabación, se escuchaba claramente mi voz y lo que era peor, ¡mi foto había aparecido en las pantallas de la sala, señalada como, «la secre»!

Hoy nadie se explica, cómo se pudo cometer tan lamentable error, que pondría en serio peligro mi vida y la de mis padres. La Fiscalía se limitó a echarse las manos a la cabeza, pero el daño ya era irreparable. Como era de esperar, los periodistas comenzaron a cuestionarse quien era el Avatar por el parecido de esa foto con los protagonistas de la película. Otros se preguntaban entre ellos quien sería esa «secre...». Mi foto se había filtrado a los medios de comunicación y mi nueva pesadilla no había hecho más que comenzar.

Llamé al FBI llorando para contarles lo ocurrido y evaluar cómo íbamos a mitigar el daño. Desgraciadamente, no había nada que pudieran decirme, solo investigar como había pasado. Salí apresurada de mi departamento para reunirme con Marián en un lugar no muy lejos de la corte. Estaba angustiada. Sentía que el mundo volvía a estar contra mí. Tenía miedo, mucho miedo.

Cuando entré, ya me estaba esperando en la cafetería. Sentada en una de las mesas del fondo, calentaba sus manos apretando una taza de café mientras repasaba sus notas. Me acerqué completamente oculta tras la enorme bufanda que me protegía del frío, y me quité el gorro y el abrigo. Totalmente desencajados, con la cara aún mojada por mis lágrimas, mis custodios me esperaban en un auto a pocos metros de la puerta.

—¿Qué hubo...? ¡Qué horror...! ¿Qué pasó...? ¿Cómo así que pusieron mi foto? Están locos... Pero ¡¿Qué le pasa a la gente?! ¡Eso es muy grave! Estaba terminalmente prohibido por cuestiones de seguridad. ¿Cómo así se mandaron esa «cagada»?

Andrea, tienes que tranquilizarte. El impacto de esa foto no ha sido lo mismo en mí que en el resto de los compañeros en la sala. Yo te conozco y sé tú historia, ellos no. Hasta el momento solo eres un nombre en clave, «la secre», y una foto como otras que pusieron de gente que ya está detenida. Creo que es muy pronto para hacer un balance de daños. Hay que esperar. Por lo pronto, sécate las lágrimas y salgamos de aquí, aunque no estamos precisamente al lado de la corte, tampoco estamos tan lejos y las casualidades existen. Hay muchas preguntas que necesito hacerte.

El coche nos esperaba afuera cuando salimos del local. A pesar de faltar veinte minutos para las seis, era totalmente de noche. El frío se había recrudecido y el contraste con el calor de la cafetería lo hacía aún más intenso. Durante el trayecto, Marián comenzó a hacerme preguntas sobre las declaraciones de Steven. Repasando cada episodio, me di cuenta de que, el echar la vista atrás, era volver a vivirlos. Los momentos podían haberse quedado ya en el pasado, pero las emociones estaban más vivas que nunca. Al llegar a mi departamento, Marián tenía razón. Había puesto a grabar varios noticieros y en las crónicas del día, todos me mencionaban, pero nadie había podido identificarme. Los reporteros que cubrían el juicio se preguntaban quién sería el Avatar, quien sería la «secre» de la que tanto se habló ese día... afortunadamente, ninguno tenía respuestas.

Mientras proseguía el juicio, a pocos minutos de donde me encontraba, la rutina siempre era la misma. El insomnio provocado por el nerviosismo acumulado se había apoderado de mí y apenas podía dormir. Me despertaba agitada en mitad de la noche y solo me reconfortaba rezar. A las 5:00 am sintonizaba una emisora cristiana en Colombia donde el pastor parecía estar reproduciendo el mensaje que Dios tenía para mí. Terminaba de rezar y sintonizaba los programas de la mañana de los canales hispanos, que día tras día abrían con cada sesión del juicio.

Lo más irónico era encontrar entre los testigos que ahora declaraban contra el Chapo, a los más importantes socios y hombres de confianza del Padrino. Yo me convertí en informante, pero ellos, todos ellos, ahora eran chivos expiatorios o «sapos» como decimos en Colombia, para tratar de reducir sus condenas. La corrupción en nuestra Latinoamérica es un caldo de cultivo en una sociedad donde todo se puede comprar o se «arregla», pero el desfile de narcotraficantes y asesinos confesos declarando contra el Padrino rozaba lo inverosímil. Aunque sea tirar piedras sobre mi propio tejado, yo me jugué la vida por tratar de enmendar mis errores, pero este tipo de «testigos protegidos» evidenciaban otra especie de corrupción encubierta. Esos acuerdos de algunas agencias que permiten cerrar los ojos al pecado a cambio de información que condene al pecador.

Faltaban pocos días para la Navidad y esta, sin duda, iba a ser memorable para muchos de nosotros. También para el Padrino. El 20 de diciembre, el juez había determinado hacer un receso en el juicio hasta pasadas las fiestas. Sería la última del 2018, y nada hacía presagiar que fuera a ser una jornada particularmente interesante. Sin embargo, una gran sorpresa le esperaba al Padrino que permitió mostrar esa otra imagen tierna que yo conocía de él, pero que muchos desconocían. Tras varios días ausentes de la corte, Emma, había viajado a Nueva York acompañada de Emalay y María Joaquina, sus dos gemelas de siete años. Como era costumbre en Emma, ambas iban vestidas iguales, con jeans y chaquetas blancas. Cuando el Padrino entró en la sala y las vio esperando ansiosas a que su papá apareciera en la sala... se emocionó hasta las lágrimas. Una imagen que enterneció hasta a los propios fiscales que presenciaron como se enjugaba las lágrimas y les abría y cerraba las manos mandándoles besos entre sus abogados.

Esa fue la última imagen del juicio, de la que algunos de los que estuvieron presentes, contarían sorprendidos. Para mí había otra sorpresa que alegraría mi corazón como un regalo del cielo; mis papás a quienes no veía en mucho tiempo iban a encontrarse conmigo. Llevaba tiempo tratando de concretar ese abrazo y Dios quiso que el FBI me diera el visto bueno para traerlos a EE. UU. y pasar a su lado estos días tan difíciles y a la vez entrañables.

El encuentro con ellos fue en Miami. El intenso frío y nevadas en Nueva York propiciaron que pidiera permiso y me decidiera a viajar unos días allí para evitar que mis papás, que venían de un clima cálido como Colombia, se resintieran con el cambio tan extremo. En Miami pasamos el fin de año. Extrañando el no poder hacerlo en casa y en familia, pero extremadamente agradecidos por la oportunidad de comenzar un nuevo año abrazados. Esos días, viendo el paso del tiempo sobre sus hombros, me di cuenta de cuánto habían hecho por mí y cuánto eran capaces de seguir haciendo por mí. No solo habían soportado la frustración de verme apartada del «camino» sin atender sus consejos de padres, sino que se habían visto arrastrados por el tsunami en el que había convertido mi vida. Un equipaje demasiado pesado para su edad.

Pocas horas después de comenzar el 2019, viajamos a Nueva York. La ciudad estaba cubierta por un ligero manto blanco que le daba una estampa bucólica. Desde el inmenso ventanal del apartamento donde estaba, el vapor de los *ferris* cortaba la noche cerrada, solo iluminada por las luces de Navidad. Mi mamá me dio la mano mientras contemplábamos juntas la vista y una lágrima rodaba por mi mejilla.

—Andrea, ha sido un largo camino hasta aquí. Ya solo queda un último esfuerzo. Lo que ocurrió en el pasado, ni modo... pero ahora, mi negrita, ahora usted tiene que ser fuerte y no dejarse caer. Su papá y yo estamos orgullosos de lo que ha hecho para tratar de borrar los errores que cometió. Estoy segura de que ha aprendido una gran lección, pero no es el momento de venirse abajo, sino de poner fin a esta etapa tan dura de su vida mijita. Venga para acá a darme un abrazo y séquese las lágrimas. Mañana verá como con el día ve las cosas de otro color. Ahora, vamos a dormir. Su papá ya lleva rato en la cama.

Abracé a mi mamá y me fui a dormir. Aun en la cama y mirando la imponente luna desde mi ventana, pensaba en las duras semanas que aún tendría por delante hasta que el Padrino fuera sentenciado. Me asustaba lo que pudiera pasar, pero más aún volver a ver a Alex testificando en contra del Padrino. Era un momento que, por más que me quisiera imaginar, aún no podía plasmar en mi mente. Había pasado tiempo sin poderme comunicar directamente con él y no sabía en qué forma ese vacío podía haber influido en lo que ahora tuviera que decir. ¿Seguiría siendo mi mitad más imperfecta, ese hombre que no podía vivir sin mí, pero nunca se comprometió a estar sentimentalmente conmigo? ¿Qué tendría que decir de mí después de todo lo que ya se había aireado en el juicio? ¿Seguiría siendo «sus ojos», su «Ami»? ¿Cómo me iba a afectar volver a verlo? Tenía razón en no poder dormir, lo que estaba por pasar, era algo que jamás hubiera querido escuchar de sus labios.

Nunca hubo amor, pagué para matarte...

El día de los Reyes Magos dio por concluidas las festividades navideñas. La Ciudad que nunca duerme, recuperó en su máximo exponente su ritmo frenético tratando de desperezarse. El juicio del siglo no era la excepción. Uno a uno, siguieron pasando colaboradores y socios del Padrino, ahora convertidos en colaboradores de las autoridades. Sus testimonios hundían cada vez más al Padrino. Los argumentos de la defensa de que él no era el líder del cartel de Sinaloa se desvanecían con cada testigo de la fiscalía. Yo seguía asistiendo al circo muy cerca, y muy lejos. Escondida y arropada por mis padres que en pocos días también tendrían que regresar a Colombia. Era la primera vez que mi corazón lloraba pensando en el momento, pero mi cerebro me empujaba a que lo hicieran lo antes posible. Yo había pasado ya por situaciones donde mi nombre estaba en entredicho, pero no sabía cómo podía afectar a mis papás presenciar la quema de brujas, cuando Alex hablara de mí. Acostumbrados a madrugar, mis papás me acompañaban cada mañana en el ritual que seguía los días de juicio. Nos levantábamos sobre las seis de la mañana, orábamos y después nos sentábamos a desayunar juntos sintonizando ya los programas de la mañana que, desde las afueras de la corte, daban el preámbulo del día.

Así, llegamos al 14 de enero del 2019, fecha en que darían comienzo las declaraciones de Alex, donde escucharía al hombre por el que perdí hasta mi identidad, decir de sus propios labios cuánto había significado para él... de la peor manera.

Ese día, como en la ocasión anterior, volví sola por última vez a la corte. Aunque no pudiera verlo, volvería a estar cerca de Alex. Aún no habían abierto las puertas y había más movimiento de lo usual. Nadie, jamás, se percató de quién era. Me cubría la cara con mi enorme bufanda. El coche me esperaba a tan solo unos metros. Cuando por fin abrieron, entraron todos, y yo respiré hondo y regresé a mi casa. Comenzaba a amanecer, pero el frío era intenso y la escarcha reflejaba las luces de las farolas aún encendidas. Hacía tan solo un par de días que mis padres por fin habían regresado a Colombia y me sentía un poquito más tranquila, teniéndolos fuera del ojo del huracán, que en tan solo horas, apuntaría sobre mi cabeza.

Sobre la mía y la de varios personajes que presenciaban el juicio, temerosos de que llegaran a salir a la luz sus vinculaciones con el Padrino. Hasta ese momento, muchos de esos nombres se habían mantenido en el anonimato, pero las declaraciones de Alex los dejarían al descubierto.

Bastante desmejorado, pero con el humor que siempre le caracterizaba aún en las situaciones más difíciles, oí en los noticieros que Alex se sentó en el banquillo y bromeó diciendo, «que era la primera vez que veía a su compadre con traje». Aparentemente, las risas habían estallado en la sala, incluyendo las de Emma y las del propio Padrino. Terminado el chiste, sus declaraciones despertaron a los presentes en un detallado relato, de cómo había dado inicio a su carrera criminal. Algo que en numerosas ocasiones me había comentado entre risas en privado, tratando de convencerme de que «lo de criminal le venía de familia». Bromeaba contándome, cómo había seguido los pasos de su padre, que contrabandeaba con cigarrillos, y se pasó después a la cocaína y cómo consultaba a su madre todos sus «rollos» de negocios ilegales. Yo sabía cómo la familia había influido en sus designios como criminal, pero no imaginaba que llegaría a contarle al juez y a los medios detalles tan escabrosos como, cuando ordenó el asesinato de su propio sobrino. Como en el mejor guion de una narco novela, primero le había pedido a su sobrino Jaime que matara al sobrino de su novia, pero después, convencido de que también él era una rata informante, lo había ordenado matar.

Yo no podía apartarme del televisor y el teléfono. Sintonizaba varios canales para no perderme ningún detalle de lo que estaba pasando. Sabía que lo que estaba ocurriendo era solo un abrebocas y estaba convencida de que, si a algo no tenía miedo Alex Cifuentes, era a hablar y admitir la verdad llevándose al que fuera por delante. En cualquier momento podía soltar una de las muchas bombas que guardaba en su «arsenal». Estaba aterrada. De cualquier forma, tenía que mencionarme y hablar de mí en ese juicio.

El bombardeo no se hizo esperar. En el receso, nada más permitir la salida de la sala, recibí la primera llamada avisándome de que, sin pelos en la lengua, Alex había soltado que Enrique Peña Nieto había aceptado un soborno del Padrino de 100 millones de dólares. Habría ocurrido en octubre del 2012, dos meses antes de que tomara posesión como presidente de México. En minutos, la noticia se hizo viral. La prensa internacional se hizo eco del titular cuando los periodistas ante la ausencia de cámaras en la Sala transcribieron las impactantes declaraciones que habían escuchado.

—¿El Señor Guzmán pagó un soborno de 100 millones al presidente Peña Nieto? —Cuestionó a Alex el abogado Jeffrey Lichtman.

—¡Sí, Señor! —dijo Alex.

—Señor Cifuentes, el mensaje entonces era que el señor Guzmán, ¿no tendría que esconderse más?

—Sí, eso fue lo que Joaquín me comentó.

Alex, aún más explícito, explicó que Peña Nieto había pedido al Padrino 250 millones a cambio de que suspendieran la cacería humana en su contra, pero este lo había logrado rebajar a cien. No era la primera vez que yo lo había escuchado. Muchas veces, como ya les he contado, había comentado en privado que, si el Padrino se decidiera a hablar, tendrían que construir una cárcel al lado de la suya para darle albergue, no solo a quienes trabajaron a su lado, sino, a quienes se resguardaron y crecieron bajo su sombra. Y esa es una realidad que nadie puede negarme. Ni a mí, ni al FBI, ni a ninguna de las otras agencias gubernamentales estadounidenses que durante años tuvieron acceso a las comunicaciones y movimientos de Alex y el Padrino, hasta que los pudieron agarrar.

Una cosa es la sospecha, que siempre se ha tenido del aporte a algunas campañas políticas de dinero procedente del narcotráfico, y de las «mordidas» a políticos, jueces, policías y militares a cambio de protección, y otra, la evidencia que a mí me tocó atestiguar de cuando me llegaban los maletines cargados de dinero que contaba en el D.F. y que salían por la puerta de atrás, para pagar esa otra «nómina» del Padrino. Sé que cuesta trabajo entender que uno de los mayores carteles de drogas del mundo, que genera cientos de millones de dólares, tuviera que destinar una gran parte de sus ingresos a pagar «coimas» o sobornos a quienes públicamente lo perseguían... pero eso era exactamente lo que pasaba en privado. Lo hacían por protección, y para buscar apoyo del gobierno y los militares contra sus enemigos de carteles rivales. Alex fue muy claro cuando comentó ese mismo día, que el Padrino había tenido que pagar entre diez y doce millones al ejército mexicano, para que emprendieran operaciones para «asesinar o capturar» a quienes trabajaban con los hermanos Beltrán-Leyva durante la guerra entre carteles.

Hasta ahí, personalmente nada me había sorprendido. No era la primera vez que lo escuchaba, o me había tocado presenciar a salida de ese dinero para pagar «mordidas» pero, lo que ocurriría a continuación, aún me tiene la sangre congelada y el corazón dormido.

Aunque el juez había pedido explícitamente no involucrar a personajes o instituciones que no estuvieran directamente implicadas en el caso, si permitió que testificara sobre lo que sabía de los sobornos a los presidentes mexicanos. Cuestionado por el abogado Lichtman, Alex mencionó entonces mi nombre. Sin mostrar ningún tipo de sentimiento, reconoció que había recibido varios mensajes y fotografías de «maletas repletas de dinero hechas por una mujer llamada Andrea Vélez Fernández», su secretaria y quien aseguró, había trabajado cerca de un consultor político, contratado por Peña Nieto, para asesorar su campaña presidencial. Esa mujer era yo. Cuando Lichtman le preguntó si «esas maletas estaban destinadas a Peña Nieto» los fiscales objetaron y el juez estuvo de acuerdo. No hubo más discusión sobre las maletas.

Tampoco sobre Peña... pero sí sobre mí... Alex, contó el episodio del intento de soborno del general, cuando el Padrino trató de pagarle, a través mío, diez millones de dólares para que «lo dejara en Paz». Yo misma, ya les he contado este episodio en el que, a través de los almuerzos y fiestas a las que asistía con mis modelos, había conocido al general que, en el 2008, había comenzado una cacería contra el Padrino. Alex dijo en el juicio que «el general había rechazado la oferta, porque odiaba mucho a Joaquín» y que, «el Padrino había dicho, que yo era una mentirosa y me había mandado matar».

Lo más impresionante es que la persona que estaría detrás del complot para asesinarme era el propio Alex. Mi mejor amigo, mi jefe, mi más compleja mitad, el hombre que no podía vivir sin mí, había ordenado matarme. A través de Angie, su exesposa, habían encargado a los Hell Angels mi asesinato y el de Stephen Tello, porque pensaban que les estaba robando en las operaciones de Canadá. Esta temida red de motociclistas dedicados al crimen organizado, tenía que reunirse con Alex para cerrar el trato en México, cuando Alex fue detenido en uno de los ranchos de Culiacán.

No podía creer lo que estaba escuchando. Esa misma mañana, en Canadá y días antes de la Navidad, había comenzado a hablar con Alex desde muy temprano. Estaba feliz y sumamente agradecido con todas las compras que había hecho para enviarle. De hecho, estaba organizando las cajas y tenía muchos de los artículos que le había comprado sobre la cama antes de empacarlos. Había mandado varias fotos avisándole de lo que estaba metiendo en las cajas para él y para el Padrino. En su «encierro» en Culiacán era muy difícil conseguir lo que necesitaban. Ropa de abrigo, (pero de diseño) varios jeans de marca, camisas, ropa deportiva de marca, zapatos deportivos, un par de gorras, perfumes y ropa interior. Alex estaba pletórico y no paraba de decirme que, qué habría sido de él sin mí, y las ganas que tenía de volver a vernos. Salí a comprar cinta para embalar y al regresar me di cuenta de que su último mensaje era una especie de despedida e intuí que algo le había pasado. En efecto había sido detenido. ¡Jamás hubiera intuido en todos estos años que seguimos en contacto desde la cárcel en México y después en Colombia que había ordenado matarme! Si las autoridades mexicanas no lo hubieran detenido al mediodía, esa misma tarde habría firmado mi sentencia de muerte.

Lloré, lloré amargamente. En este mundo de luces y sombras había tenido que acostumbrarme a ver toda clase de traiciones, pero esta... esta era demasiado. Aun habiéndome convertido en informante para el FBI, siempre traté de proteger a Alex. Los agentes, a veces, bromeaban tratando de etiquetar nuestra relación. Ellos tenían acceso a todas mis comunicaciones y por supuesto a las que mantenía con Alex. Se les hacía difícil entender, qué había exactamente entre nosotros. Era una relación enfermiza donde hablábamos desde la mañana a la noche y existía una atracción difícil de explicar. Gigi, una de las agentes del FBI, siempre decía, «que Alex y yo estábamos locos y que lo nuestro era simplemente una locura...». Tenía razón. Una locura, en la que yo estaba completamente ciega, y jamás hubiera sospechado que de su propia «mano» hubiera salido el millón de dólares para acabar con mi vida. Quise, y aún quisiera entender por qué. Yo me convertí en informante para agarrarme a la única oportunidad que me daba la vida de renacer, salir y pagar por mis equivocaciones y, aun así, mi traición no se puede comparar con la suya. Escuchar la frialdad con la que, sin ningún remordimiento, lo contó en la corte, delante del Padrino... Aún me causa náuseas.

Quizá de lo que hoy aún puede alegrarme es de que, en el fondo, el Padrino tenía razón. Era una mentirosa. No solo porque durante dos años había tenido dos vidas, la de narco y la de informante sin que tuvieran la seguridad que era así, sino, porque nunca hice más que una insinuación al general antes de que me mandara al diablo. Me faltó valor para insistir. Por ese servicio me hubiera llevado un millón de dólares, pero al final, la realidad es que después de intentarlo, nunca insistí en que aceptara la propuesta del Padrino.

¿Cómo podía estar diciendo que me extrañaba, que no veía el momento de verme a su lado mientras me escribía su último mensaje antes de ser detenido, pidiéndome que recordara sus consejos y, al mismo tiempo, contratando a mis verdugos? ¿Qué pudo pasar por su cabeza? Y lo peor... ¿Qué hubo durante todo este tiempo en su corazón?

Lo que había escuchado me dejó en shock durante días, pero el tsunami de las declaraciones de Alex me golpearía aún con más saña. A diferencia de otros medios que publicaron textualmente lo que se había dicho en el juicio, un medio de comunicación hispano quiso traspasar la barrera. Mencionando a un tal Carlos, (salido de las entrañas de los carteles de la droga y que relató la historia con la condición de no revelar su verdadera identidad...) se hicieron públicas afirmaciones nunca contrastadas con las autoridades, y que pusieron en serio peligro mi vida. Sobre todo, porque tomando esa información como probada, se regó en titulares como la pólvora. Aunque el juez había prohibido que se dieran a conocer públicamente las fotos de quienes fuimos mencionados en el juicio, mi fotografía y mi identidad quedaron totalmente expuestas.

Su primer y gravísimo error, fue confundirme con «la comadre María» tan mencionada en el juicio por ser quien, además de otros negocios, aparentemente llevaba niñas y jóvenes al Padrino. Yo tenía una agencia de modelos y a través de ellas conseguía información, pero... ¡Jamás me hubiera prestado para algo tan asqueroso! Yo misma conocí brevemente, al menos en cuatro ocasiones, a «la comadre María», una mujer mexicana de unos cincuenta y pico años, de tez morena y pelo negro, casada y que siempre se dejaba ver acompañada de su esposo, también mexicano y de una edad similar a la suya. Ella conocía al Padrino desde los comienzos de su actividad criminal y era de Sinaloa. Tuve que soportar en silencio como muchos medios, haciéndose eco de esa noticia, me acusaban de haber manejado una red de prostitución de niñas para el cartel y hasta me identificaron en una foto con Alex y el Padrino, cuando ni siquiera era yo. Hubiera bastado con comparar las fotos que sí habían conseguido sobre mí de una forma tan cobarde.

A buen recaudo, solo se trataba de un «soplón» que conocía algo del entorno del Padrino, pero que, jamás estuvo a mi lado mientras trabajaba en el cartel o como informante. Quizá, uno de esos personajes que se acercaban al cartel en busca de sponsor para alguna

Miss y capaz de vender su alma al diablo por unas cuantas monedas. Si bien aportaba algunos detalles, se notaba a la legua que muchos los contaba de oídas o sin tener la información completa. Entre otras imprecisiones y para aclararlo ahora, yo nunca fui Real Estate en Miami y mis padres jamás vivieron en Miami. Tampoco trabajé nunca en una oficina de abogados en México. Vivía, no en uno, sino, en varios departamentos en el D.F.... y lo más importante... Yo no soy y nunca fui «la comadre María» sino, Andrea Vélez Fernández.

Más allá de eso, si este «Carlos», nombre con el que escondía su identidad, de verdad «había trabajado para los carteles mexicanos y colombianos, y colaborado con el gobierno de los Estados Unidos», debía saber por experiencia propia, que yo no podría defenderme de sus mentiras. Una canallada que entendería perfectamente si alguien hiciera público su verdadero nombre, su fotografía y las mentiras que quisieran contar sobre él, acogiéndose a los beneficios de decir lo que se quiere escondidos en las mismas condiciones de anonimato.

Totalmente abatida y aterrada llamé a Bob quien me pidió que me tranquilizara. Como yo, el FBI estaba extremadamente molesto con las informaciones que estaban saliendo a la luz y más aún, con el poco sentido común de exponer mis fotografías, sabiendo que era informante y estaba protegida por una agencia estadounidense. Acto seguido traté de comunicarme con Marián. Tuve que ponerle un mensaje porque, como era habitual, había cambiado de número varias veces y era difícil que ella contestara a un número desconocido. Cuando al tercer intento oí su voz, yo no podía parar de llorar.

—Aló... amiga... ¡Estoy aterrada! ¿Ya vio lo que pasó...? Es mentira, ¡lo que están diciendo de mí es mentira! ¡Mi mamá estaba llorando! Salió en todos los medios de Colombia y todo el mundo vio mi cara. Se dijeron cosas horribles de mí... me confundieron y dijeron que yo era una proxeneta llamada, «comadre María». Yo... ¡Yo le juro que no soy yo...! El FBI le puede confirmar... ¡Que hago, *please, please*...! ¡Tengo que hacer algo! ¿Cómo es posible que den por válida cualquier cosa que alguien les diga por dinero o sentirse importantes? ¡Me van a matar! Y, ahora, ya sí, no me queda más remedio que irme a Witness y desaparecer para siempre. Usted es periodista, dígame ¿¡Qué hago!?

—Andrea, tienes que tranquilizarte. Bob tiene razón. Sé que es duro. Para mí también es difícil no hacer una aparición pública y contar todo lo que sé, pero hay que ser más prudentes e inteligentes. Hacerlo, solo pondría más atención sobre ti y ahora lo que necesitamos es precisamente todo lo contrario. Comprendo que te sientas terrible, pero habrá un momento donde puedas defenderte y dejar saber al mundo quién eres realmente, con tus defectos y virtudes. Entiendo que te duela que hayan puesto tu vida en peligro, porque para algunos periodistas, un titular vale más que la vida de una persona, pero si saliste de tantas, también lo harás de esta. Por favor, Andrea, tranquila...

Hablar en ese momento hubiera enterrado inmediatamente los rumores. Sin embargo, había un compromiso suyo más allá de defenderme de esas acusaciones tan terribles. En silencio y con el miedo de ver mi cara por todos lados, tuve que escuchar cómo se seguía alimentando la confusión. Se comenzaron a elucubrar historias que nada tenían que ver con la realidad conocida de sobra por el FBI y otras agencias estadounidenses. Sin embargo, lo importante era garantizar que el juicio pudiera seguir su curso sin que algunas de las evidencias pudieran ser expuestas públicamente, tratando de rebatir esas informaciones. El FBI había trabajado demasiado duro, había sido un largo camino y no podíamos arriesgarnos a echar todo por tierra. Marián había aceptado el compromiso y lo mantuvo hasta el final. A pesar de ser la única que conocía de mi boca muchos de los testimonios y datos que después se escucharon en el juicio, hizo honor a su palabra. No fue fácil. Hubiera sido su momento para sacar a la luz lo que el resto de sus compañeros buscaban, pero prefirió guardar silencio para proteger mi vida y la operación que envolvía tanta gente por tantos años.

Durante las primeras semanas se intensificaron las medidas de seguridad a mi alrededor. Tenía miedo de salir a la calle y cuando alguien mantenía su mirada sobre mí de forma prolongada, el corazón se me disparaba. No quería pisar la calle. Cualquier ruido me alertaba y me la pasaba chequeando la prensa online y haciendo «zapping» de canal en canal temerosa de que volvieran a hablar de mí. Ya me había sometido a algunas cirugías estéticas para cambiar un poco mi fisonomía, pero esos días, llegué incluso a hacerme algunos retoques en la cara y en el pelo para verme totalmente distinta.

Las semanas fueron pasando y con ellos la resaca de lo ocurrido. Poco a poco fui recobrando la calma convencida que todo estaba por terminar. El juicio, después de once semanas, estaba llegando a su fin. En los argumentos finales, los fiscales se concentraron en convencer al jurado de que las evidencias que habían demostrado eran una verdadera «avalancha» que corroboraban el testimonio de los testigos sobre la venta de drogas, la corrupción y el asesinato. Lo más increíble es, que algunos de los más devastadores contra el Padrino, venían de sus ex altos mandos, u hombres de confianza, que también estaban detenidos. No me cabe duda de que los videos y audios que reprodujeron tuvieron el mismo efecto en el jurado que en la propia audiencia. Desde el sillón de mi casa, yo misma me estremecí cuando los periodistas relataron las brutales imágenes y las palabras finales de la fiscal Goldbarg que, señalándole con el dedo, le dijo al jurado, que «no debían dejarlo escapar de su responsabilidad, sino hacerle pagar por sus crímenes y encontrarlo culpable de todos los cargos». En el turno de la defensa, los abogados se enfocaron en todo lo contrario.

Las deliberaciones del jurado para llegar a un veredicto se demoraron más de lo esperado. Lo que pocos saben es que hubo tres personas que fueron expulsadas de la sala por sus vínculos con el Padrino y la posibilidad de que quisieran intimidar de alguna forma al jurado. Uno de ellos, que afirmó ser amigo, tenía órdenes judiciales pendientes por acusaciones de acoso y fue arrestado de inmediato.

Los otros dos, llevaban varios días fingiendo ser asistentes judiciales de la defensa hasta que fueron desenmascarados y detenidos. Conociendo a la gente del Padrino, no iban a perder la oportunidad de comprar un veredicto favorable para «el señor». Acostumbrados a la forma en que se manejaban en México, donde todo o casi todo se podía comprar, desconocían cuán difícil les iba a ser en los EE. UU.

Ese martes 12 de febrero, seis días después y pasado el mediodía, una llamada me informaba lo que durante años había estado esperando:

—Andrea, no puedo extenderme. Acaban de informarnos de que los miembros del jurado han tomado una decisión. Hay veredicto.

—¿Seguro? ¿Cómo saben? Cuéntame, ¿qué crees que va a pasar?

—Andrea, sí, es seguro, la juez adjunta del juez Cogan está en la sala hablando con la fiscalía y la defensa. No sabemos aún nada más. Te llamo para que pongas la tele. No dudo que en instantes todos los canales van a estar pendientes de dar la noticia. Hablamos después.

Mientras hablaba ya había puesto la tele de mi cuarto y la de la sala, cada una con un canal, esperando quien sería el primero en dar el pistoletazo de salida. No habían pasado ni diez minutos, cuando los periodistas, en medio de la intensa nevada que comenzaba a caer sobre la Gran Manzana, informaban que había un veredicto.

El Padrino fue trasladado al tribunal acompañado de varios agentes federales. El juez Cogan anunció que había un veredicto y un minuto después las dieciocho personas que integraban el jurado se sentaron sin cruzar con él una sola mirada. El miembro número once le entregó la hoja con el veredicto al juez Cogan, quien en voz alta leyó el veredicto.

—Andrea... ¡CULPABLE...! Cogan declaró culpable de los diez cargos a Guzmán por decisión del jurado.

—¡Dios mío...! ¿Cómo fue? ¿Qué hizo? ¿Eso significa que no saldrá jamás de la cárcel?

—Andrea, este tipo es tan inverosímil que no se lo esperaba. Se le abrió la boca cuando lo declararon culpable de cada cargo y no salía de su sorpresa. Solo miraba a su esposa que, llorando, le levanto el pulgar en señal de victoria. Ahora te dejo, mi teléfono va a estallar con tantas llamadas.

—¡Felicidades...! ¡Gracias...! Sé que ustedes pusieron la piel para verlo detenido en los EE. UU. y en una cárcel de este país. ¡Dios mío, gracias! Voy a avisar a mi mamá.

No hizo falta. Después de unos minutos viendo el circo que se había montado en las afueras de la corte en tan solo minutos, mi mamá me estaba llamando.

—Mijita, mi negra, ya lo escuchamos. Acá estamos con su papá llorando de alegría. Ahora si mi chinita, ya todos los canales han dado la noticia. Acá están diciendo que se enfrenta a una prisión de por vida... ¡Ay mijita, como me gustaría estar ahí para poder abrazarla!

—Si mamita... ya pronto, si Dios quiere será muy pronto. Los amo, dígale a mi papi, por favor. Mamita no sé cómo, pero voy a hacer que después de todo lo que les he hecho pasar puedan sentirse orgullosos de mí. ¡Se lo prometo mami!

Sentencia y testimonio en la corte: Yo soy «el Avatar, el eslabón perdido»

Los meses fueron cayendo del calendario como si fuera un suspiro. Las nevadas del invierno dieron paso al verdor de la primavera, y sin apenas darme cuenta, al calor sofocante del verano. El Padrino había sido declarado culpable en febrero y aún estábamos en espera de la sentencia.

En este tiempo, había seguido de cerca trabajando con el FBI y la fiscalía. Nada estaba concluido hasta que no hubiera una sentencia, e incluso... una posible apelación. Me había librado de tener que sentarme en el banquillo como había ocurrido con Christian. Los fiscales habían considerado que ya existían demasiadas evidencias y era preferible mantenerme en «stand-by» ante la posibilidad de otro proceso legal. Sin embargo, siempre había soñado con sentarme frente al Padrino y mirándolo a los ojos, contar al mundo mi verdad.

Con tanta demora, pensábamos que el juicio para sentencia sería en septiembre, pero sorpresivamente y faltando solo cinco días, el juez decidió que la vista debía llevarse a cabo el 17 de julio. La noticia me estremeció y apenas pude dormir. Mi cabeza giraba como una noria. Después de tanto tiempo esperando este momento, me quedaban solo horas para decidir y actuar si quería seguir adelante con mi idea de declarar ese último día.

Hablé con mi pastor y con mis padres y a medio día, llamé también a Bob:

—Bob, sé lo que me va a decir, pero, por favor, necesito hablar con la fiscalía para que incluyan mi testimonio el día que condenen al Chapo. Se lo ruego... usted mejor que nadie sabe lo que esto significa para mí.

—Andrea, yo no puedo decirte lo que tienes que hacer. Solo puedo recomendarte que lo medites con calma. No necesitas hacerlo... Me parece que deberías considerarlo.

—Lo hice Bob. Yo no quiero seguir siendo un nombre sin rostro. Necesito por mí y por ustedes que la gente sepa lo que fue mi vida desde que conocí a Alex Cifuentes y al Padrino. Lo que viví y todo lo que juntos tuvimos que pasar hasta escuchar esa sentencia.

—Está bien, Andrea. Hablemos mañana en la oficina y comuniquemos tu decisión a la fiscalía si es lo que realmente quieres hacer. Si la almohada te hace cambiar de idea me dejas saber. Hasta mañana.

Colgué con un suspiro de alivio. No iba a cambiar de idea. Había pasado años soñando con esa oportunidad. Había imaginado cientos de veces mi entrada en la corte y el momento en que nuestras miradas se volvieran a cruzar. Mentalmente, tenía todo lo que quería decirle, pero necesitaba plasmarlo en una declaración. ¿Cómo poner en palabras tantas emociones? Esa noche tampoco pude dormir. Me venían a la cabeza miles de sensaciones vividas que no estaba segura como iba a contar. Sabía, además, que no me darían mucho tiempo. Tenía que ser el suficiente para que mis palabras llegaran al corazón del Padrino, la corte y a la gente que, hasta ese momento, solo me conocía como el «Avatar».

Me levanté a orar de madrugada y volví a hablar con mi pastor. Después llamé a Marián para comunicarle también a ella mi decisión, pero ella estaba fuera del país y no me atendió de inmediato. Mi rutina era cambiar continuamente de número por motivos de seguridad y posiblemente, como solía pasar, no había reconocido el nuevo. Jamás mantenía un mismo número por más de una semana. Por fin, tras una nueva llamada y un mensaje, contestó el teléfono.

—Hey, Andrea, ¿qué pasó?, ¿cómo estás?, ¿todo bien? No te pregunto por dónde andas porque sé que no me lo puedes decir. Perdona, estábamos almorzando en la playa y no tenía este número. No tenía ni idea de quién me estaba llamando, por eso esperé a que me dejaran un mensaje. ¿Cómo vas? Oye y, ¿cómo así que me llamas a esta hora, allí es muy temprano, estás bien?

—Creo que sí... Bueno, la verdad, no lo sé... Tengo que contarte algo que me tiene muy feliz y a la vez ansiosa y preocupada. Imagino que ya estás al tanto de que la vista de sentencia del Padrino, será en unos días... bien, pues he decidido que voy a declarar en calidad de víctima en la corte, cuando al Padrino le dicten su sentencia. Necesito que me ayudes, *please.*

—¿Qué? Ahora sí, te volviste loca del todo. Como una cabra... pero ¿en qué miércoles estás pensando Andrea? ¿Me puedes decir que necesidad tienes ahora de hacer eso? ¿Me lo explicas?

—Necesito hacerlo. Tú más que nadie deberías saber las veces que he soñado con este momento de dar cierre a este capítulo de mi vida mirándolo a los ojos y dejando saber a todos que existo y que tengo voz.

—¿Qué tienes voz? Ego... Andrea..., eso se llama Ego. Perdóname que te sea tan clara y quizá tan honesta, pero después de todas las veces que arriesgaste tu vida, te has librado de sentarte en un juicio y ahora se te ocurre la brillante idea de hacerlo como broche final. Perdóname, pero no te entiendo. ¿Para qué? ¡Por Dios! ¿Qué vas a conseguir con eso?

—No es Ego, Marián. Es justicia. Me lo debo y se lo debo a la gente del FBI con la que trabajé sin descanso y a los que no se les ha dado públicamente ningún reconocimiento. Se ha hablado sobre mí como si yo no existiera, y sí existo. Se han dicho verdades que yo misma quiero reconocer y mentiras que tengo que aclarar... ya ni siquiera por mí, por mis padres que han tenido que tragar tanto veneno.

—Andrea, entiendo esa parte, pero no me gustaría pensar que estás corriendo este riesgo solo porque también tú quieres tu minuto de fama. Este juicio es alucinante. Realmente alucinante... Resulta que los mayores delincuentes que se lucraron y crecieron al lado del Chapo, son ahora sus verdugos a cambio de delatarlo para ganar su libertad, y tú... ahora, ¿vas a declarar en calidad de víctima cuando, (perdona mi honestidad) tú hiciste lo mismo por tu propia voluntad y estás completamente libre? ¿No te das cuenta de que esto es exactamente lo que la gente va a pensar? Perdóname, pero si yo tuviera en tu caso, la oportunidad de estar frente al Chapo y la sociedad, me dejaría de víctimas y mierdas y pediría perdón. Perdón en mayúsculas... porque, si bien trabajaste y arriesgarte tu vida para ganar tu libertad, hasta que el FBI te detuvo y te dio está segunda oportunidad, tú también eras una delincuente Andrea. Tú también tuviste que traicionar a los que supuestamente en un momento dado consideraste «tu familia...» y sé que estoy siendo extremadamente dura contigo, pero eso es exactamente lo que van a pensar. Me toca hacer de abogado del diablo y decirte esas verdades que la gente se va a plantear, al menos, para que estés lista y tengas una buena respuesta. Es más, quizá ni siquiera debería decirte nada, pero sería una hipócrita si no te hablara sin pelos en la lengua. Sé que es duro escucharlo, pero me has preguntado, y no puedo decirte que me parece una gran idea sin poner sobre la mesa esta otra parte que no quieres escuchar, pero que también se van a preguntar muchos de mis compañeros y la opinión pública en general. ¿Eso es lo que quieres? Andrea, esto es meterte solita de nuevo en la boca del lobo. Perdóname, pero es a lo que te expones.

—Sé que tienes razón, pero yo me jugué la vida muchas veces para ganarme esta libertad. Soy libre, pero sigo siendo un fantasma sin voz. Perdí todo lo que tenía, tuve que dejar todo atrás, todas mis pertenencias, mis relojes, mis joyas, mi ropa... todooooo.

—¡Estás viva! ¡Por Dios! Esa es tu mayor pertenencia Andrea... tu vida y tu libertad.

—Yo sé... pero ¿qué vida es esta?... Yo quiero hacerlo. Me lo debo y se lo debo a mis padres y a los agentes del FBI que trabajaron incansablemente conmigo. Todos se pusieron la medalla y salieron en las fotos, la DEA, la Marina Mexicana... Todos, menos ellos, los que más trabajaron para conseguir la detención del Padrino. No es justo. Necesito que me ayudes a elaborar lo que tengo que decir. Por favor... Yo tengo algunas ideas que te quiero mandar. El Pastor de la iglesia me dio otras, pero sé que necesito una declaración de verdad que logre llegar al corazón de esa gente, que como tú dices pueda dudar de mí. Dime que me vas a ayudar por favor, tengo que mostrárselo al FBI y a la fiscalía para que ellos me den el visto bueno y eso puede demorarse. Estamos a solo unos días.

—Ay Andrea... aún tengo que procesar esta bomba, pero si es lo que quieres hacer, déjame llegar al hotel y me pongo a ello. Ojalá esté en lo correcto.

Sabía que ella me hablaba sin pelos en la lengua. La hipocresía no formaba parte de su vocabulario. Dolía, pero tenía razón. Mucha gente que no me conocía podía dudar del verdadero motivo que me arrastraba a volverme a poner frente al Padrino. Sin embargo, había tomado la decisión que yo creía correcta, la que Dios dictaba en mi corazón y necesitaba que me ayudara a escribir lo que tendría que leer en la corte. Cuando colgué me sentí aliviada y en paz. Miré por la ventana y había amanecido. Me esperaba un largo día por delante. Tenía tantas cosas por preparar... Hablé con mis padres y tras hacer un poco de ejercicio para tranquilizar mi ansiedad, pedí que me llevaran a un centro comercial para ir viendo opciones de lo que vestiría el día de la corte. Quizá podría parecer banal, pero para mí era demasiado importante que mi apariencia externa reflejara mi estado interior. Necesitaba mostrar lo que había crecido, no solo en edad, desde que siendo casi una niña había entrado en el círculo de Alex y el Padrino... Transmitir la serenidad que después de tantas tormentas reinaba ahora en mi alma.

Al tiempo acordado, el coche me esperaba en la puerta principal del edificio. A pesar de la hora, la ciudad se sumía ya en un calor sofocante. Aún no habían abierto las puertas de las tiendas y aproveché para tomarme un café y poner mis ideas en orden. No tenía demasiado tiempo. En un par de horas tenía que reunirme en la Fiscalía. Apuré mi último sorbo y miré a mi alrededor. El ritmo frenético de la Gran Manzana se sentía ya desde primeras horas de la mañana con gente entrando y saliendo del establecimiento, mientras otros se agolpaban ante el mostrador, esperando por los bocadillos calientes, que llevarían consigo en su camino al trabajo. Miré la hora y pasaban unos minutos de las diez, por lo que me apresuré a pagar la cuenta y cruzar la calle para realizar mis compras. No me fue difícil elegir, ya que lo tenía todo en la mente.

Lo primero que encontré fueron los zapatos. Unos *stilettos* negros que, sumados a mi altura, me hacían sentir en las nubes. Después, dudé entre un sencillo vestido negro, que remarcaba perfectamente mi figura, y un elegante traje de chaqueta y falda negro que me imponían un halo de seriedad y misterio. Siguiendo los consejos de Marián, me decanté por la segunda opción. Ella era de la idea de que lo importante, no era que se fijaran en mí, sino en lo que tenía que decir... y en eso, estábamos absolutamente de acuerdo.

Tomé mis bolsas y nos dirigimos a la oficina principal de la División criminal en Brooklyn. Cuando subí, me estaban esperando.

Apoyado en uno de los escritorios, Bob revisaba algunos documentos; a su lado, la fiscal Federal Adjunta, Gina Parlovecchio, revisaba otra carpeta. Sentada en otra mesa y revisando su teléfono estaba Francis, quien me serviría de traductora y de pie dando instrucciones, el también fiscal, Michael Robotti.

—Llegó Andrea—anunció Bob al verme.

—Hola, perdonen el retraso, el tráfico para llegar hasta aquí estaba infernal.

—Tranquila, te estábamos esperando. Vamos a sentarnos en la mesa grande.

Gina fue la primera en tomar la palabra. A pesar de haber tratado con la Fiscalía en numerosas ocasiones, no podía negar que siempre se me hacía una especie de nudo en la garganta cuando hablaba con ellos.

—Andrea, tengo entendido que quieres comparecer en la corte y dar tu testimonio y por supuesto no podemos negarte ese derecho. Tampoco podemos decirte si está bien o mal que lo hagas porque eso depende únicamente de tu decisión. Sin embargo, tienes que estar consciente de los riesgos que corres.

—Lo sé, Gina. Es una decisión tomada. Quiero dar mi testimonio y dar la cara, antes de desaparecer por completo. Aunque les parezca increíble, yo he recibido de Dios la palabra que esperaba.

—Está bien, declaras en calidad de víctima y tendrás la oportunidad de contarle al juez y al resto del mundo tu historia. Vamos a repasar todo lo que necesitas saber para estar listos. No tenemos mucho tiempo.

Estaba convencida a seguir adelante a pesar de que, en el fondo y aunque no me obligaran a hacer lo contrario, ninguno de ellos quería que me expusiera públicamente a dar mi testimonio. Me informaron cuáles podrían ser los riesgos. Para ellos, después de la declaración de Christian, el informático, cincuenta y seis testigos y los cientos de evidencias que incriminaban al Chapo en llamadas interceptadas y testimonios, el mío se hacía innecesario. Para mí, era mi momento de ser un nombre con voz y con rostro.

Quedamos en volvernos a ver al día siguiente para repasar mi declaración y familiarizarme con el proceso en la corte. Cuando llegué a la casa me apresuré hasta la computadora, de pie abrí mis correos, pero el que estaba esperando aún o aparecía en la bandeja de entrada. Tenía que ser más paciente, pero, ¿Cómo conseguirlo en un momento como este? Volví a marcar al Pastor de mi iglesia y me gustó la idea de presentarme como «un milagro de Dios». En realidad, lo era. Después de todo lo que había tenido que pasar, estar viva y poder contar mi historia, era un verdadero milagro de Dios al que había que dar Gloria. Puse la tele, me puse cómoda y me serví un vodka con limón y mucho hielo para anestesiar la ansiedad.

Un par de horas más tarde, mi teléfono me avisaba que tenía correo. Me apresuré de nuevo a la computadora frente al inmenso ventanal que daba al río y ahí estaba lo que esperaba. Marián finalmente me había enviado un discurso, en el que había logrado poner palabras a mis propias emociones y pensamientos. A medida que lo iba leyendo, las lágrimas comenzaron a rodar por mis mejillas. Era sincero, exactamente lo que siempre quise decir. Al final del texto, incluyó algo que me dio aún más fortaleza:

«Sé que he sido dura contigo, pero me tocaba ponerte en ese lugar incómodo para evitar que te hicieran más daño. En este viaje de lejos compartido, he podido conocer a esa otra Andrea, que tú misma tenías encerrada. La Andrea valiente y noble que eligió situarse en el lado correcto de su historia. Esa historia que ahora, de alguna forma y aunque no volvamos a vernos, también forma parte de la mía. Espero de corazón haber podido plasmar la sensibilidad y honestidad que hay detrás de tu discurso. Deseo que algún día, por encima de tus errores, todas tus virtudes, que son muchas, antepongan tu nombre.

Un abrazo grande».

Abracé el papel, y entre lágrimas, me quedé dormida.

Sin darme apenas cuenta, por fin llegó el gran día. Estaba nerviosa, pero algo en mí me hacía retomar la seguridad en mí misma, sabía que estaba haciendo lo correcto. El día de antes había estado en la corte para familiarizarme con lo que en tan solo unas horas sería mi primera y tan esperada aparición pública. Había visto la sala, el lugar donde estaría el Padrino y la defensa y también el lugar donde yo tendría que leer mi declaración.

Como si de un ritual se tratara, me había levantado antes de ponerse el día a rezar. Estaba en comunión con Dios y había pedido con fuerza que el Espíritu Santo me envolviera con su manto para protegerme de todo mal. A pesar de las largas horas que me esperaban y la tensión de verme por primera vez ante el Padrino, seguía en ayuno.

En la ducha, dejé que el agua caliente resbalara por mi cara como si de forma impensada quedara limpia de un pasado que pretendía enterrar. Me maquillé con tonos tierra y suaves y sujeté mi cabello con una elegante cola caída. Me puse mi traje y frente al enorme ventanal que me había acompañado en mis peores horas de soledad y angustia, me hice un *selfi.* Una foto que serviría para dejar constancia de un antes y un después, de la metamorfosis hasta ser la mujer segura y madura que ahora tenía ante mis ojos.

Faltando cinco minutos para la hora pactada, Bob y Steven tocaron mi puerta. Acompañados de los Marshalls salimos del edificio por la puerta trasera donde a pocos pasos nos esperaban dos camionetas. Me subí en la segunda y mientras lo hacía respiré con fuerza. Llegando a la corte, repasamos todos los detalles y el plan de evacuación en el caso de que se presentara una emergencia. Bajo ningún concepto debía salir sola de la sala donde esperaría mi turno para declarar. Tenía que esperar a que los Marshalls me sacaran.

Las inmediaciones de la corte eran un hervidero de policías, curiosos, periodistas y cámaras, que desde tempranas horas se habían apostado para conseguir un lugar frente al edificio para hacer sus transmisiones nada más conocerse su sentencia. En ese momento mi corazón comenzó a acelerarse. Esta vez no tendría que ver el circo desde arriba ya que en solo unas horas, yo misma estaría frente a los tigres.

La corte estaba repleta. Todo Washington había viajado para estar presente y celebrar tantos años de trabajo de inteligencia, cuando el Chapo recibiera su sentencia. FBI, DEA y los periodistas que habitualmente habían cubierto el llamado juicio del siglo, también se agolpaban en el pasillo antes de someterse a las medidas de seguridad que les permitieran entrar en la Sala.

Como estaba previsto, a mí me acomodaron en la suite adyacente donde habían estado albergados los miembros del jurado durante el juicio. Una pequeña salita con dos puertas que daban a la sala principal.

—Andrea, ¿estás bien? ¿Quieres que te traigan algo? Agua, un café, deberías comer algo. No es muy inteligente, no haber probado bocado en un momento tan importante como este donde necesitas tener fuerzas y estar en condiciones...

—No Steven, mil gracias. Creo que si lograra comer algo se me quedaría atascado en la tráquea. Ahora sí me entraron los nervios, creo que podría vomitar. Es curioso que por todas las que hemos pasado, haya llegado ya este momento...

Steven decidió quedarse conmigo mientras Bob se sentaba en uno de los bancos de la sala principal para seguir el juicio. Se escuchaba el bullicio y eso hacía que mi ansiedad fuera en aumento. Sabía que había llegado el momento de enfrentar mi pasado, pero esta vez, no lo haría con un fantasma sino mirando a los ojos al Padrino.

Los minutos se hicieron horas hasta que uno de los Marshalls me advirtió que debía alistarme porque había llegado mi turno. Me levanté, retoqué mi labial, miré a los ojos a Steven, que me acompañó unos pasos antes de cruzar la puerta, y respiré hondo. Estaba realmente aterrada. Steven me sonrió y me levantó el pulgar en señal de victoria.

Cuando se abrió la puerta y se anunció mi nombre, el bullicio se convirtió en un silencio sepulcral. Entré por detrás del juez y me acomodaron en el banco, al lado de Francis, la traductora. La sala no era muy grande, pero no cabía un alfiler. Estaba repleta de gente que en ese momento me observaban con una mezcla de incertidumbre e interés. Estaban ansiosos por saber quién era esa persona de la que tanto se había especulado y que el día de la sentencia del Padrino iba a declarar en calidad de víctima.

Entré lo más serena que podía, aunque me temblaban las piernas, me acomodé en el banquillo y nada más levantar la vista, mis ojos se cruzaron con los suyos. Me miró de arriba abajo sorprendido de que la mujer que había conocido, poco tenía que ver, con la que en esos momentos lo miraba desafiante. Había crecido y cambiado por dentro y por fuera.

Temblorosa, tomé el papel en mis manos, me aclaré la voz y comencé a leer mi declaración en español. Hablar en mi idioma me daba seguridad y lo que era más importante, me permitía saber que, de mis propios labios, el Padrino iba a entender cada palabra que pronunciara.

«Buenos días... como todos han escuchado, mi nombre es Andrea Vélez y soy un milagro de Dios. Hoy, además, ante ustedes, quiero dejar de ser un nombre sin rostro y decir la verdad porque esa verdad es la que nos hace libres.

Yo soy «la Secre», «el eslabón perdido» o «el Avatar», pero ante todo soy una mujer que muy joven, cegada por el poder, caí en las redes del narcotráfico en uno de los carteles más poderosos del mundo: El cartel de Sinaloa.

Por avatares del destino me enamoré de la persona errónea y ese amor que con el tiempo se convirtió en una especie de relación enfermiza, me llevó a conocer al Sr. Guzmán y a adentrarme cada vez más en el mundo del narcotráfico. Sería muy fácil decir que fue mi juventud la que me llevó al que fue el peor error de mi vida; sin embargo, tengo que admitir que fue el poder y la sensación de sentirme al lado de personas tan poderosas las que me llevaron a vivir en un mundo ficticio en el que es muy fácil caer y truncar mis sueños para siempre.

Aunque cueste trabajo entenderlo, yo admiraba profundamente al Sr. Joaquín Guzmán, al que llegué a ver como una persona buena, educada, que se preocupaba por mí... Cuando lo conocí, me pareció un hombre con gran amabilidad y carisma, muy lejos de lo que se decía de él. En un momento dado, sentí que eran mi familia y que nada podría pasarme a su lado. Quizá viví en carne propia lo que muchos especialistas han llamado síndrome de Estocolmo, viendo distorsionada la imagen de mis captores porque cuando vi la realidad y quise alejarme, esos «amigos» solo fueron eso... captores... que me recordaron que, si me alejaba de la organización, solo podría hacerlo en una bolsa de plástico y con los pies por delante.

Por mucho tiempo, fui la encargada de recoger millones de dólares cada semana en México y también fui la paloma mensajera. Nunca recibí un solo pago porque era el poder lo que me cegaba, ni siquiera era consciente en ese momento del daño que las drogas causan en millones de familias y personas. Solo quería demostrarles que era fiel, competente, leal... Poco a poco fui ganando su confianza y con el proyecto de la película de su vida creció nuestra amistad. Negocié el precio de toneladas de cocaína en Suramérica y Canadá y me convertí en una de las mejores negociadoras de su transnacional imperio del narcotráfico. Fui una mensajera efectiva y una excelente administradora que jamás robó un solo dólar de las millonarias entregas de dinero de las que fui testigo. «Quemé» varios países y poco a poco me fui asfixiando en este mundo de muerte y sombras de las que me era imposible salir.

Durante este tiempo, incluso, (y por mi experiencia en los certámenes y reinados de belleza desde que era muy niña) monté una agencia de modelos en México, que quiero aclarar, no era una agencia de prostitutas, como se ha especulado, ya que, aunque en mi vida me tocó ser muchas cosas, nunca fui proxeneta. Y he de incluir que, en los desfiles, en las reuniones, lo que se decía del Chapo llegaba al Chapo y a él le divertía saber que decían de él cuándo no lo tenían delante.

Fui testigo de la gran hipocresía de un sistema, que en público critica a los narcotraficantes y en privado, se inclina ante ellos; de gente muy poderosa que hoy lava sus culpas pidiendo que se castigue, a quién hasta antes de ser detenido, pagaba sus cuentas.

Cada día sabía más y había más acontecimientos que me mostraban la verdadera cara de ese hombre de aparente amabilidad al que no le temblaba el pulso para conseguir lo que quería. Estaba destruida psicológica y emocionalmente. Me sentía amenazada y no había un solo día que no me arrepintiera de ese espejismo de poder que viven erróneamente muchas jóvenes como yo. Sin embargo, Dios me dio una segunda oportunidad. Ahora, sé que fue él quien trajo hasta mí a los Ángeles que me devolvieron la vida y me permitieron redimir y trabajar para pagar mis pecados.

El día en que los agentes del FBI del Southern District me interceptaron y me dieron la oportunidad de convertirme en informante, supe que tenía otra oportunidad de volver a vivir. Regresé al cartel y desde ese momento fui los ojos y oídos de los agentes y del gobierno de EE. UU. que me brindaba esa oportunidad. Incluso, me convertí en agente del RCMP en Canadá, viviendo de día como narcotraficante y de noche como agente. Gracias a mi trabajo en cubierto, hoy hay detenidos más de una docena de los más importantes narcotraficantes, incluyendo el Sr. Guzmán, quien dio un millón de dólares por mi vida a los Hells Angels, obligándome a irme en minutos de Canadá en cuanto fuimos conscientes de la amenaza.

Confieso que pequé, pero pagué un alto precio por mis culpas. Mis sueños de grandeza se convirtieron en mi peor pesadilla. Perdí a mi familia, mis amigos... me convertí en una sombra sin nombre temerosa de mi pasado. Tuve todo y perdí todo, hasta mi identidad. Hoy solo me queda contar al mundo en primera persona mi experiencia para que tantas jóvenes como yo, envueltas en este mundo de poder y glamour, sepan realmente lo que se esconde detrás.

Nunca es tarde para pedir perdón. Nunca es tarde para comenzar otra vez. Nunca es tarde para decir que me equivoqué. Asumí mis errores y acepté la segunda oportunidad que me brindó la vida para volver a vivir.

Sr. Guzmán, como pido perdón yo le perdono y espero que usted pueda perdonarme. Tiene dos hermosas hijas a las que no les gustaría que les pasara lo mismo que a mí. Usted es un buen padre como lo era mi padre y como tantos padres que han perdido a sus hijos como consecuencia de las drogas.

Hoy quiero cerrar un capítulo extremadamente doloso en mi vida. Hoy soy fuerte porque ayer fui débil. Dios me dio esa fortaleza cuando descubrí que Él era lo único real que tenía. Hoy pido perdón ante ustedes y ante Él, vacío mi alma de todo lo que me atormenta para poder llenarla de todo aquello que me haga feliz. Hoy siendo libre, quiero volver a ser libre.

Muchas gracias».

Lentamente, doblé el papel mientras levantaba la mirada. El silencio se había apoderado de la sala mientras leía, solo interrumpido por mis sollozos cuando la emoción lograba vencer mis palabras. Mis ojos volvieron a cruzarse con los suyos. La actitud burlesca que había demostrado cuándo hice la comparación con lo que podría ocurrirles a sus hijas, se había tornado un rostro serio, desafiante... Me levanté y me sentí al lado de Bob mientras Steve permanecía de pie a un lado de la sala. En ese momento los periodistas que estaban en la sala comenzaron a hacerme llegar papeles con números de teléfono y breves notas que casi de forma automática iba pasando a Bob. Yo iba a ser la última en tomar la palabra, pero la fiscal se levantó y sorprendida por la actitud de prepotencia que había demostrado el Padrino, incluso durante la lectura de mi declaración, le recordó que en ningún momento había mostrado arrepentimiento. Lo que ocurrió a continuación solo son retazos de rostros, voces y miradas cruzadas que aún hoy se agolpan en mi memoria.

Solo recuerdo con claridad el momento en el que el fiscal cerró su participación en el juicio, dirigiéndose al Padrino y asegurando que el hombre que teníamos frente a nosotros no conocía la compasión porque, simplemente, era un diablo... y ese era precisamente el calificativo con el que hoy yo miraba a ese hombre por el que un día, con admiración, puse mi vida en sus manos. De nada sirvieron los alegatos de su defensa, ni el peso de sus primeras y únicas palabras en el juicio, alegando que nunca tuvo un juicio justo y que ya estaba condenado en el momento en que pisó esa sala. Quizá tenía razón, pero tuvo la oportunidad de defenderse, que nunca tuvo ninguna de sus víctimas. La sombra de sus pecados lo acompañaba y era demasiado grande para pasar inadvertida.

Sentado, su rostro fue desencajándose aún más a medida que el juez Cogan leía su sentencia. Por momentos, miraba incrédulo al traductor, por otro, sus ojos encendidos en ira seguían fijos en el juez que, implacable, iba leyendo cada uno de sus cargos con palabras que dejaban entrever la seguridad con la que lo sentenciaba.

—«La abrumadora maldad de sus crímenes es evidente. Por eso, lo sentencio a cadena perpetua, más treinta años en una prisión de máxima seguridad y a pagar 12.600 millones de dólares en reparación de los daños que durante años ha causado a la Sociedad...»

Cuando el juez terminó de leer el veredicto, se recargó sobre la espalda para mirar a su esposa que le hizo un gesto con el pulgar hacia arriba con lágrimas en los ojos. De inmediato, los Marshalls se acercaron a esposarlo y le pidieron que caminara, mientras él, a duras penas, deteniendo al máximo su paso, trataba de despedirse de su esposa.

Mientras tanto, la fiscalía y todas las agencias de seguridad que habían hecho posible que respondiera a sus crímenes en una corte de los EE. UU., se congratulaban por haber cumplido su objetivo.

—Andrea, vamos, tienes que salir ya de aquí. Vamos, no te demores más.

Bob tenía razón, pero me parecía estar dentro de una película, donde tenía que frotarme los ojos por momentos, para saber si lo que estaba pasando era esa realidad que tantas veces había soñado. A él, iban a sacarlo por la puerta de la derecha mientras a mí, iban a hacerlo por de la izquierda. Rezagada por mis tacones y el brazo de Bob que trataba de abrirse paso, el Padrino volteó la cara una vez más para intentar despedirse de su esposa y se encontró conmigo. Yo fui lo último que alcanzó a ver antes de salir de la sala.

Nunca olvidaré esa última mirada. Eran los mismos ojos demoniacos que penetraban en los míos cuando en numerosas ocasiones me agarraba la mano, intimidante, mientras me cuestionaba. Los mismos, que durante años tomaron por asalto mi sueño, encerrándome en una pesadilla de la que era difícil despertar.

Como a cámara lenta, lo vi desaparecer y cerrarse la puerta mientras Bob me apuraba para salir de la Corte.

—Andrea, tenemos que salir de aquí. Los Marshalls nos están esperando. Apure el paso, no tiene sentido quedarse aquí por más tiempo… es peligroso… por favor, salgamos ya. Esto se ha terminado.

Sí, todo había acabado. Con su condena nació mi libertad. Aunque ahora sea un rostro sin nombre y tenga que dejar para siempre atrás lo que un día fui. Dicen que, a veces, hay que morir por dentro para renacer de tus cenizas. Yo hoy elijo morir para volver a nacer… muere mi identidad, pero renace mi más bella esencia.

Las Cattleyas son una especie de orquídeas colombianas que cuando mueren, cada año rebrotan con inusual belleza de un tallo desnudo. Quizá nunca fue casualidad que el FBI me diera ese nombre. Hoy, por fin, despliego mis alas rotas y decido volar. Aún no sé cuál será mi ruta, ni las tormentas que aún tenga que atravesar para llegar a mi destino. Para quienes me conocieron seré solo un tenue recuerdo. Pierdo mi identidad, me voy sin nada, pero llevo una gran lección tatuada en mi alma. Nunca más volveré a escaparme de la vida. Lucharé día tras día para que no se me escape... Yo fui Andrea, nombre en clave... Cattleya.

FIN

Entrevista con el FBI

Marián: Uno, dos, tres, cuatro, cinco, seis, siete, ocho, nueve, diez.

Entrevista Washington

Primero que todo, ustedes tres luego de muchos años de arduo trabajo preliminar para capturar al «Chapo» Guzmán hasta el día de su captura, tú tanto como el resto del equipo, dedicaron mucho tiempo, esfuerzo, incluso sacrificios personales, esto es importante destacarlo, y ahora que finalmente fue sentenciado a prisión por el resto de su vida, ¿qué significa esta operación para ti? Para ustedes tres.

Bob: Okay Jey, ¿puedes escuchar? Steve, ¿puedes escuchar?

Bob: Seguro.

Steve: Sí, está bien.

Bob: Oh, soy Bob, Recuerdo... (Steve, ¿recuerdas esto?) Ah, después de la sentencia, tú y yo acompañamos a Andrea de regreso a donde se hospedaba, luego de que ella hablara en la sentencia. Todo terminó y recordamos que la dejamos y regresamos, caminamos hacia el auto y nos miramos y solo dijimos: «okay, ahora se acabó, así que, para nosotros, para mí, está hecho». No había nada más que pudiéramos hacer antes de este desenlace. En un momento cuando estaba en México no podía sentir que el caso había concluido, pero ahora sí, el caso ya estaba cerrado, terminó. Sé que la palabra cierre se utiliza demasiado, pero realmente esta palabra define como nos sentimos. Luego nos miramos y nos dijimos ¿qué sigue? Me sentí bien sabiendo que esto ya había acabado, no experimenté un vacío. ¡Dios mío, había puesto mi tiempo y mi corazón en este caso! Entonces me pregunté, ¿y ahora qué hago? Realmente estaba satisfecho. ¿Qué tal tú, Steve?

Steve: Sí, recuerdo que Bob y yo hablamos de ello después y estoy de acuerdo. Creo que después de años de persecuciones, de investigaciones, fue realmente reconfortante darle un punto final a esto. Creo que lo más difícil mientras trabajábamos a lo largo de los años, era saber si esto llegaría a concluir en una corte de los Estados Unidos, y lograrlo fue excelente. Esto significó mucho, ya que dedicamos mucho tiempo e invertimos un arduo trabajo para lograrlo. Sabemos que había muchas otras personas involucradas por parte de nuestra organización y otras organizaciones federales, por lo tanto, llegar a este fin fue muy importante.

Tim: Bien, soy Tim. Mi perspectiva es diferente sobre esto, ya que me incorporé al caso luego de un buen tiempo, y después del trabajo tan eficaz que ya habían comenzado Bob y Steve, así que, conforme avanzaba la investigación, yo me ponía al día aprendiendo de ellos. Pude palpar lo capaz que podía ser el gobierno de los Estados Unidos en una situación así. En realidad, me enorgullecía el hecho de haber estado involucrado en el caso. Yo estaba aquí en D.C. y no estuve presente en la sentencia y no experimenté ese alivio que se pudo sentir estando más de cerca. Reitero que lo mayor para mí era el orgullo que sentí y lo afortunado que soy por haber formado parte de un caso de esta magnitud. Compartía la satisfacción de Andrea, me sentí bien por ella, ya que también ella pasó por mucho. Como indicó Bob, pudo cerrar este capítulo. Fue importante que haya podido vivir esta experiencia de darle un cierre a todo esto.

Marián: Oh, creo que esta pregunta la puede responder uno de ustedes. Cuando el Chapo finalmente es extraditado a los Estados Unidos, la DEA, ICE e incluso la Marina Mexicana, estaban cerca de él. Todos se sintieron responsables del operativo, pero fue una operación conjunta, así que, ¿cuál era la función específica de ustedes? Conozco el trabajo del FBI y sé lo mucho que trabajaron en este caso, ¿cuál era el rol específico de ustedes en esto?

Tim: ¿Cuál fue nuestro papel en la investigación? Nuestro caso comenzó en 2009 y estábamos trabajando con múltiples agencias hasta el día de su captura. Semanas antes de que lo capturaran nos encontrábamos en México y allí estaba ubicada «la sala grande» donde todos estábamos armando la captura y la operación, y éramos parte de todo eso y creo que; Steve, lo dijiste mejor hace mucho tiempo y es que, si vas tras Whitey Bulger, un criminal estadounidense muy famoso, (el FBI lo buscó durante años) si estás tras la pista de Whitey Bulger y años más tarde la DEA lo captura, no es el tipo de criminal que suele perseguir la DEA, esto sería bien recibido. Es decir, si tú eres el blanco de droga número uno y la DEA está tras la pista de este durante años y el FBI lo atrapa, estaría algo fuera de lugar. En este caso no nos importó que todos se atribuyeran su captura y fueran reconocidos por ello. Simplemente, no tomamos protagonismo, ya que no se trata de ello. Este era el blanco de la droga. No participamos en esta operación para recibir reconocimiento, asumimos esa actitud, ya que se trataba de un criminal de la droga. Steve, ¿cuál es el dicho sobre adulancia? No lo voy a citar, no quiero equivocarme. Vimos la foto. No estábamos presentes en ese preciso momento, pero semanas previas antes de su captura, estuvimos presentes suministrando información de inteligencia, por lo tanto, no fue una sorpresa, e incluso puedes leer esto en las noticias. Él estaba escondido en una casa. Ellos derribaron la puerta en una casa. Él corrió y salió por debajo de una tina. Toda la información de inteligencia, o su mayoría, provino por nuestra parte; que salió por un túnel, todo lo revelamos nosotros. Todo está sustentado en las noticias; no te estoy dando ninguna información confidencial. Él escapa. Tiene un conductor. El nombre del chofer y su número telefónico es el resultado de la información que compartimos. En esto vemos cuál agencia gubernamental pasa a ser el centro de atención. Estamos tranquilos con todo esto, ya que, no estamos aquí para figurar.

Marián: Yo sé que para ti está bien, pero para nosotros que conocemos como sucedieron las cosas y nos consta, es otro el parecer.

Tim: El FBI es la agencia más antigua con autoridad federal y puedo decir con mucho orgullo, que de todas las agencias federales, la mayoría quieren formar parte de ella. Nosotros, sabemos quiénes somos. Sé lo que logramos y cómo lo hicimos. Representamos muy bien al buró y quiero añadir lo siguiente: Tomamos el asiento trasero y sonreímos ante tal logro. Nos place saber que lo capturaron y nos despreocupamos por quienes figuran en la fotografía.

Marián: ¿Por qué decidieron aproximar a Andrea Vélez? Sé que en este tipo de operaciones tienen muchas posibilidades de seleccionar a individuos. Entonces, ¿por qué Andrea Vélez?

Tim: Bien, nuevamente por todo el juicio y todo lo que sabes. Por todo aquello que ahora es una fuente abierta. Estábamos grabando y escuchando a través de distintas plataformas, mensajes, voces, oíamos textos, correos, llamadas... Ella formaba parte de esto, y luego de escucharlos a diario, comienzas a conocerlos y aprendes sus rutinas, y en un momento crucial, comprendimos que era una persona con capacidad de influenciar. Estaba muy involucrada. Además, Steve, ella hizo un comentario de que quería salir de esto, y le respondieron que lo haría con los pies hacia delante o en una bolsa para transportar cadáveres. Luego de escuchar esto, todos decidimos que era el momento para aproximarla. Creímos y esperábamos que tuviese la disposición de cooperar, ya que, había dicho que quería salir de esto.

Marián: Wow, ¿ustedes pensaron en algún momento que ella pudo ser «comprada» o vender la información, y que estuviera dispuesta a exponer su propia vida?

Tim: ¿A qué te refieres?

Marián: Okay, ¿Cómo se imaginaron que esta mujer joven, expondría su vida para cumplir con una misión y entregarles información que necesitaban, por obtener una oportunidad para su libertad?

Bob: (Tim) Para mí ella era una persona muy fuerte. En el momento en que la conoces se comporta bien, es calculadora, muy... Sabes cómo lo planifica todo y esto genera confianza en su habilidad, seguridad. Si alguien es seguro, sabe que puede manejar las situaciones y sobrellevarlas. Ella no genera dudas. Te hace sentir que puede estar expuesta a cualquier situación sin perder la cordura. Esta fue mi apreciación desde un comienzo.

Marián: Steve, ¿cuál es tu opinión?

Steve: Desde mi reunión inicial con ella y basándome en lo que quería obtener de ella, me quedó muy claro cómo llego allí, cómo comenzó a trabajar con Alex y de qué manera maniobró su entrada en el cartel en Colombia. Ella contaba con una habilidad única para desenvolverse en ese medio. Hubo algo muy único y original, algo que no suele darse. Muchos creen que tienen esa capacidad o habilidad y no es así. En las primeras conversaciones con nosotros nos quedó claro que ella conocía el lenguaje, y qué hacer o no, para lograr su objetivo. También sabía cómo tener un papel importante con ellos, y a pesar de que sentía miedo, también emanaba seguridad y contaba con gran determinación para trabajar con nosotros. Esa era mi apreciación cuando comencé a interactuar con ella.

Marián: Creo que tanto Steve como tú vivieron momentos de logros, como cuando lo capturaron; y también vivieron momentos de gran decepción, como cuando se escapó. Entonces, ¿Se llegaron a plantear, darse por vencidos, tirar la toalla?

Steve: Voy a repetir lo que creo que dijiste, tengo dificultad en escucharte con el ruido de fondo. Con las dificultades que pasamos, ¿te refrieres si pensamos en algún momento tirar la toalla?

Marian: Sí, exactamente eso.

Steve: Sí, definitivamente hubo momentos donde sostuvimos conversaciones directas con ella, recordándole que todo lo que hacía era voluntario. Reconocimos el peligro y lo hablamos todos. La característica más importante de ella era lo positivo de su determinación de llegar hasta el final, de llevar la bola hasta la recta final. Realmente era impresionante observarla. En ocasiones Bob y yo, o Tim y yo, tuvimos conversaciones muy claras y tajantes donde le recordábamos el peligro inminente que corría y que estas personas, eran verdaderamente peligrosas, y que, si bien era astuta y sabía hacer las cosas bien, que cualquier cosa podía suceder. Que, ¿qué tal si decidían que ya no la necesitaban? ¿Qué sería de ella? Estos pensamientos estaban latentes en nuestras mentes en el momento en que nos queríamos dar por vencidos. Espero que esto responda a tu pregunta.

Marián: ¿Qué sucede en relación con la operación en general del «Chapo» Guzmán? Estar tras su pista te trae diferentes emociones. Fue capturado en México y minutos después se escapa. Todos los esfuerzos que han puesto en esto, en ese momento, se desvanecen. Entonces, ¿se plantearon desistir y no perseguirlo?

Bob: Cuando comenzamos en un principio el caso que teníamos era como una esperanza. Todo comenzó en un computador. ¿Cómo ingresamos al sistema? Nos tomó un año lograrlo. Era una misión tan difícil que, de no haberla logrado, no nos iba a traer decepción debido a que era una meta muy difícil de alcanzar. Una vez que entramos en el sistema comenzaron los temores e interrogantes. ¿Qué sucede si perdemos el acceso? ¿Y si perdemos la conexión? ¿Y si descubren a nuestra fuente? No haber logrado infiltrarnos no me hubiese afectado tanto personalmente, como me hubiese afectado entrar y no lograr permanecer. Comenzamos a coordinar con Andrea, quien tiene nueve vidas. Hubo momentos que avanzábamos, otros retrocedíamos, y como todos somos de personalidad tipo A, pasábamos treinta segundos «llorando» y de inmediato buscamos la solución. Esto se convirtió en un patrón al punto de que ella nos decía: «creo que fulano de tal piensa que soy una fuente y este otro me quiere matar». (Risas) Si bien lo asumíamos con mucha seriedad, decíamos: «O Dios mío, ¡qué terrible!». He inmediatamente, comenzábamos con estrategias de cómo íbamos a hacer que los limones se hicieran limonada, es decir, cómo vamos a convertir este percance en una oportunidad para nosotros. Tomamos situaciones malas y las convertíamos en oportunidades. Creo que nunca pensé en darme por vencido, y sé que mis compañeros tampoco.

Tim: Yo formaba parte de esto. Estaba en este caso, era nuevo en Nueva York, y me asignaron a otro caso, pero Steven me reintegró. ¿Sabes el nombre del caso?

Marián: Si

Tim: Para ese entonces las computadoras se habían «caído» y Bob me comentó que aún estábamos rechazando el operativo o íbamos a continuar con un ángulo distinto... Así como lo comentó Bob, hubo muchos altos y bajos con ella debido a las sospechas o situaciones que le afectaban del pasado, o aquellas que le sucedían en su vida personal, tanto así, que teníamos que sobrellevarlo y reenfocarnos. Creo que ninguno de nosotros se planteó abandonarlo.

Marián: Steve...

Steve: Yo quería agregar algo a la conversación. Yo creo que lo importante aquí, es que, Tim y Bob pueden explicarlo con mejores detalles para que no lo tengas que escuchar por teléfono. Una de las cosas interesantes, (lo que acaba de mencionar Tim sobre que es muy importante) era que la primera manera en la que fuimos tras el Chapo fue completamente diferente a la segunda manera y posteriormente hubo interacciones. Creo que es muy importante que tengas claro cómo sucedieron los acontecimientos, y la razón por la que digo esto, es debido a que tiene relevancia con una pregunta que hiciste con relación a su captura donde no aparecemos en la foto. Nosotros estábamos haciendo muchas otras cosas diferentes que estaban bajo Server Jack, o no eran exactamente lo que hicimos en Server Jack 1, o donde estábamos en sus teléfonos, inmiscuidos en sus movimientos. Es muy importante que vayas comprendiendo lo acontecido, en cierta manera, éramos un gran apoyo conforme nos incorporábamos al Server Jack 2, o todavía más. No obstante, no quiero subestimar la importancia de lo que hacíamos. Tal vez Bob y Tim lo puedan explicar mejor desde un ángulo distinto; sin embargo, debes comprenderlo.

Bob: Para ponerlo bajo otra perspectiva, en el caso original sembramos raíces sólidas que luego se convirtieron en la base de 2 o, lo conformaba la participación de Andrea y hasta donde lo llevaron. Hoy continuamos realizando investigaciones sobre pistas que se generaron por su trabajo. Existen casos actuales producto del trabajo de Andrea; esto generó un efecto que ha abierto las puertas a más casos. Otras agencias que trabajaron bien, simplemente se limitaron a la búsqueda. El legado del FBI y la trayectoria desde hace más de 100 años funcionando, nos posiciona en otro nivel, ya que trabajamos en casos muy complejos. No asumimos esto como un caso donde había que capturar a un delincuente y ya todo acaba, por lo contrario, vimos más allá, llegamos a toda una industria delictiva que había que desmantelar. El FBI asume las cosas de otra forma notablemente distinta a otras agencias donde el enfoque es más limitado. No podemos revelar cifras, pero digamos que al menos existe una docena de personas que han sido arrestadas como resultado del trabajo de Andrea, y también hemos confiscado innumerables cantidades de drogas. Lo que hacemos bien es que, no solo vemos un caso aislado, sino que vamos más allá y lo extendemos a otros casos. Tim condujo un caso muy importante basándose en información suministrada por Andrea, el cual ha durado más de dos años y aún continúa trabajando en ello. Este abrió las puertas a otros casos. Aquí vemos que ella ha generado un trabajo muy importante donde vamos a estar involucrados por años, basándonos en pistas que se han generado de distintas fuentes a través de Andrea.

Marián: Impunidad y corrupción, generalmente van mano a mano y México no es la excepción. En un lugar donde el «Chapo» Guzmán se jactaba al decir que todo y todos tienen un precio, y él pagaba para su protección a políticos en puestos elevados hasta oficiales militares y policías de alto rango, ¿cuán difícil fue para ustedes poder confiar en alguien en México?

Todos: (Se escuchan risas)

Marián: (Entre risas de todos) Todos lo saben, esto no es una sorpresa.

Steve: En el fondo esto fue un reto, un reto que nos llevó a «jugar» una especie de juego de ajedrez; cada movimiento que hacíamos lo hacíamos proyectando con antelación los pasos subsiguientes. Todo estaba calculado, y cabe decir que reclutar a Andrea fue un movimiento en el tablero de ajedrez. Esto fue algo que estaba dentro de nuestro radar para los próximos pasos, y nos sentimos satisfechos de haber realizado esa jugada con Andrea, ya que los resultados fueron grandiosos. Fue complejo y definitivamente un reto, pero creo tener la aprobación de Tim y Bob al decir que llegamos a conocer muy de cerca a individuos, que estaban dentro del poder judicial en México, con quienes interactuamos y simpatizamos al comprender que ellos, a su vez, tenían muchos obstáculos al trabajar en contra de los carteles. En nuestra agencia si llegamos a sufrir amenazas simplemente nos reubican con nuestras familias, dándonos la protección necesaria, una situación totalmente diferente a la de ellos en México y, a pesar de ello, hubo mucha gente profesional y comprometida que quería realmente desmantelar operaciones. Ellos viven en un mundo completamente ajeno. Debo destacar que se manejaban con mucho profesionalismo. Yo no creo que de estar en una posición como la de ellos yo accedería a trabajar en casos así. No expondría a mi familia a tales riesgos. A nosotros nos remuneran muy bien, y aunque no sé realmente cuanto pueden ganar ellos, creo que no se aproxima a lo nuestro. Lo que te puedo decir es que era impresionante ver cómo se manejaban en medio de tantos retos.

Marián: Siempre me dije que si el Chapo decidiera hablar tendrían que abrir una cárcel solo para las personas que pudiera implicar. (Se escuchan risas) El punto es que, si él decidiera hablar, ¿qué sería de los políticos, militares, oficiales de altos rangos y otras personas en puestos de poder que se enriquecieron o beneficiaron por la relación con el Chapo? Él está pagando una sentencia por el resto de su vida, ¿qué pasaría si hablara? ¿Qué pasaría con aquellos que amasaron fortunas por permitirle llegar hasta donde lo hizo? Muchas personas se preguntan esto.

Bob: En este punto todos los que pertenecemos a las agencias que investigan estos crímenes podemos especular sobre muchos, pero es el propio Chapo el que tiene esa gran lista de lavandería de quienes decidieron «acostarse» con él. Sabemos sobre algunos a quienes investigamos y donde contamos con pruebas para perseguirlos legalmente. Existen muchos otros de los cuales solo sabríamos algo si El Chapo hubiera decidido delatarlos. Aún no comprendemos por qué el Chapo no hizo como todos, que fue evitar un juicio e implicar a todos quienes formaron parte de esta red. Él pudo declararse culpable y cooperar, y no lo hizo. Simplemente, no sabemos el porqué de esta decisión.

Marián: ¿Crees que eso se deba a que quiso proteger a sus familiares en México?

Bob/Tim: Esto sería otra especulación.

Bob: Lo que teníamos, a diferencia de otras agencias, era que contábamos con información interna, con la verdadera versión de cómo operan los cárteles, a diferencia de lo que ves en las noticias, de lo que ves en el cine. Ellos tenían al nombre, a la leyenda. Nosotros tenemos la perspectiva real. Nosotros los escuchábamos a diario y logramos desarrollar una dinámica diferente basándonos en los hechos de cómo operaban. Otras personas tenían roles de poder los que estaban cercanos a él, y esto no lo sabían otros. La DEA no lo comprendía, ni otros grupos, incluso ni los mismos mexicanos. Todo porque no tenían el acceso a escucharlos a diario como lo hacíamos nosotros. Dicho esto, mi perspectiva es distinta. Si bien él era muy poderoso, no era el único, había mucha gente a su alrededor con poder. Decir si él corría peligro o su familia corría peligro si hubiese hablado, puede ser una especulación. No quiero emitir una opinión personal, ¿lo puedo decir?

Agente Femenina: Sí, puede ser tu opinión personal, pero no oficialmente.

Marián: Queda fuera de registro (Off the Record).

Bob: Podemos especular si su vida hubiese corrido peligro... eso no lo sabemos. Lo que sí indagamos es que las líneas de poder no eran las mismas que percibían los demás. Él no era la única persona arriba. Él estaba a la par de otros con el mismo nivel de poder. ¡Quién sabe!

Tim: Yo creo que podíamos ver la posición de poder que ejercía. Esto se plasma en un video donde capturan al hijo y en cuestión de una hora es liberado. Esto es por la fuerza y el poder que tenía el Chapo. Aquí se demuestra el tipo de poder que realmente tiene el cartel. Esto demuestra la fortuna y poder de ellos. También podemos ver el alcance que tiene su red y donde tiene fuerza e influencias y con quienes pueden hablar.

Marián: En mi país decimos que cuando un pato muere... No creo que esto se aplique con relación al cartel, ya que incluso luego de hacer una operación increíble, que tomó años, el cartel se hace fuerte, y ahora el Mayo y los hijos del Chapo manejan el cartel, tal vez de la misma manera que lo hacía el Chapo.

Bob: Nunca tuvimos, (no lo creo así...) Steve, nunca fuimos de la opinión de que una vez que capturáramos al Chapo, de que la operación del cartel en México se desplomaría y que la guerra en contra del narcotráfico terminaría realmente.

Marián: ¿No creías que al menos se debilitaría?

Bob: Cambió. Siempre hablamos qué cambiaría, aunque no sabíamos cómo. Él se iría y alguien lo reemplazaría. La dinámica cambiaría. Lo llamamos la aspiradora, la aspiradora poderosa. Es decir, si él no está... y ya está sucediendo, ya vemos que algunos carteles están avanzando en territorios, pero somos realistas, sabemos que esto no acabaría con la guerra contra el narcotráfico. Nunca pensábamos que al capturarlos acabaríamos con esta guerra. No ha sucedido. Hubo un efecto, pero no ha parado el tráfico de drogas a los Estados Unidos, aunque sí se debilitó y lo hace más difícil. No éramos tan inocentes como para pensar que no entrarían más drogas.

Bob: Causó una ruptura.

Marián: Esto es algo diferente a Colombia. Por ejemplo, en Colombia, cuando los líderes del cartel fueron enjuiciados en Estados Unidos, muchos de los cárteles desaparecieron en Colombia. Aquí hay un tipo de narcotraficante diferente. No como Pablo Escobar de Colombia o Rodríguez Orejuela. En México es como que se reagrupan nuevamente y comienzan a hacer negocios los unos con los otros.

Bob: Estás en lo cierto. Es una dinámica diferente a la que existe en Colombia. La forma cómo trabajaban los carteles en ese entonces y como lo hacen ahora es un modelo totalmente diferente. Sucedieron muchos cambios en la manera en que los Estados Unidos comenzó a enjuiciar a los miembros, del cartel de las drogas en Colombia en los años noventa.

Marián: Sí, en los noventa.

Tim: Una vez que comenzaron a cambiar la forma de enjuiciar y los Estados Unidos pudo intervenir directamente en Colombia, todo esto cambió. Me refiero a la dinámica en la que conducíamos las operaciones y es por ello, que las drogas comenzaron a transportarse desde México y no desde Colombia. La ruta comenzó a realizarse desde Colombia a México, y de ahí a los Estados Unidos, a diferencia de hacerlo directo desde Colombia a Los Estados Unidos. Capturarlo no va a cambiar este trayecto de distribución. Si las drogas ya están en México entrarán a los Estados Unidos. Veremos que sucede.

Bob: Capturarlo para nosotros significó solo el comienzo. Todos los casos derivados de su captura, el poder confiscar kilos de drogas, dinero lavado, arrestos, desmantelar operaciones, es realmente lo importante de su captura. He ahí la poca importancia que le damos a figurar. No me interesa la foto. El FBI se destaca por esta forma de operar y me siento afortunado de poder trabajar con un equipo que logre tanto.

Marián: Steve, ¿quieren agregar algo más al respecto?

Tim: Steve, ¿quieres decir algo más?

Steve: Lo que quisiera añadir a lo que se ha dicho, es que me queda claro que después de estar años trabajando en esto, sabemos que se trata de crimen organizado donde puedes acabar con el líder, pero los sucesores tomarán la batuta. La mayoría de estas organizaciones criminales las establecen para permanecer, independientemente de la presencia o no de quienes la lideran. Así, como nosotros en ocasiones podemos entrar en retiro, no es que podamos compáralo con un arresto, (risas de todos) y alguien cubrirá ese puesto que dejamos vacante. Admito que, a pesar de haber logrado su captura, no deja de ser decepcionante ver cómo el cartel continuó operando. Sin embargo, logramos desestabilizarlos, y esto es un gran logro. Estamos conscientes de que marcamos una gran diferencia. Sabemos que no podemos medirlo como hubiésemos querido hacerlo, que sería acabando con las drogas. Hubiésemos querido acabar con el cartel por completo, pero esto no lo vamos a lograr solos, vamos a requerir mucho apoyo de México.

Marián: Finalmente, quiero hablarles de Andrea. Cuando ustedes la aproximaron le dieron la oportunidad de dejar el cartel con vida, y que trabajara por obtener su libertad. Sin embargo, no hubo una promesa de exonerar los cargos criminales que le imputaron; esto sería por parte del juez. Después de lo sucedido y ahora que el juicio ha terminado, ¿ustedes consideran que lo que ella tiene ahora es lo que merece?

Bob: (silencio) Wow, esta es una buena pregunta.

Marián: Tomate tu tiempo, toma una croqueta (risas).

Bob/Tim: (Risas nerviosas)

Bob: Cuando la aproximamos, recuerdo que Steve y yo estábamos sentados con ella y le dijimos: «Estas son las opciones que tenemos para ti. Trabaja con nosotros o te puedes quedar con el cartel y probablemente morir o ir a prisión. Te pondrán cargos». Le dimos estas opciones, y le dijimos: «si trabajas con nosotros, tendrás posibilidades de no ir a prisión». Le dijimos: «Te puedes ir. Aquí en este país extranjero no te podemos arrestar, pero sabemos lo que sucede. Escuchamos y vemos lo que sucede. Las probabilidades de que mueras quedándote con el cartel son muchas». De inmediato decidió trabajar con nosotros. Nunca le prometimos que no la iban a imputar, pero sí que haríamos todo lo posible para que no pasara un solo día en prisión. ¿Qué si obtuvo lo que merecía? Si digo que sí, ella merecía su libertad, entonces sí recibió lo que merecía. Andrea merecía una salida, ella estaba en un callejón sin salida. Si se quedaba en el cartel podía terminar muerta o presa; si abandonaba el cartel terminaría muerta. Así que la opción que le dimos era quedar con vida y libertad, entonces sí, si recibió lo que merecía.

Marián: Debo posicionarme como abogado del Diablo. Desde cualquier perspectiva, Andrea era una criminal y ustedes le dieron la oportunidad de trabajar y ganarse su libertad. Por lo tanto, insisto en la pregunta: Después del trabajo que realizó, ¿merecía su libertad?

Bob: Definitivamente, en mi opinión y la del juez, pero más allá de nuestra opinión, moralmente merecía su libertad. En su sentencia, que ya es un expediente público, le entregamos al juez una carta detallando todo lo que Andrea hizo. Le entregamos la carta y le dijimos: «Su Señoría, en consideración a la ayuda que prestó Andrea, aquí descrita, considere darle una sentencia meritoria por su aporte». Lo primero que dijo el juez al sentarse fue: «Conforme leo esto me parece un libreto de una película» Nos reímos juntos, ya que ella hablaba siempre de hacer una película sobre esto. El juez luego le dice: «Quedas libre». Generalmente, cuando se dictan sentencias, y yo he presenciado algunas, el juez tiende a deliberar mientras analizan el caso y ponderan. Se escuchan cosas como: «Si bien aportaste con su ayuda, también cometiste faltas. Por lo tanto, puedes ser castigado, aunque también arriesgaste tu vida. Por otro lado, ciertas penas pueden aplicar». En el ínterin nosotros pensábamos que el juez pudiera sentenciarla a un año o no del todo. Después del momento en que el juez hizo alusión al libreto de cine, no llegó a referirse al lado negativo del caso. Le dio las gracias, una y otra vez. Le evitó vivir una larga angustia a la espera de una sentencia desfavorable. La actitud del juez fue una señal de lo importante que fue su participación en este caso.

Tim: Para mí, ella... (Titubeando) Existen dos caras de la moneda, la personal y la otra es la postura de nuestra agencia. Ante la agencia ella era una criminal, no obstante, ella recibió lo que merecía. La verdad es que atravesó momentos en su vida muy complicados y estresantes; aunque es difícil de comprender, pagar tiempo en la cárcel hubiera sido más fácil, menos doloroso que las experiencias que vivió. Es por ello por lo que simpatizo con ella. Bob, Steve y yo mismo, reconocemos que fuimos más allá de lo usual con el propósito de apoyarla en cada paso que tomaba. No digo esto para proteger al FBI. Buscamos siempre soluciones ante los problemas que suscitaban para ayudarla en todo lo que fuese posible, todo dentro de las regulaciones y códigos que debemos cumplir. Siempre nos cercioramos de que ella estuviera segura, protegida, cómoda y de que sus necesidades fueran atendidas. A fin de cuentas, ella se encontraba aquí y su familia estaba en Colombia. Nosotros hasta cierto punto pasamos a ser su familia.

Marián: Sí, absolutamente.

Tim: Por el crimen y el castigo, ella obtuvo lo correcto desde el punto de vista personal y de sentimientos. Ella pasó por mucho, no sé si alguno de nosotros hubiésemos podido atravesar la tormenta que tuvo que vivir.

Bob: Ella pudo haber sido sentenciada entre cinco a diez años. Esto pudo haber sido su sentencia en prisión. En el 2013, de haberse declarado culpable, y pensemos que hubiera tenido que cumplir cinco o seis años o más, hubiese salido en libertad el año pasado y no vivir bajo peligro de ser perseguida como lo está ahora. Nosotros hacemos lo que podemos por ella. Históricamente, aquellos que cooperan no son vistos con buenos ojos por el cartel. Digamos que, si Andrea hubiese ido a prisión, tal vez por siete largos años, al salir en libertad iba a estar realmente libre para hacer lo que quisiera con su vida. Solamente ella puede responder esto. ¿Estaría más feliz después de cumplir una sentencia o estando donde se encuentra ahora? De haber estado en prisión, hoy podría viajar sin temor y sin esconderse. Claro, después de haber sacrificado siete años de su vida en prisión.

Marián: Lo que te puedo decir es que ella siempre se refirió sobre ustedes como su familia, dando las mejores referencias. A veces ustedes como agentes del FBI y yo como periodista interactuamos con diferentes personas y separamos lo profesional de lo personal, pero al final somos seres humanos. Para ustedes tuvo que haber sido muy difícil esta situación donde tenían que llevar a cabo una operación, en la que ella, es el instrumento para lograrlo, mientras los ve como parte de su familia. ¡Qué duro!

Bob: La otra parte de esto es que nosotros tratamos a las personas que trabajan con nosotros como profesionales. No estamos aquí para juzgar a nadie y también somos buenas personas. La agencia es como una compañía, y ella nos ha ayudado a reclutar a otras personas. Dudo que nos hubiese ayudado si el trato no hubiese sido bueno. Es como ir a un restaurante que tiene mucha publicidad, pero quienes van a dar las referencias son los comensales. Andrea nos refirió a muchas personas. Después, estas personas nos refieren a otros, de esta manera esas relaciones se van perpetuando. Esto dice mucho de nuestro trato. Es parte de nuestro trabajo. Podría decir que le dimos un trato especial, pero realmente lo hacemos con todos. Mejor confieso que... sí, le dimos un trato especial. Ella arriesgó su vida en muchas ocasiones. Realmente fue así, se arriesgó muchas veces y nunca paro de colaborar con nosotros.

Marián: Pero ustedes siempre trabajaron en equipo, ¡esto es maravilloso, y es algo que quiero que la gente sepa! La razón es que, ustedes eran un equipo. Steve, ¿quiere decir algo al respecto de esto? Esta es mi última pregunta.

Steve: Puedo agregar que tanto mis compañeros como yo, sabemos que ella quería su libertad y por ello accedió a trabajar con nosotros. Una vez que conoces, y lo digo humildemente, parte de lo que nos corresponde hacer, es percibir y conocer a fondo a la persona que estamos reclutando. Y mi evaluación es que, internamente, ella es una buena persona que tomó decisiones equivocadas. En algunos momentos, una decisión puede llevarnos a otra y en el caso de ella, estaba ya tan sumergida, que no tenía manera de escapar. No sé qué hubiese sido de ella si hubiera permanecido en el cartel, pero dudo que estuviera viva. Ella iba a llegar al momento de su vida donde ya no les serviría y la manera la que esta gente hace negocios es que, cuando alguien sabe demasiado, te exterminan. No los ven como seres humanos. Cuando comenzamos a hablar con ella supimos que éramos su familia. No tenía ni a su madre ni a su padre. Le decíamos: «No puedes decirle a nadie de tu familia que estamos trabajando contigo. Vas a estar en un ambiente de mucho stress». Tuvimos que actuar como consejeros, psiquiatras, etc... Roles donde no hemos tenido entrenamientos formales, pero que aprendemos a lo largo del tiempo. Pasábamos mucho tiempo al teléfono con ella reiterándole que ella tenía el control y que también tenía que estar consciente, de que iba a tener que enfrentar cargos en Los Estados Unidos. También queríamos dejarle claro que ella tenía una opción sobre el camino que quisiera tomar, y la guiaríamos. Esto era importante decírselo. Nos gritaba mucho y... a pesar de ello, siempre supo que si nos llamaba le íbamos a contestar el teléfono. Luego solucionábamos nuestras diferencias.

Bob: Cada vez que surgía una emergencia estábamos disponibles. Algo que tengo presente es... Hay una frase que se refiere a que no hay segundas oportunidades para causar una buena primera impresión, y cuando la conocimos, nos dimos cuenta de que ella tenía información sobre personas que el cartel quería hacer desaparecer, y ella se reusaba a delatarlas. Incluso nos insistía que ayudáramos a ciertas personas que buscaban para matarlas. Ella pudo hacer mucho dinero solamente exponiendo esto a estos individuos. Lo primero que nos dijo al conocerla era que, teníamos que encontrar a una persona porque ellos la querían asesinar y que teníamos que prevenirla. Fue en ese momento en el que pude percibir quien era. Ella no tuvo que decirnos esto. Pudo callarlo y hacer mucho dinero con esto, pero optó por ayudarlo; esta fue mi primera impresión. Hubo momentos donde contemplábamos que ella lloraba y se ponía muy intensa, pero entonces, me trasladaba a ese momento, a esta primera impresión, y entonces desistía. Esto definía quien era ella realmente.

Marián: Gracias por todo. Para mí es suficiente. Esto lo quiero incluir, es una historia hermosa.

Epílogo

Tres verdades irrefutables del narcotráfico mexicano

Al narcotráfico mexicano le han puesto varios orígenes. Iniciando en el siglo diecinueve con la llegada de migrantes chinos al área de Sinaloa, quienes traían conocimiento de la siembra y uso de la amapola principalmente. Si bien es cierto que una importante migración china llegó al noroeste de la república mexicana en la segunda mitad del siglo diecinueve, y se asentó principalmente entre Sinaloa y Baja California, ellos no representaban ningún tipo de narcotráfico. Sembraban amapola y desarrollaban algunos tipos de narcóticos, pero no los traficaban.

El narcotráfico mexicano, como tal, tiene su origen en lo que algunos llaman mito o leyenda; pero es real. Así sucedió. En 1942, cuando Estados Unidos ya había entrado en la Segunda Guerra Mundial, necesitaba proveerse de determinados narcóticos, especialmente, la base para procesar morfina y heroína, la cual era indispensable para sus soldados en el frente de batalla.

Regularmente, Asia, proveía la droga que Estados Unidos necesitaba, pero las rutas habían sido cortadas por el Eje y necesitaban urgentemente apoyo. De esta manera fue como, el hoy llamado «Triángulo Dorado», entre Sinaloa, Durango y Chihuahua, se convirtió en el lugar de siembra, cosecha, embalaje y envío de opio. Y esto duró incluso hasta la guerra de Corea y parte de Vietnam.

Muchos intelectuales, estudiosos e investigadores han desechado esta complicidad méxico-estadounidense por no contar con pruebas escritas, de algún acuerdo mutuo. Quizá no exista algún documento, pero sí hubo (y por ahí debe quedar alguno) testimonios de militares quienes platicaban de las reuniones entre representantes de gobiernos, y también hablaban de las instrucciones que recibían para dar todo el apoyo y cuidar la mercancía. A mí me constan testimonios. Los escuché varias veces.

Eventualmente, para la década de los cincuenta, el gobierno mexicano inició por primera vez una aparente persecución militar contra la siembra y tráfico de drogas, en el lugar donde por una década los habían apoyado, para que hicieran lo que ahora supuestamente les querían prohibir. Esto, de la mano de la antecesora de la Administración para el Control de Drogas (DEA), llamada Buró Federal de Narcóticos (FBN). La operación se llamó «Intercepción».

A finales de los sesenta, la operación cambio de nombre a «Cooperación». Pero ya para mediados de los setenta, la persecución del ejército mexicano contra el narcotráfico tomó otra dimensión, y esta vez, la guerra contra el narcotráfico iba en serio a través de la «Operación Cóndor» que posteriormente se llamó «Canador» y «Operación Marte», acompañados de la ya operativa DEA.

Así las cosas, tenemos tres verdades irrefutables. Primero, el narcotráfico nace y florece en México a solicitud de su principal consumidor hasta la actualidad, Estados Unidos. Segundo, la persecución de las fuerzas armadas mexicanas contra el narcotráfico tiene antecedentes desde la década de los 50 y no a partir de la presidencia de Felipe Calderón, en 2006.

La gran diferencia es que, durante y desde la presidencia de Carlos Salinas de Gortari, los llamados carteles de la droga se multiplicaron en complicidad con los gobiernos federales y estatales y se transformaron, de ser hombres de rancho, con botas, sombrero tejano y revolver; a ser hoy hombres adiestrados en diversas armas de alto calibre, con uniformes y equipos de combate.

De todo esto, sin duda, los responsables son todos y cada uno de los presidentes de la república mexicana llegados al poder desde

1982, quienes lejos de aparentemente combatirlos, los han dejado crecer y apoderarse del país.

Y la tercera verdad: no importa si se llaman Joaquín «el Chapo» Guzmán, o Rafael Caro Quintero, o Miguel Ángel Félix Gallardo, o «don Neto», o «el señor de los Cielos», o los hermanos Beltrán Leyva, o los hermanos Arellano Félix. El problema de fondo es el estado mexicano.

--Max Aub, Periodista Mexicano y Analista Internacional

Sobre la Autora

Marián de la Fuente

Admirada por los televidentes y una aclamada trayectoria en el mercado hispano de los EE. UU. en canales como CBS, NBC, Telemundo Internacional, Telemundo Network, Vme, y América Tevé, Marián de la Fuente es una de las periodistas «hard news» más respetadas a nivel internacional por su versatilidad y credibilidad presentando y dirigiendo programas de noticias, análisis político, entrevistas y coberturas especiales. En radio, televisión, prensa, o a través de sus libros y conferencias, Marián, es para muchos el referente del periodismo con credibilidad.

Mientras estudia periodismo en la Universidad Complutense de Madrid, de donde es originaria, comienza su carrera en la recién estrenada televisión privada en España, en el noticiero *Entre hoy y mañana* de la cadena Tele 5. Un año después, da el salto a Antena 3 TV como reportera ENG y presentadora, hasta que la propia cadena le ofrece la oportunidad de crecer al otro lado del Atlántico en un proyecto internacional del que formaba parte. De esta forma, en 1995 se muda a la ciudad de Miami y se convierte en una de las presentadoras principales de Telenoticias, primer canal internacional 24 horas de noticias en español formado por la alianza entre Reuters, Antena 3, Artear y Telemundo.

Durante 12 años y tras la compra de la cadena por parte de CBS y posteriormente NBC, (que pasa a llamarla Telemundo Internacional) sigue desempeñándose como *Senior anchor* y *Managing Editor*, compaginando este trabajo con el de presentadora del noticiero nacional de Telemundo, «*Hoy en el Mundo*», junto a José Díaz Balart hasta fines del año 2010 en el que inicia su propio programa de entrevistas, *De Buena Fuente con Marián* por las pantallas de Vme. La tercera cadena nacional hispana de los EE. UU. en el momento y donde además presenta los especiales de noticias y asume la dirección y presentación de, *Desaparecidos* y *Páginas del New York Times*.

En el 2004 consciente de la penetración de su marca en el mercado hispano, funda ANGELS INTERNATIONAL, su propia compañía de comunicación y producción con la que ha realizado coproducciones internacionales, consultorías en comunicación política y empresarial, manejo de crisis, desarrollo de alianzas y estrategias de nuevos canales y conferencias internacionales. En coproducción con Plural Entertainment, realizó el documental, *El Camino de Santiago con Marián*, (visto en 32 canales en América y España) *Mujeres con Pantalones*, *Los Kennedy*, la segunda temporada de, *De buena Fuente con Marián* y *La verdadera historia de Dr. B*. Por el lado de la consultoría, ha sido encargada del media training y la dirección de comunicaciones en varias campañas presidenciales y legislativas junto a prestigiosos consultores políticos y ha ayudado a grupos empresariales de España, Latinoamérica y EE. UU. a desarrollar su estrategia de comunicación externa.

Marián es conferencista habitual en la Cumbre Mundial de Comunicación y Marketing Político, la Conferencia Anual de Comunicación Política y Gobernanza y en diversas universidades, foros políticos y asociaciones periodísticas a nivel mundial.

En sus más de veinticinco años de experiencia, ha entrevistado a la mayoría de los líderes políticos y presidentes de EE. UU. y América Latina, ha reportado en directo o como enviada especial, acontecimientos históricos como las últimas seis elecciones presidenciales de los EE. UU. América Latina y España, los procesos de paz en Colombia, viajes Papales a Centroamérica, México y Cuba, bodas y funerales reales, los atentados del 11 de septiembre del año 2001, los del 11 de marzo del año 2004 en Madrid, las Guerras del Golfo Pérsico, Bosnia, el conflicto Palestino-Israelí, la invasión Rusa a Crimea, la visita de Obama a Cuba y otros grandes eventos de orden mundial.

Tras su paso durante dos años y medio por *Radio Caracol*, donde dirigió y presentó el magazine de tres horas *Café Caracol* y la Dirección de Comunicaciones de la organización Miss Universo para el Mercado Hispano durante el certamen celebrado en Miami, regresó a la cadena en el 2021, ahora llamada América Noticias para presentar y dirigir la versión radial *De buena fuente con Marián.*

En la actualidad y desde ese mismo año, además de la radio, presenta y dirige *El Espejo*, programa diario de análisis político y entrevistas en el prime time de América Tevé.

A lo largo de su carrera, ha obtenido más de cincuenta reconocimientos internacionales, es poseedora de dos doctorados *honoris causa*, ganadora de un Emmy y tres nominaciones al mismo, además de colaboradora habitual de varios medios escritos, como el

Huffington Post, el diario ABC o *Hispano Post.* Marián es además autora de *El Gigante de los Pies de Barro, Quince voces, una causa, Los Fantasmas de Afganistán* y *Código Cattleya.*

Puede seguir a Marian De la Fuente en las diferentes redes sociales Instagram, Twitter, Facebook y YouTube

Disfrute de su presentación en: https://youtu.be/qKYPiMb8y8U

Sobre Francisco "Pacho" Santos

Francisco "Pacho" Santos, fué Vicepresidente de Colombia por ocho años junto al presidente Alvaro Uribe, primer Embajador de Colombia ante Estados Unidos en el gobierno del Presidente Iván Duque, ex Director de Noticias en RCN, ex jefe de Redacción del diario el Tiempo y columnista en importantes publicaciones internacionales.

Secuestrado por Pablo Escobar ocho meses para presionar al gobierno a frenar la extradicion de narcotraficantes a EEUU, tras su liberación, vivió en EEUU y fue becario Nieman de la Universidad de Harvard.

De regreso a Colombia, se convirtió en uno de los mayores activistas por la paz y la lucha contra contra el secuestro y fue amenazado por las FARC.

En los ocho años que fue Vicepresidente de la República trabajó, por encargo del Presidente Uribe en temas de Derechos Humanos, corrupción, narcotráfico, secuestro y minas antipersonales.

Uno de los mayores criticos de la gestión de su primo el ex Presidente Santos, en la actualidad y en su faceta como periodista sigue siendo una de las voces más criticas contra el narcotráfico y el populismo de izquierda.